人文商道讲堂精华集锦

复旦大学EMBA /编

复旦大学出版社

顾　问　　陆雄文　孙一民　殷志文　郑　明
编委会　　徐　喆　罗伟卿　邹瑞玥

前　言

本书是"君子知道"复旦大学EMBA人文商道讲堂近两年的精华集锦。这个讲堂的创办初衷，与复旦EMBA"商道人文，融汇贯通"的培养理念一脉相承。人文商道，既是一种商业理念，助推中国新商业文明的进步；也是一种学习系统，助力学生放大思维格局，懂得正确处理长期利益和目前利益、全局和局部的关系。

为什么要为企业家开设人文科技等跨学科课程？本书所收录文章的作者们，从各自学科的视角提供了多元的答案。企业家需要修炼、精进自我，理解把握自身，思考社会发展、国家前进的方向。这些作者提供的，有的是实操方案，有的则是对管理学课程的补充，汇集在这本书中，形成一个完整的企业家读本。对自己的企业如何做，自己在整个社会文明进步当中又应该扮演怎样的角色，怎样承担自己的使命和责任等问题，企业家、高管们读完后，会有全新的思考。

本书中的许多思考，是由疫情促生的，却没有随着疫情的结束而消失。关于全球经济常态化下中国的企业如何经营，关于当下社会生活的思考，关于人的生活哲学，如何与周遭的世界和自己相处，生而为人的责任和道义等等，这些话题都没有随着时间的推移而褪色。

注重内外兼修、有态度也有温度的商业精英，是为"君子"；懂得理性思考，开启探索求知的意识，是为"知道"；这就是"君子知道"的含义。在今天这个充满不确定性的时代，要找到一条放诸四海而皆准的道理，已经是难上加难了，甚至不切实际。求知问道、融会贯通，找到最适宜于自身的解决方案，这是大多数人更迫切需要的，也是更艰难的。

本书延续了"君子知道"人文商道讲堂的脉络，分为"商道致用""时尽其用""无用之用"三大板块。商道致用，讲的是如何追求更好的管理哲学、经营之道；时尽其用，让学生洞悉行业趋势，把握最新的政治、经济、科技脉搏；无用之用，让学生透过人文观世情与人心，了解商业中那些永恒不变的价值，为决策提供新视野和新高度。

复旦大学EMBA希望，今天的企业家和高管们，不仅可以在商场上叱咤风云、引领各行各业；在伦理价值观、人文修养上，也能够引领社会的进步方向，这也是复旦EMBA自始至终在追求的"将帅之才，致胜之道"。

复旦大学EMBA

目 录

稳经营

- 003　陆雄文　管理兴国，践行致远
- 009　包季鸣　如何在疫情下转"危"为"机"？领导力的命令模型是关键
- 014　李若山　关于疫情之后中国企业经营环境的思考
- 020　李绪红　疫情只是让"该来的"提速到来
- 026　唐跃军　动态股权治理平台与动态股权激励计划

谋创新

- 035　钱世政　短视频如何实现长发展？
- 042　冯天俊　社区团购需要回归商业本质
- 048　江南春　人口红利可能结束了，人心的红利正在展开
- 057　王安宇　商业模式设计背后的博弈思维
- 066　徐晓冬　锻造协同领导力，让企业找到属于时代的"大陆"
- 071　胡兴民　关于企业数字化转型你需要知道的六点内容

向未来

- 080　邵　宇　完成全球行动力的挖掘，需要更多的中国科创企业家努力
- 088　孔爱国　投资企业家，就是投资未来
- 092　陈　岩　营销科技——数字化经济背景下的新生产要素

时尽其用

第二篇

科创开路

- 107　赵东元　发展科学，首先要发展科学精神
- 114　冯建峰　解码人工智能新趋势
- 117　凌　鸿　从今天起，你要开始建立 5G 思维
- 121　王煜全　科创时代，做会用坦克而不是造坦克的人

教育为本

- 132　俞立中　我们要给孩子怎样的教育，才能让 TA 适应未来世界
- 141　熊易寒　为什么中国的中产阶层更焦虑？
- 149　刘京海　重返教育——让每个孩子成为负责任的成功者

布局发展

- 158　彭希哲　后疫情时代，重新审视中国社会的老龄化问题
- 168　吴心伯　大变局中，世界如何看待我们
- 177　鲍勇剑　新地缘政治之下，中国企业如何成为领先者？
- 186　李迅雷　如何面对全球经济的滞胀与分化：中国经济新特征与投资机会
- 192　胡赛雄　在大变局的不确定性中找寻确定性

种德守心

- 207 葛剑雄 科学、人文、人生
- 214 骆玉明 在何处可以安静
- 221 陈引驰 "自由而无用"里，蕴藏着一个超越自己的机会
- 228 刘 擎 在动荡的时代，如何获得对生活的掌控感
- 230 王雷泉 自由在于对真理的领悟和追求
- 239 袁 新 疫情下的艺术——认清苦难，超越升华

金针度人

- 245 王德峰 阳明心学何以成为当下中国人的精神出路？
- 249 郑召利 运用工具理性的力量，而不要被它所吞没
- 253 赵立行 商业道德和传统道德有什么区别
- 260 罗怀臻 海派文化如何永立时代潮头
- 271 高蒙河 文物不再是藏藏藏，考古不再是挖挖挖

鉴往知来

- 276 骆玉明 生命之所以美，是因为我们曾经反抗过那无法反抗的命运
- 287 高 晞 全球化不会因病毒而止步
- 292 姜 鹏 王安石和司马光，到底谁更懂经济
- 296 张国伟 百年复旦校史，是独家记忆，也是中华民族奋斗史

第一篇

商道致用

稳经营

陆雄文
管理兴国，践行致远

复旦大学管理学院院长、教授
复旦大学 EMBA 学术主任
全国 MBA 教指委副主任委员

> 本文为 2022 年 7 月 2 日，复旦大学管理学院院长陆雄文教授在毕业典礼上的致辞。

又是一年毕业季，今年我们以线上、线下同步的方式来举办 2022 届毕业典礼。首先，我要向今年毕业的所有学生，2022 届管理学院的本科生、硕士生、博士生、MBA、EMBA、MPAcc、DBA 等一共 2296 名学生在复旦顺利完成学业，表示热烈的祝贺！你们所有人的名字在昨天党的 101 岁生日之际光荣地刊登在《21 世纪经济报道》和《第一财经日报》上，以资特殊时刻的纪念和庆贺。

回首你们在复旦的求学之旅，有的博士同学这个求学过程可能长达 5 年，乃至 10 年，但大多数专业学位的学生在复旦的求学历程只有短短的 2 年、3 年，在你们临近毕业的两年多时间里，却一直受到疫情的影响。尽管 2020 年夏至 2021 年冬你们大部分时间在校园学习，但也因疫情防控的原因，并不像我们曾经那样自由地徜徉在大学校园里。刚刚有同学在毕业视频中说很想回学校看看樱花树，但是也只能通过照片、视频来欣赏。在这个特殊的时刻，我要特别感谢毕业生的家人们，为你们顺利完成学业给予你们精神上和物质上的巨大支持，尤其是要感谢全日制学生的父母们所付出的巨大心力！

同时，我也要感谢我们海外的合作伙伴：麻省理工学院斯隆管理学院、华盛顿大学奥林商学院、BI 挪威商学院、伦敦商学院、香港大学、博科尼大学、路易斯大学、香港城市大学、台湾大学、高丽大学、新加坡国立大学。这两年合作项目的大多数课程都在线上讲授，合作双方彼此相互理解、密切合作，共同给我们的学生以"完美"的打造，让你们能够顺利拿到学位。

所有的危机都不应该被浪费，所有的代价都不应该被虚耗。我相信，过去两年多的经历让你们对学习、职业、生命、社会，乃至整个人类的命运，都有了更深刻的理解。

其实我说"完美"，只是一个美好的愿望，今天我是怀着很大的遗憾和某种不甘来为毕业生们送行的。我明白，这届毕业生的校园生活很不寻常，也不够完整，但遗憾和缺失也成就了一种非经典的美，且因其独特而深刻。同学们可能少了一些情感和经历的现实体验，但也留下了某种刻入骨髓的记忆。在与疫情的缠斗过程中，我们感到身心疲惫、焦灼，甚至挫败，但一路走来，我们的意志得到了磨砺，精神受到了锤打，我们变得更加坚韧。所有的危机都不应该被浪费，所有的代价都不应该被虚耗。我相信，过去两年多的经历让你们对学习、职业、生命、社会，乃至整个人类的命运，都有了更深刻的理解。我们在反复的拷问和挣扎中，心灵得以升华，在不断的涤荡和求索中，灵魂得以洗礼。这就是我所称的"非经典之美"。

我知道，虽然有这样的缺憾，但我们的同学们一直以复旦管理学院为骄傲。这不仅是因为学院在学术贡献和管理教育两方面的国际排名持续稳步提升，而且整个学院也尽最大的努力为大家提供了国际先进水准的教育和成长的机会。我们优秀的教师秉持笃行求真的精神，忠于职守、尽心尽力地培养英才。我们行政同事秉持潜心专精、以心递爱的理念，为同学们创造了丰富的课外活动、实践实习和国际化学习的条件，尽可能为大家提供多姿多彩的、真实与虚拟相结合的大学生活。我相信，毕业生们已经完整地学习和掌握了系统化的管理学理论和方法，正跃跃欲试地去准备实践"管理兴国"的理想。

管理对当下全球公共危机的应对、全球经济秩序重构合作的实现、科技革命和产业革命的推进具有无可替代的价值。

当今时代，科技革命正蓬勃兴起，产业革命正扑面而来。然而国际政治形势诡异动荡，全球经济结构、金融秩序正在重塑，新冠疫情继续袭扰，VUCA时代正在变得更加VUCA，即更加动荡、更加不确定、更加复杂和混沌。我认为，自18世纪60年代第一次工业革命以来，"管理"从来没有像今天这样，对全球社会经济各方面的演化变得如此重要。

就科技革命来讲，唯有管理的赋能，科技创新的失败概率才会大幅降低。否则，技术和产品创新失败将会严重地滞缓科技的进步和产业的革新。没有科学设计的科创企业的研发组织、治理结构、商业模式、市场战略和供应链布局，科技很难转化为现实的生产力。

同时，倍受天灾人祸困扰的全球化企业都面临着一个重要的考验，就是供应链重组。如果不从管理学的视角去深入分析供应链分裂、组合，以及孕育、成长和演进的逻辑，任何应急、应变的行动，片段式的抽取或复制某些环节，都会是鲁莽和短浅之举。供应链的有效重组，一定要站在未来二十年，甚至更长时间的维度，来进行资源的配置，这不仅可以保证供应链的通畅，也能够支撑供应链在各种复杂外力打压下的韧性。

两年多来，新冠疫情在全球肆虐，不同国家和地区采取了不同的应对策略。普遍来看，凡是能够运用科学的管理思想和方法去指导和组织疫情防控的地方，防控效果就比较好。凡是脱离了科学的管理，就会出现资源的错配、病毒的肆虐，乃至社会经济活动的阻断，大量次生灾害衍生，导致社会经济效率的巨大浪费甚至生命的损失。在一些地方出现的所谓防控的"层层加码"现象，恰恰凸显了对管理的无知和轻蔑。

前事不忘，后事之师。文学家加缪在其名作《鼠疫》中说："一个人能在鼠疫和生活的赌博中所赢得的全部东西，就是知识和记忆。"全社会如果不重视管理，不把管理当作科学，不把管理当作与科技同等重要的生产力，我们的弯路会走得更多。从生命的维度反思管理的意义和价值，怎么强调都不为过。"管理"对当下全球公共危机的应对、全球经济秩序重构合作的实现、科技革命和产业革命的推进，具有无可替代的价值。

管理所关注的问题，如 ESG、多元与包容、可持续发展、元宇宙、科技伦理，等等，已跃出企业、非营利组织、政府等单一机构，而面向科技、产业、社会和整个人类发展。

自从 20 世纪 80 年代我进入复旦大学学习管理学以来，有两位原国家领导人对管理的认识，给了我深刻的启示，一直敦促我、推动我去践行管理的科学理论和理想，矢志不渝地推动管理教育的发展。一位是朱镕基同志，他兼任清华大学经济管理学院院长，长达 17 年，是全国主流大学管理学院在任时间最久的院长。他认为，中国非常缺乏管理的专家和专才，缺乏全社会对管理的认识和重视，提出"管理兴国"的思想，并以自己兼职不取酬的义举来推动全国高校发展管理学科。另一位是我们备受尊敬的老校友李岚清同志。他在主持中国教育和经贸工作时，非常重视管理工作。他认为管理是整个社会经济有效组织、有效发展的最基本的动力。卸任后他用自己的稿费发起复旦管理学奖励基金，来评选和表彰那些有成功实践又有理论总结的企业家和卓有建树的管理学者，他希望这一奖项能成为管理领域的诺贝尔奖，以此推动中国的管理理论和实践发展。他也一再告诫我，要基于中国管理实践来创新管理理论和方法。

那么，什么是管理呢？简单来说，就是"管人"和"理事"。每一位管理学院毕业的学生都很清楚，管理的要义就是先要设定目标，然后为了实现目标就要去配置资源、发展能力，随之制定战略和策略，再去分步实施。这些过程都要有科学的方法来加以指导。

100多年来，管理因产业的发展、社会的变迁、文明的兴盛而得到认识、分析、发展和传授。在泰勒时代，管理者仅仅是个记录的人，是个监督者，是报告员，负责收集和决策相关的信息。亨利·法约尔第一个认识到管理是一门独立的学科，有必要加以系统化研究。他认为，管理就是预测和计划、组织、指挥、协调和控制。德鲁克认为，管理是组织社会的基本器官和功能，管理是一门真正的综合性科学和艺术。

如今，管理作为一门科学，它建立在众多学科的基础之上；管理作为一门艺术，其有效的实践依赖于每个管理者的信念、认知和经验。管理所关注的问题，如ESG、多元与包容、可持续发展、元宇宙、科技伦理已跃出企业、非营利组织、政府等单一机构，而面向科技、产业、社会和整个人类发展。

商科之美，在于商科是一门"顶天立地"的学问。商科的"顶天"在于其哲学性和科学性，商科的"立地"在于它的实践性和艺术性。

我在5年前的毕业典礼上，专门与大家分享过我对"商科之美"的认识。5年后我可以再提炼一下：商科之美，在于商科是一门"顶天立地"的学问。

商科的"顶天"在于其哲学性和科学性。管理之所以从偶发的行为发展成为科学，与工业革命的发展历程和科技进步密切相关。管理终极目标的实现需要有哲学、伦理学、数学、经济学、心理学、社会学，乃至政治学等学科的支撑。一个组织的领导者、决策者，在制定目标的时候，并不总是以定量的方法来计算得失，很多目标的设定是基于个人的价值偏好甚至是一种信念。只有目标确定以后，具体的计划、组织、协调、控制和执行才可以用更多定量的方法去分析、计算、比较、选择，然后加以实施。如果没有众多科学的支撑，管理的科学性也无从谈起。通用电气前任 CEO 韦尔奇说，管理就是把复杂的问题简单化，把混乱的事情规范化。我认为，管理是一个把现象问题科学化的过程，本质上也是一种科学决策的过程。

商科的"立地"在于它的实践性和艺术性。因地制宜、因人制宜、因时制宜，体现了管理者对管理作为科学、专业和理性工具的通透认识和深刻把握。孟子告诫我们说："可以速而速，可以久而久，可以处而处。"真理是基于对事实和信息充分掌握的基础上，用专业和科学的方法进行深入探究后得出的结论。僵化的、冷漠的、教条的、脱离实际的、追求单一目标结果的管理往往不是真正科学的管理，更不是艺术的管理。实践中，要以实际场景和实际问题为出发点，不能刻舟求剑。从全球来看，商学院毕业的学生，经过十多年乃至几十年的锤炼，有的成为大企业家、跨国公司的领导者，有的成为中小企业主或者企业中层的职业经理，也有的成为政府官员、大学学者，这些与个人的志向、修为、经验、自驱力和学习能力是分不开的。我衷心希望，我们复旦大学管理学院所有的毕业生们都能够达到自己设定的人生目标。

复旦大学管理学院致力培养社会各领域的领导者，他们不仅可以是企业的领导者，也可以是政府组织和其他社会组织的领导者，也可以是学术领导者，这就要求我们致力于培养和发展学生的领导力。

领导力很少是与生俱来的，但是大多数可以后天发现、挖掘并发展的。优秀的领导者常怀着使命和愿景，他能够以五年、十年，甚至更长的时间维度，来洞穿今天的现实困扰和迷雾，捕捉未来的先机，并能够为这种战略远见组织、动员各种资源。一个优秀的领导者，不仅是自驱的表率，也善于激励周边的人，鼓动更多的人来参与到他所设定的目标和事业中去。他能知人善任、任人唯贤。优秀的领导者，不仅要有仁义之心，更要有厚道之举，体现人性关怀，响应人心所向。在这里，我也要告诫大家，当你们担任一定领导职位之后，要警惕那些整天围着你转、溜须拍马的人。历史经验告诉我们，这样的人要么有私心，要么有野心，甚至当形势突变，背叛你最快的也是这种人。

管理的学习和实践，既是一个精密的科学的探究，也是一个丰富的艺术的创作，更是一个领导力的修炼。庖丁解牛，体现的不只是技艺，更是管理的精髓。管理要以哲学观为刀柄，以方法论为刀刃，打造解决问题的"解牛刀"。小到每一个人的个体、一个群体的组织、一个企业的优胜劣汰，大到一个城市、一个国家的生存、竞争与发展，我们都应该让管理的科学之光和艺术之光贯穿其中。

许倬云先生说，人是文化的动物。只要人不是隔绝于人类文明系统的单独存在，就需要管理。我们应该认识到，管理的有效性决定着整个社会方方面面的运行效率和运行秩序，决定着复杂决策的科学性和有效性，决定着产业方向和商业繁荣，一定程度上也决定了人类社会的命运。

毕业生们，我希望今后你们在管理实践中，是有情怀、有担当的管理者，是胸怀天下、有仁义之心的领导者。

毕业生们，你们即将踏上漫漫的未来人生旅程。你们在管理学院做学生的时间是有限的，短则两三年，长则5年、10年，但是你们做校友的时间则是无限的，短则70年、长则100年。我也欢迎你们将来有机会重回复旦，回到管理学院来充电。然而你们在复旦大学管理学院已经学习到的管理的理念、思想和方法，培养的学习能力，已经足以让你们在元宇宙时代以各种新的方式去学习新的知识，迎接新的挑战。

毕业生们，我希望今后你们在管理实践中是有情怀、有担当的管理者，是胸怀天下、有仁义之心的领导者。你们不仅要成就个人的职业理想，成就你们所负责的组织使命，你们也要以你们的成就高度来标示我们管理学院的成就高度。你们不仅将创造物质财富，你们也将通过你们的管理实践来诠释、创造和传播正向的精神财富。

过去的一年，经过全体教职工深入广泛的讨论，复旦大学管理学院重新梳理学院的文化。我们的院训是"笃学立业，厚德惠人"，我们的学院文化是"管理兴国，笃行求真，创新领变，开放多元"。在此，我也希望你们成为复旦大学管理学院文化最好的使者。你们要以自己知行合一的实践和业绩，去证明管理是一门"顶天立地"的科学，也是一项可以去书写梦想、创作精彩的艺术。

同时，你们还要成为管理科学的布道者，去传播管理对今天这个世界、这个时代的价值和意义。在成就你们自己的同时，去改变你们的组织，去改变你们的行业和领域，去开创这个社会新的未来！

在管理兴国的征程上，让我们一起怀管理之真、求管理之实、创世界之美！

祝福你们！谢谢大家！

包季鸣

如何在疫情下转"危"为"机"？
领导力的命令模型是关键

复旦大学管理学院企业管理系教授
曾任复旦发展研究院秘书长
上海教育委员会科技处副处长
上海实业（集团）有限公司执行董事兼海外公司董事长

不同领导模式带来截然不同的结果。危机中需要真正的领导者，那么，如何展现卓越领导力让企业在本次疫情中，化危为安，占得先机呢？

危机下的领导模式只有一种——"命令模型"

这次疫情突如其来，尽管我们无法预判危机什么时候来，也无法要求危机以何种方式到来，但是我们能选择用什么方式来面对它。不同的资源，在不同人手里，结果是完全不一样的。面对危机，你采取不同的态度、不同的方式，结果也是完全不一样的。

人性有三大弱点：贪婪、恐惧和侥幸

"也许这件事情可能不会轮到我身上。"正是由于这种侥幸心理才会酿成大错。2020年1月19日，武汉照样在百步亭有万人聚餐，甚至还发出20万张旅游邀请券。而在1月17日，湖北省潜江市的领导，从武汉获悉关于新冠病毒的信息后，率先将32位"疑似病例"集中隔离治疗，并且率先做了封城。不同的应对和领导方式，导致的结果完全不一样。整个湖北省，潜江受疫情的冲击和影响，相对是最小的。在危机时刻，我们需要真正的领导者以及卓越的领导力。

领导学的经典理论告诉我们，并不存在"最优"的领导风格，一切都要以时

间、地点、条件为转移。领导力的核心一点就是强调要有非常强的适应能力。达尔文的进化论也揭示了：能够生存下来的物种，不一定是最强壮的，也未必是最聪明的，而是能对环境变化做出最好反应的。历史和众多的企业实践也证明，在危机情况之下，最合适的领导模式只有一种，那就是"命令模型"。

在暴风雨中唯一的"诺亚方舟"，是领导力！

这次突如其来的新冠疫情使整个经济受到了极大的冲击，就像是一列高速行驶的列车，突然之间来了一个急刹车。我们过去经常讲"发展是硬道理"。今天社会最大的特点是不确定性，在不确定性的情况下面，我认为免疫力也是硬道理。如果通过生病才能提高免疫力，那代价太大了，我强调需要日常地、有意识地修炼，来获得企业的免疫力。

命令模型，是在领导力研究领域中公认的危机时刻最有影响力的模型

我们怎么通过命令模型，在危机情况下产生效果最大化和员工满意度最大化？命令模型有三个基本观点、四个具体目标和五个操作步骤。接下来，和大家分享命令模型的内涵、操作思路和期待的理想结果。

什么是命令模型？命令的核心就是掌控，要求被管理者服从指挥，立即执行。要求做到严格的监控落实，来达到预期效果。在危机的情境下，"命令"是我们"领导力工具箱"里的无价之宝。在命令的情况下，没有什么商量、讨论的余地。在命令模型中，要求服从指挥，要求立刻实行，要求监控落实，达到预期效果，这是命令模型的内涵。命令模型不仅在理论上这样强调，在危机处理实践中也被企业家奉为圭臬。20世纪被称为全球第一CEO的通用电气的杰克·韦尔奇，在危机管理方面给出了三种方法：第一，严格控制；第二，改善流程；第三，开诚布公。这和命令模型中的基本观点"掌控、服从命令，立刻产生效果"非常非常相似。

命令模型有以下三个基本观点：

第一个观点：命令模型下，领导应该以什么样的形象出现？此时，领导形象强调的是，要积极面对、传递信心、拉动氛围，形成一个积极、想办法克服困难、想办法克服危机的正能量态度。

危急关头，下面的追随者和干部都看着领导，这时候的领导应该以什么样的形象示人？应该是站出来、挺立着、战斗着！这个话是在2001年"9·11"恐怖袭击事件后，人们对时任纽约市市长朱利安尼的评价，说他能够勇敢地站立着。当年他

被《时代周刊》评为封面人物，《时代周刊》对他的评价就是四个字："力量之塔"。面对危机，我们应该是员工心目中的"力量之塔"。员工希望追随的领导是敢担当的领导。我们最怕的是，平时气壮如牛，一出事情就蔫儿了，拔腿就跑的领导，这样人们是看不起的，追随者是不愿意追随这样的领导的。

第二个观点：碰到问题，第一步先做什么？要掌控事态、敢于担当、有效引领。

当危机到来的时候，请记住，当务之急就是控制事态，不让事态恶化，想尽办法活下去。只有活下去才能谈未来。活下去，可能需要眼前付出一点代价，一定要断舍离，一定是有所舍，才能有所得。有时我们讲，既要怎么样，又要怎么样。我们做企业的都知道，"既要""又要"是非常难的。所以一定要想清楚，什么对你而言是最重要的？在危机时刻最重要的，就是要活下去。

第三个观点：领导行为。强调快速，要迅速判断、及时沟通、立即行动。

金庸小说中有句话我印象非常深刻："天下武功，唯快不破！"所以要迅速判断，判断要迅速，沟通要及时，行动要立刻。西贝餐饮的董事长贾国龙，在新冠疫情暴发后，动作是非常快的。疫情发生，在1月底、2月初，贾国龙就连发了四封信，给客户的、给伙伴的、给房东的和给供应商的。当时贾国龙大声疾呼，他们这样的企业（应该是中国餐饮业的标杆），如果这种情况持续下去，他都支撑不了三个月。他的呼吁激起了很大的反响，不到七天，银行给了他4.3亿元的授信额度，直接到手现金就有1.2亿元。所以一定要及时沟通，碰到困难的时候，自己实在顶不住，要大声呼救，这时候最重要的是活命，争取方方面面的支持。当然，最重要、最根本的，还是要立足于自救。在自救中创新，在创新中自救。

那么，命令模型要达到什么目标？有以下四个具体目标。

第一，一定要给予明确的指示，决不能含糊。做什么，不做什么，要非常明确。特别是在危机发生的情况下，企业里面有各种不同的声音，领导非常重要的职责是要把杂乱的声音梳理有序。

第二，避免慌乱情绪。突然一个急刹车，猝不及防。这时候确实是信心比黄金更加宝贵。特别要求领导，给团队提供正能量。

第三，要求立刻服从。不要只讲问题，要讲解决办法。讲问题不是本事，解决问题才是本事，办法总比困难多。并且没有什么讨价还价，要求立刻服从。

第四，要马上产生效果。对效果是否产生，我们可以从以下五个方面来对照评判。

命令模型怎样才能落地呢？有以下五个操作步骤。

第一，迅速判断决策。我在企业工作做领导的时候，碰到危机时，我跟我的干部是这样讲的：你作为领导，这时候一定要非常明确，此时对下级来讲只有两条原则：第一条原则，领导永远是对的，你就按照领导说的去做；第二条原则，如果你觉得领导的话不对，请注意参考第一条。

危机情况下决策的依据是什么？要断舍离。想要有所得，就要有所舍。领导的取舍原则是什么呢？一定要马上做一个盘点：你是靠什么生存的？你发展要靠什么？比如，速度很快，成本很低，质量一定有问题。不可能什么好事都轮到你。

第二，发出清晰命令。你一定要发出清晰具体的指令来执行决策。发出指令，最好告诉员工，要求他马上必须这样做的原因。如果下属能够理解执行每一步指令的必要性和重要性，他的抵触和负面情绪就会降到最低。这样执行效率也会提高。

第三，拟定自救计划。1）开源节流，现金为王；2）业务瘦身，降本提效；3）打破常规，创新自救；4）有效激励，全员营销。

在自救中创新，在创新中自救。有时候你要通过创新才能实现自救，很多情况下你要造血，业务瘦身就是止血。实在没办法，还要想办法寻找支持来输血。大型集团公司财务控制的核心就是预算管理，企业有各种活法，也有各种死法，在一种情况下必死无疑，那就是，现金流断裂。一定要想办法把最坏、最危险的情况想到。

第四，监控执行效果。命令发出以后，可能会遇到一些状况。比如，下属抵触或消极对待，下属误会了你的命令，下属在执行过程中拖拉等。所以，监控就非常有必要。注意，要把监控和微观管理区别开来：监控是要确保结果正确，而微观管理是监督操作过程。监控的关键点在于，员工是不是保持命令的原意和准确性，之后才是执行力。影响实施效果的因素包括：文化、愿景、价值观、沟通、激励。命令模式起效的特征是立刻服从命令。如果失效就是命令遭到抵制。危急关头，大家恐惧感得到缓解了，说明起效果了。如果仍满怀怨恨和愤怒，就说明失效了。

第五，对违令者严惩不贷。乱世要用重典，抵制命令会导致严重后果。这时候执行计划的意志和能力，是命令领导模型的内在要求。领导者必须具备很大的勇气和决心，对违反命令者，要以霹雳手段严惩不贷。比如，最近有些人如果从海外疫区回来，他瞒报，对不起，马上就立案。

内外兼修，抓住下一波消费反弹

命令模型期待的理想结果是：对内，有效提高自身免疫力；对外，能够更好地应对不确定性。这段时间应该加紧磨快利刃，期待反弹。人们总是要吃饭的，人们总是要旅游的，经历了这次疫情，人们会更加珍惜当下。接下来会有一波消费的强劲反弹，但是机会只属于有准备的人。谁能够在这期间磨快利刃，谁的产品就会做得更好。

对内，要有效提高自身免疫力。业务、人才双盘点，管理方式变革，打造学习型组织。危机是个放大镜，把你的缺点放大的同时，也把你的优点放大。疫情中，当你挺身而出成为"力量之塔"时，你的优点就被极大地放大，你的威信就会大大提高。面对这次危机，你的商业模式和企业价值是不是有实际的改善效果，都可以用这块"试金石"一探究竟。危机来临是最好的考验人的时候，有些人平时花言巧语，关键时候躲躲闪闪，这种人就不能用了。

企业免疫系统究竟是什么样的？《易经》强调否极泰来。我强调六点：①前瞻的洞察力；②坚定的意志力；③匹配的应变力；④果断的决断力；⑤及时的执行力；⑥快速的修复力。

同学们都希望危机来了自己能够镇定自若从容应对，但是不要忘记，勇气的背后需要信心，信心的背后是要有内涵和实力，实力的背后需要有你长期的修炼。

对外应对不确定性，要组织边界扩展，动态优势搭建，创新能力提升。这次疫情促生了商业的变革，推动了品牌化、数字化的进程，以及共赢生态圈的建设，也给企业管理带来了新的启示。危机的出现，是组织变革的大好时机。在危机中，网络营销诞生了新的生机。

借用丘吉尔的一句话："不要浪费一场危机。""危"中是否有"机"取决于心态和能力。能否化"危"为"机"，取决于能力的强弱。能否让危机真正变为契机，取决于命令模型是不是能够真正落地。尼采曾说：任何不能杀死你的，都会使你更强大。从短期看，中小企业面临的现实困难史无前例，但正是这史无前例的困难，在中国的各行各业中，激发出极为巨大的创造力，也正是这种创造力，使得中国经济在疫情之后，将爆发出更加惊人的力量。

李若山
关于疫情之后中国企业经营环境的思考

复旦大学管理学院教授
上海证券交易所上市公司专家委员会委员

 2022年的"停摆",让你反思:上一次"停摆",都干了些什么?

2020年,我们第一次因为疫情按下了暂停键的时候,疫情刚刚来袭。我曾经做过一个讲座,讲的是"地主"家里没有余粮了,我们应该怎么办?当时疫情来得非常突然,我们对防疫的经验还是来自2003年的SARS,大家觉得可能像SARS那样,大家熬一熬,病毒就会消失。在当时这种情况下,确实对很多中小企业来讲,最关键的问题就是现金流的问题。当时我对疫情解禁是比较乐观的,提出三个现金流管理原则:

1. 盘点库存账面有多少"余粮",不管是手头的、银行户头上的,还是库存的,还是老板自己家的。

2. 罗列有哪些可预售的"粮食",可以拿去变现。

3. 盘点预算,看看哪些是每天必需的开支。

像"老乡鸡"这样的品牌企业,老板通过卖房子、卖家当,把品牌留住了。但是,是不是解决了现金问题,就可以像过去那样发展了呢?

有的企业家觉得,这些现金流管理听起来很简单,平时一直就是这样做的,但其实不见得。运营正常的时候,很多企业家重视资金管理,但不一定会重视现金管理流程中的每一个细节。在现金内控方面存在一定问题。安徽省滁州市房屋交易管理服务中心就是在疫情前期被一个员工私下转走了7000万元,用来在《王者荣耀》

里购买装备，因疫情暴发，业务停摆，这种现金舞弊行为才东窗事发。可见，疫情有时也会暴露出企业平时现金管理中存在的内控问题。

无独有偶，同样在疫情期间，南京也有一家企业被其财务总监私下转走了1900多万元，企业差一点因现金流短缺而倒闭。这是因为大多数企业家太相信自己的财务管理经验，太相信那些账面上的信息。而忽视了现金管理的内控流程。因此，账面上的现金是不是可用，可能要打个问号。企业家们有没有利用第一次疫情停摆的空闲时间，去整合、梳理企业内部存在的各种内控问题？其实这是一个很好的契机。但大多数企业家似乎还是沉浸在抱怨、悲观的情绪中。事实上，我们有时改变不了因疫情带来的困境，但可以改变企业自己，让企业有一个更好的发展基础与状态，迎接疫情之后的商机。

在疫情之前，我每一次参加私董会的时候，都会被问到各种各样、千奇百怪的企业管理问题。比如，股权激励、上下游整合、等等。我反问企业家们：知道问题存在，为什么不去解决？他们会回答说：实在是忙不过来，平时的业务让我喘不过气来。但是疫情来了，业务停了。企业家们又在干吗呢？疫情刚刚暴发的时候，我也彷徨，我也"躺平"。后来想想不行，自己不是一直有很多想做的、做不了的事情，为什么不利用这段"停摆"的时间，把过去没做的、应该做的、非常重要的事情做了呢？

2020年第一次疫情封闭居家近2个月的时间，把过去梦寐以求、想做没做的事情给做了：写了一本关于"独立董事"的书，把自己二十几年的经历写出来了。第二次疫情静默的2个月，我的第二本书也写出了一半。正是疫情的封闭，才让我腾出时间完成了过去一直想做而没有做到的事情。对于疫情，我们很无奈，但是为什么不利用这些时间把能做的事情做了呢？

2020年疫情开始到现在，有很多多家企业破产，大型知名企业有十几家，是不是都是疫情冲击现金流短缺造成的？未必。其实很多企业都是因为历史遗留下来一些治理或内控问题造成的。所谓积重难返，疫情冲击只是"最后一根稻草"而已。

 从"摸着石头过河"到违规零容忍，是市场逐渐规范纠偏的过程

最近我在思考，复工复产后，我们还能不能回到过去，走上经济起飞的道路？有同学跟我讲，非常怀念过去那个每年增长都是两位数的年代，是不是我们现在要反思有些政策呢？对此我也打个问号。人总是这样：好了伤疤忘了疼。在那个时候,你迫切要想现在的时代;今天,你又怀念过去那个时代。

1949—1978年,我们合作与学习的对象主要以苏联为主,经济模式也很简单,中国经济发展始终离不开环境。20世纪80年代初改革开放,是搞市场经济,还是搞计划经济,还存在很多争论。当时的企业家们都是在战战兢兢地经营。印象最深的,是当时安徽芜湖的"傻子瓜子事件",当时该企业雇用的工人超过了9个,按照当时的相关规定,雇用的员工超过9个,企业就"姓资"了。最后还是邓小平批示对"傻子瓜子"网开一面。要把经济建设搞起来,就是要"摸着石头过河",这是经济发展的第一阶段。

第二阶段是20世纪80、90年代,那个时候很明确地知道,还是要搞实体经济,采取的措施是:进一步对外开放,建立经济特区,吸引外资,开放市场空间等。国门打开了,资本进来了,技术进来了,管理进来了,人才进来了,经济建设搞得确实如火如荼。当时能打开的都尽量打开了,各种文化也都进来了。尽管改革开放过程中,曾经有过一点小曲折,但从邓小平的南方谈话以后,中国的经济开始腾飞。

20世纪90年代到2012年,中国的GDP每年都会以两位数的速度增长,奠定了中国经济强大的基础,我们以极快的发展速度驱动中国经济,但是在这个过程当中,留下了很多的遗憾和隐患。某些地方的政府权力腐败与寻租,干扰了经济的正常发展。

2012年,党的十八大召开,掀开了中国历史上新的一页,反腐倡廉,用了整整五年的时间,逐步扭转了中国的政治生态,使得不敢腐、不能腐,到不想腐逐渐深入人心,为我国政治与经济的发展,奠定了一个极其坚实与良好的基础。

十九大以后,经济生态发生了变化。从2020年开始,国有企业实施三年行动计划,围绕怎么让一个国有企业更像企业,而不是像一个机关展开。企业应该是创造效益的。这次国企改革是以十九大以后经济生态变化为背景的。中央从来没有停止过支持经济发展这个方针和措施。国家2021年提出营造更好的发展环境,支持民企。"两个毫不动摇"是党和国家的大政方针,在经济发展中,对违规现象进行强监管、零容忍会成为一个长期的常态,我们企业家要慢慢适应。

 边界清晰了,"红利"没有了

前前面提到的两个生态环境变化以后,很多企业的红利没了,比如市场红利。

刚刚改革开放的时候，中国处于一个短缺经济时期，什么都短缺，买个彩电、冰箱都要凭票，生产什么都不愁销路，不愁利润。现在呢，很多行业产能过剩，过剩到什么地步？据说把全国的服装厂全部关掉，库存的衣服15年也卖不完。市场红利几乎没有了。所以，过去是"短期主义"，第一抓住风口，第二发挥市场营销能力，就能赚到钱。现在再要找蓝海，很难，护城河高了很多。

再就是法律红利，为什么过去还有法律红利？刚开放的时候，许多政策法规是建立在计划经济的基础上。比如将材料从一个地方运到另一个地方，可能就成了"投机倒把罪"。因此，那个时候提倡"摸着石头过河"。经过40年，我们已经把旧的、不合理、不合规的政策法规清理得差不多了，新的、符合市场经济健康发展的法规也逐渐建立起来。现在法律的边界非常清楚。

现在我们对市场监管强调是零容忍。2022年上半年，我曾参与了中国证券市场的一些上市公司的退市工作。都是"踩线就退"，没有任何商量的余地。许多企业不愿意退市，找出各种理由。但法律的边界都界定得清清楚楚。谁也不能超越法律"红线"，该退全部退。过去所谓的"法律红利""政策红利"，现在这些都没有了。

第三，人口红利没有了。人口老龄化加重，新生儿数量呈下降趋势，劳动力结构发生了很大改变。这些因素的叠加，再按照过去传统粗放的发展模式很难管理了。过去毛利很高，试错的代价也很低，在这种情况下，很少有企业去关注精细化管理，很少有管理者认真地去研究企业在不同发展阶段应该建立什么样的管理制度、治理模式、内控流程。很多企业在发展过程中，还是试图摸着石头过河，踩着法律规范的红线，我觉得这是很大的问题，很多人没对此高度重视。

 长期与合规是中国未来企业很长一段时间的趋势

我认为中国长期趋势看好的前景还是挺明朗的。尽管很多红利没有了，但我们还是有很好的基础，首先是40年的改革开放基础，在装备制造、人工智能等很多领域，中国在全世界是处于领先地位。当然我们还是有很多的不足，比如芯片、航空发动机、新材料等等领域，不能妄自菲薄，但也不要太高估自己的能力。中国经济的新发展格局，从外向化慢慢向内向化发展，需要时间，需要建立保障制度。不少中高端人才从海外回国，提供了一定数量的优质人才。还有就是私募基金，中国的私募基金数量较多，加上三大证券市场，这些是优质企业融资的好渠道，尤其为科技企业的发展，奠定了一个非常好的基础。

经济发展有一条规律：风险是长出来的，机会可能是跌出来的。美国那些强大的企业像微软、苹果，都是在困境中成长起来的。华为也是这样。顺水顺风跑得太快的企业，一旦遇到问题，倒的更快，因为这些企业不是自己做起来的。

随着中国经济形势的逐渐复苏，企业除了第一步要管好现金流之外，还要做好下面一步，要守住三个底线，就是ESG。

所谓ESG，就是要重视企业的环境、社会与治理的责任。过去，对企业可持续经营能力的评估主要看经济底线，现在除了经济底线，还要考量企业的社会底线、环境底线及治理底线。以后，优秀一流的企业在选择上下游的合作企业时，只跟上下游产业链中那些优秀企业合作，因为这样才能给企业带来机遇。ESG报告包括5个方面：环境保护、领导力、治理力、商业模式、创新。至于社会资本、人力资本这些问题，也与当前三大国策有关，即稳金融、注重环保、扶贫。

除了上述两个步骤之外，企业还要重视第三步，就是数字化管理的落地问题。中小企业关注的重点是成本，而管控与成本是相对矛盾的，利用数字化管理工具，短期的投入就会增加长期利益；但如果不投入，仅凭感觉和经验去做，会有一定的风险。信息不对称是决策及管理最大的风险。首先要建立有规则、有标准的管理，再利用数字化工具将其落实。如果不重视数字化管理工具，企业未来会遇到许多高成本的风险。

"后疫情时代"，企业的发展将会面临更多的不确定性，企业还是需要通过更多的学习、交流和思考来减少试错的成本，要敬畏市场、敬畏法律、敬畏风险、敬畏转变。以不专业的态度去做非常专业的事情，是企业管理的大忌，一旦在企业管理中试一次错，很可能就再也没有机会重新起步了。

 现场提问

提提问1：在当前形势如此不确定的情况下，如何做到顺势而为？对于不同规模、不同发展阶段的企业，对此有何对策？

答：在当前，我们还面临着各种各样的问题，比如面临着疫情反弹。在不确定的情况下做事情，最忌讳的是"情况不明决心大，心中无数主意多"。在情况还不是很明了的时候，缓做决策、稳做决策，可能更重要。

对处于不同的发展阶段的企业来说，要考虑做不同的事情。初创企业要考虑怎么不惜一切代价活下去，尤其是要把核心员工留下来，因为以后要想再聚拢这些核心员工是不容易的,其他的什么都不要想,因为企业还太嫩。

对于转型企业来说,已经挖到了第一桶金,企业有了一定的规模,目前最需要做的就是内控,把过去沉淀在核心员工身上的客户资源、研发资源以及供应商资源,通过内控流程想方设法地沉淀到企业内部来,通过数字化管理,从过去完全依赖人的因素,慢慢简化到依赖制度或者流程上。这样,企业再次起飞的时候,就更健康。

对于成熟企业来说,要跟随着企业的周期去迭代发展,传统企业看创新,创新企业看发展。

提问2:未来10年民营经济在国家的发展过程中扮演什么角色?我们对于中小企业的生存发展之路感到非常忧虑,请老师指点迷津。

答:民营经济不断发展壮大,在推动经济发展、改善民生、促进创新、深化改革、扩大开放等各方面,都发挥了不可替代的重要作用。但未来如果还是以不规范的方式、以短期主义去发展民营企业,那么企业确实走不远。"三大底线"不要碰,刚才也说过了。

制造业面临"寒冬",传统企业如何转型,这些都是须面对的问题。最近我也关注一些科创企业,会产生一种刻板的印象,这些企业把科技看得很重要,但是不重视管理、销售、产品等,在这种情况下,对产品的储备,以及内控和治理不太关注。当企业要在科创板上市的时候,就会面临很多问题。企业有强大的科创属性还不够,不仅要有科创性,还要有很好的治理和内控机制,这是科创企业长期发展的基础。

李绪红

疫情只是让『该来的』提速到来

复旦大学企业管理系教授

今天我们探讨的是在疫情中和疫情后的组织管理和伙伴关系的主题。我的核心观点是："疫情只是让'该来的'提速到来"。

∞ 三个启示

第一个启示，该来的迟早要来，疫情只是使其提速。该来的是什么？就是我们管理的革命。

我们这次的沙龙是把视角聚焦到了企业内部，关注内部管理和运营应该做哪些事情。作为管理学者，这些年我们一直在研究新经济、新技术导致的办公方式、工作模式、组织结构和劳动力特征的变化，也希望企业家同学能够行动起来，以免被时代淘汰。但让大家真正感觉到"狼来了"的应该是这次疫情。这次疫情使得这场全方位的环境变化加速到来，使得组织和人才管理的变革需要提速，值得每位企业家去思考。我上课中提到的，我们现在所处的"大智移云"的时代，新技术、新工具的应用，对我们组织和人才管理提出的新挑战，已经切切实实来到了我们面前。主要体现在三个方面的变化：

第一，办公方式和工作模式的变化。

这次疫情，几乎让所有的企业，无论大小，不管有没有准备好，都不得不开始实行了居家办公（work from home），远程办公方式第一次离我们这么近。其实远程办公并不是一个陌生的事物，在国外，如硅谷、波士顿，远程办公已成为一种趋势。但在国内，除了极少数高科技公司以外，大多数企业还未推行这种办公方式。而在疫情到来之际，以居家办公为特征的远程办公变得普及。而这种工作方式本身也是双刃剑，在不受时间、空间约束而带来及时、便利、快捷、高效的同时，也使得工作—家庭的边界变得模糊，带来了企业和员工都要考虑的问题，主要体现为以下三个边界的模糊：

第一个是物理边界。在一个以生活氛围为主的家里办公，需要划分出家庭生活和工作状态的物理边界，这是在办公室办公不存在的问题。

第二个是时间边界。工作微信圈的广泛运用，带来了信息无阻、快速的传递，但估计大家体会更深的是，我们的工作时间似乎不是减少了，可能从原来在办公室的 8 小时，或者 10 小时（加班）工作制，变成 16 小时，甚至是 24 小时 on-call 的工作制。

第三个是心理边界。在充满生活气息的家里，如何从生活的心理状态转为工作的心理状态。

工作模式的变化主要就是虚拟团队（virtual team）的普及。virtual team 的概念学界已经提出 20 余年了，对其的研究在世纪之交的互联网兴起时很多，但是过去只有跨国公司比较重视这个概念，因为其团队（如客户服务团队）由来自全球各地的员工构成，在 around the clock（24 小时不间断接力棒）式地工作，而我们国内的企业对此过去不是那么关注。针对远程办公，我们的管理者需要考虑员工心理边界问题。

第二，是组织形式的变化问题。

因为沟通变得网络化了，大家都可以平等地分享信息，消除了中间环节，组织日益变得扁平化。那么我们过去的层级管理还有必要吗？我们的中层经理是不是应该消失？

刚才在第一点所提到的此次疫情带来的工作方式的变化，让我们强烈地意识到要思考一个问题：是不是还要实行金字塔型的、以一层层的汇报链条为特征的传统组织体制？如果说 20 世纪 80 年代的"流程再造"的管理革命，带来了第一次"中层经理的消失"，而当前沟通网络化导致的扁平化组织，则会带来第二次"中层经理的消失"。

与扁平化趋势相适应的，是会出现越来越多的"敏捷团队"，或"敏捷组织"。

我几年前就提出，我们要在企业内部建立敏捷组织，"小而美"的敏捷组织。这次疫情的发生，各个省、各个城市、各个地区的状况差异很大，如果还是采取集权管理的方式，做出的决策很可能与基层的情况不匹配，让小而美的敏捷组织或敏捷团队去做出因地制宜的判断和决策是多么重要。作为企业领导者，怎样为敏捷组织和团队赋权、赋能，是所有企业家要思考的问题。

第三个挑战，人才结构的变化。

"大智移云"时代会导致一些工作和职业被取代和淘汰。如受惠于人工智能技术，机器人可以取代很多职业，比如制造业工人，这次疫情导致的用工荒会让越来越多的企业尤其是制造业开始考虑规模化地使用机器人操作。比如，京东为应对疫情，已经开始用机器人代替快递员运送包裹。

人才结构的第二个变化是，"员工"的边界模糊。什么叫"我们企业的员工"？是不是在组织内部工作的人就是我们的员工？我上课的时候提到过一个思路，企业要充分利用"人才生态圈"，未来人才的远程、临时、众包、共享、客户（粉丝）即员工等方式，这次改变切切实实来到了我们面前，如疫情期间餐饮业萎缩，盒马生鲜和一大批餐饮企业人才共享的例子，很好地证明了这一点。

第二个启示，（企业在）疫情中的表现，其实透视出企业疫情前的（管理）功底。

功夫在平时。再多的演习都替代不了实战，我们的功底和家底全部都在疫情面前亮出来了。

养兵千日，用兵一时。"疫情"这把尺子就量出了我们企业管理水平的高矮胖瘦。我们每一位企业家，现在可以思考一下，我们的管理哪里是短板，怎样完善我们的制度设计，比如面对劳动力供给和需求大幅波动的人力资源规划问题，环境稳定时期，我们一般不太关心这个工作，我记得上课时讲到这个知识点，提到人员租赁等措施，多数同学对此不是很感兴趣，因为遇不到类似的问题，但事实上，管理机制的设计完整、扎实，才能防患于未然，才能在危机时不垮掉。

第三个启示，疫情既是危机也是契机。

每次危机的发生，都是一次纠错、完善的契机。我一直不喜欢所谓的问责制。问责制对于常规工作有效，而对于非常规工作，比如创新工作，或突然到来的危机无效。我们其实更需要的是容错文化，要"就事不对人"。聚焦在"事"，可以回顾和反思管理制度的缺陷、漏洞或未曾想到的突破点，然后改变、制定或完善制度；而如果聚焦在"人"，出现问题我们处理一两个人就完事了，一切照常，制度还是不变，还是没有进步。就这次疫情来讲，至少可以带来以下三个方面的契机：

第一是领导者"迭代认知"的契机。固有的思维模式、处理问题的方法论受到挑战，可以促进反思，认识到变革的必要性和迫切性，意识到公司管理的短板。

第二是员工"拥抱变革"的契机。对不确定性的恐惧、对变革的抗拒是人类的普遍心理，心理和行为的惰性也使得人们不愿意对已成习惯的生活或工作方式做出改变。公司已有的管理工具某种程度上在过去形同虚设，原因正在于此，因而此次疫情为公司提供了一个变革的契机，让所有员工不得不学习新的工作方式所需的新知识、新技能，必须去拥抱变革。

第三，给了我们与经销商、政府、社区等利益相关者（stakeholder）共同合作、打造"命运共同体"的伙伴关系的契机。

那么这次疫情过后，从内部管理的视角来看，作为企业领导人，我们可以做些什么？

我在三方面提出建议，具体来说是三个对策。

∞ 三个对策

第一个对策是，审视和改进现有的管理工具和制度，即完善硬件。

包括以下三个方面：

1. 信息化基础设施的建设要提上日程表。首先体现在在线办公和远程办公的IT平台的构建方面，以及充分利用人工智能，如呼叫中心的机器人的投入。过去做IT平台的投资都被看作成本，而非可以产生巨大价值的资源，这次的经历，使得我们要重新思考支持远程办公、虚拟团队、人工替代等工作特征的信息平台的优化，考虑人－机结合工作模式的完善，正如有人预言的："技术在取代雇员方面的角色，似乎与其在增强人类能力方面的作用有所冲突。但这就是未来工作的真实写照：自动化和人才资本的结合。"

2. 长效的应急管理机制的建立。如，面对人才需求供给波动的时候，我们怎么样把人才共享、人才租赁、远程众包技术运用起来，在平时，就可以开始寻找我们合作的伙伴，然后在应急状态下启动。

3. 管理制度的盘点和完善。如，管理流程的优化，当大家不能见面，变成一个虚拟团队以后，你会发现，团队之间的协作会出现问题，时间节点、任务节点、责任认定这些该怎么操作，你要重新审视管理流程。又如，人才管理制度中绩效考核的问题，我们要更加关注行为指标还是结果指标？我们在线办公了，"打卡""加班"这样的行为指标还有必要吗？还有人才招聘的问题，人才选拔的标准是否要有变化，招聘渠道是否应有变化？一个典型的变化就是，线上招聘可能以前所未有的需求速度被普及，网易前几年提出的用电商思维做招聘的"内推码"渠道，也是一个典型的招聘渠道迭代的案例。

第二个对策是，企业家要思考涌现的管理的新议题，特别是与新型工作模式相关的心理技能的锻造。

首先，管理者如何协助解决从制度视角、员工视角管理好新型工作模式带来的物理边界、时间边界和心理边界问题。

物理边界比较好操作，在家里隔出一个办公的场所，或大或小，或独立或兼用。而时间边界是现在比较现实的问题。半年前大家一直在讨论"996"，这次疫情暴发，在家办公以后，又出现了新名词"007"，即除了半夜12点到早上7点，其他时间都要随时随地对领导或同事的微信发出的工作指令迅速反应，像神一样出现在你面前，因而居家办公不是轻松可偷懒，而是更累了。作为企业管理者，需要对时间边界做出管理，也可以做出创新，如可以让员工弹性管理自己的工作时间，选择注意力和身体体能、家庭可以安排出的合适时间全身心工作，可以自主管理工作内容。心理边界，既可来源于物理边界和时间边界，也可能独自存在，怎样为员工构建心理边界，怎样把工作状态和居家状态的心理准备状态分开，这应该是员工和管理者共同思考的问题。

而 virtual team 的工作模式，会带来的心理问题则有：

1. 如何建立信任和合作。面对面的人际互动、眼神的交流，往往会更容易地建立信任的合作关系，但远程办公导致面对面的人际互动不存在，如何建立信任和合作？

2. 如何提升士气和凝聚力的问题。不能见面的情况下怎么做企业文化建设？

3. 如何满足人的"社会人"需要。人不是机器，需要与他人沟通，需要被认同，有成员身份感（membership identity）的需要，这些我们怎样满足他？

第三个对策是，打造管理者自身的新型角色。

今天分享的最后一方面内容，是关于管理者自身新型角色的打造。如果能做到有敏锐的洞察力、先知先觉最好，我也看到这次疫情过程中，有很多企业领导者在疫情暴发之初时已经开始召开紧急会议，研判形势，做出预测，并计划自己公司的行动，如我们要预留什么东西，采购哪些物资。企业领导者要打造"sensemaking"的技能，即要根据模糊环境做出预判的能力，准确推演一件大事的发生会产生什么样的影响。我们不再是一个和员工只谈"契约合同"、只谈"工作目标"的交易型管理者，我们要做知冷暖的领导。为克服员工对疫情的恐惧心理，不是只在微信群中布置工作任务，更多的是要沟通和澄清现在的形势，以及公司未来可能有的政策变化，要有一个人际沟通的过程。

我以前一直提一个观点：战略人力资源管理，即企业管理者对待人力资源管理，要从战略伙伴的高度去看，如何做整个人才制度的建设，制度要与公司的战略相互配合。如在人才选拔标准上，在这次疫情面前，我们看到了墨守成规的员工，也看到敢于打破规则、勇于承担责任的人。疫情过后，我们是否要考虑我们招募人才的标准应该发生变化？在危机面前，愿意担责任、可以不拘泥既定规则创新性地解决问题，这样的人是不是应该被提拔呢？应该站在公司战略发展的高度，审视人才选拔的标准。同时，疫情就是一个赛马场，这个赛马场可以成就很多英雄，如何把这些英雄变成我们未来公司的骨干，公司如何擅用"相马－赛马"的选人策略？

又如，我们在危机面前感觉到人才的缺乏，如何进行人才盘点，厘清公司人才的地图，如何进行雇主品牌投资，吸引更多的人才，都是作为企业管理者要思考的问题，做有高度的人力资源专家，不仅是 HRM 主管应有的角色，也是企业高层的战略性任务。

如果说 2003 年暴发的 SARS，带来的是传统商业模式的革命，带来了如阿里这样的企业的壮大；那么，新冠疫情，则会带来企业管理和运营方式的革命。"苦难，是化了妆的机会。"我们的企业家校友和同学，让我们迎面苦难，拥抱变革，我们定会有美好的明天！

唐跃军
动态股权治理平台与动态股权激励计划

复旦大学管理学院企业管理系副教授

如何让企业里"有本事"的关键人力资本和"有本钱"的人联合起来？股权治理机制可能是关键。曾经的"万通六君子"在确定股份时效仿《水浒》中的"座有序、利无别"，却遭遇了决策困境。当每个人的权利都是一样的，没有主次，每个人都想按照自己想法执行（类似于均等的股权架构设计），最终只能分道扬镳。

公司竞争最终将归结为公司治理的竞争

公司治理被理解为一种制度安排和机制设计。我们尝试为那些能够为公司持续提供战略性资源和能力的关键利益相关者提供合理的制度安排和机制设计。公司治理旨在让关键利益相关者实现动态激励相容。

未来公司的竞争，最终将归结为公司治理的竞争。我一直以来的观点是："公司治理好，不一定会成为好企业，但是种下了成为好企业的基因，提供了一种可能性；而公司治理差的企业，则根本没有这种可能性。"

调查数据显示，在中国市场，拥有工作经验的人创业成功的概率只有5%，没有工作经验的大学生毕业后，创业成功的概率仅有1%。而一个人如果从六楼跳下去，生还的几率有10%，这比创业成功的概率还要高些。为什么会有如此高的创业失败率？进一步研究之后发现，失败的2/3的因素都和公司治理直接相关，这当中的 2/3 又和股权分配、股权架构设计直接相关。换言之，4/9 的创业企业失败，都是因为股权方面没处理好导致的。

通过 20 余年公司治理的学术研究和商业实践，我所得到的感悟是："唯有合理的制度安排与机制设计可以对抗和修养人性。"这与老子在《道德经》第五十七章里所说的"以正治国，以奇用兵，以无事取天下"，其实是相通的。

"以正治国"我的理解是，基于人性的基本面，通过合理的制度安排和治理机制设计治理国家和其他组织（基于关系讲规则）。尽量做到制度有为，而不是某个人"有为"，避免人治，不瞎折腾，实现"以无事取天下"。

"以奇用兵"指的是什么呢？在一次战略管理课程的案例讨论中，我们得到的结论是，唯有创新能力，才是一个公司的核心竞争力。但是，谁去创新呢？应该是拥有关键人力资本的人去创新；进一步讲，拥有关键人力资本的人在什么情况下才会去创新呢？通常是在激励相容的情况下。

因此，"以奇用兵"其实是基于激励相容原则发挥关键人力资本的潜力，追求战略、战术的灵活性与创新性。一般而言，要推动一个组织创业创新，只要解决以下三个问题就够了：

1）创业创新的机会和资源从哪里来？
2）创业创新所获得的收益如何占有？
3）创业创新所带来的风险如何分担？

要解决这些问题，股权架构和股权激励至关重要。对此，不少企业家都有相当的认知。任正非说："股权激励是华为取得成功的关键因素。"马云说："股权激励是一种策略，是一种发展的必须，正是阿里巴巴飞速发展的机制保障之一。"徐小平也曾说："合理的股权设计的重要性超过了商业模式和行业选择，比你是否处于风口上更重要。企业的死亡不是死于外部竞争，而是死于企业内耗。"行业、产品、技术出了问题，创业团队可以重新来、可以换，但是股权架构设计没搞好，可能只能走向企业清算。股权架构设计与利益分配直接关联。不挣钱可能还好一点，一旦企业挣钱了，哪怕挣一分钱，也面临分钱的问题，只要面临分钱的问题，就会牵涉人性的基本面。因此，"不要用兄弟情谊来追求共同利益，要用共同利益来追求兄弟情谊。"这句话真的非常经典。

为什么要实施动态股权激励计划？

动态问题源于我对相关理论的反思。个人认为：公司第一社会责任就是要挣钱，不挣钱的公司谈社会责任都是"耍流氓"；同时，公司不能对所有利益相关者都尽社会责任，而是要对关键利益相关者尽社会责任。什么是"关键利益相关者"呢？应该是拥有战略性资源和能力的人或者组织。但是，这里有一个很大的问题，关键利益相关者拥有的战略性资源和能力具有强烈的动态性。

因此，我们不能用静态的公司治理模式去应对动态的情境，而要转为运用动态的公司治理模式，推动关键利益相关者控制权、收益权、经营权动态激励相容。在当前的法律环境和公司治理实践下，各类资本（货币资本、人力资本，以及其他战略性资源和能力）没有办法直接在公司层面进行度量，所要求的收益权、控制权、经营权等，都只能通过股权的途径得以安排和实现。为此，我们提出动态股权治理平台和动态股权激励计划，希望成为连接关键利益相关者战略性资源和能力最为核心的一环。

同时，在成熟市场当中，外部市场机制相对来说比较有效，公司可以借助外部市场机制（公共品）来实施外部治理，较为有效地应对动态性问题。但在新兴市场，外部市场机制其实不太有效，企业家不可能等到外部市场机制变好之后再去做公司治理，这要求有追求的企业家应该考虑在企业内部引入市场机制（成本比市场提供的公共品高），以便应对动态性问题。显然，这对企业家的制度安排和机制设计能力提出了比较高的要求。

此外，在这里，我建议把公司治理模式分成一元公司治理模式、二元公司治理模式、三元公司治理模式。控制权、收益权、经营权"三权合一"的公司称为一元公司治理模式，全球 80% 以上的公司都采用这样的模式；所有权和经营权分离的公司称为二元公司治理模式，以英美公司为典型，主要依赖外部市场机制；收益权、控制权、经营权"三权分立"（最好能够动态激励相容）的公司可以称为三元公司治理模式，比较适合引入我们所说的动态股权治理平台和动态股权激励计划。

动态股权激励激发创新动力

我们一起来了解几个案例。

首先是海底捞的店长师徒制。中国有句老话，叫"教会徒弟饿死师傅"，因为激励不相容，在传统的师徒制下，师傅教徒弟往往留一手。

海底捞的店长师徒制给店长以下两个选择：

选项A：店长可获得其管理餐厅利润的2.8%；

选项B：店长可获得：其管理餐厅利润的0.4%；其徒弟管理餐厅利润的2.8%—3.1%，视徒弟餐厅的位置而定；以及其徒孙管理餐厅利润的1.5%。

假设一个很成功的店长带10个徒弟，每个徒弟带5个徒孙，相当于海底捞直接把一家店的利润都送给店长。显然，海底捞通过这样一种店长师徒制，在师傅和徒弟之间实现了激励相容，师傅不仅没有保留，而且把新创的武功也都教出去了，带着徒弟向前冲，让海底捞实现了惊人的扩张。

可以说，海底捞的模式已经展现了一定的动态性。但是，现在已经出现了躺在功劳簿之上睡大觉的店长。当店长拥有比较多的徒弟和徒孙时，他自己可能会失去工作的动力。海底捞其实应该考虑，这2.8%—3.1%的利润分享比例是不是需要动态变化，比如每三年衰减一次，引入更多动态性，促使店长不断去带更多的徒弟。

再来看大家熟悉的华为。华为推行的是虚拟受限股制度和TUP制度，一个很有特色的、很有效的动态利润分享计划，具备较好的动态性。

在虚拟受限股制度下，员工所持股份可以享受股利分红与股票增值所带来的收益，但是不能行使表决权，不能出售、拥有股票（控制权与收益权分离）。

这是一个基于虚拟受限股制度的动态利润分享计划，每年都基于员工绩效和公司业绩表现进行动态配股和动态分红。华为员工通过与个人、团队业绩表现紧密挂钩的动态利润分享计划、动态配股和动态分红机制获得相应的收益权（剩余索取权）、选举权和被选举权而共同承担企业经营风险，从而实现动态激励相容。

这是充分考虑员工利益需求和人力资本动态性，可以长期凝聚关键人力资本的制度和机制设计。华为不会减少某个人已经获得的虚拟受限股，但是会增加那些表现很好的人的虚拟受限股，比如说，我们去年都拥有100万股，他今年表现很好，又多得100万股，那我的相对比例就下降了，这就构筑了一个市场竞争机制。

为了激励外籍员工，以及由于部分获得比较多虚拟受限股的员工继续前进的动力不足，在实施虚拟饱和配股的同时，华为引入了TUP计划，采取"递延+递增"的分配方案。比如：因为你工作很努力，以面值1元获配1万个单位的TUP，第一年没有分红权，第二年可以享有1/3的分红权，第三年享有2/3的分红权，第四年是全部，第五年也是全部，但是到第五年结束，这部分TUP计划就清零了。动态性超过虚拟受限股，又完全不损失公司的股权。

最后再说一家很有意思的企业，就是有三个人，根据马斯克的创意创立的"超级高铁公司"（HTT），研发生产最高时速可以达到1400公里/小时的胶囊列车，我把它称为"没有边界的华为"。目前，HTT的正式员工人数不足12人；另一方面，由分布在世界各地的800多名专业人员组成了庞大的兼职团队，他们根据需要，将兼职工作时间换成股票期权，实施类似于我们所说的基于关键人力资本的动态股权激励计划。此外，HTT还为超过50000人在各种社交媒体网站上提供着业务发展的机会，在一定程度上实现了生态化、平台化运营。

HTT公司的正式员工看起来有点像是化学反应当中的"催化剂"，数量极少却又在自身不损耗的情况下，大大推动了神奇的"化学反应"。这样的公司会受疫情影响吗？完全不会。如果火星上有人、有网络的话，HTT公司也可以给他们兼职的机会。HTT公司通过动态股票期权激励计划，实现了关键人力资本动态激励相容，在企业内部引入市场机制，低成本获取外部知识，因为超轻资产模式与超高组织柔性享受低风险，同时获得了较高创新效率。

控制权得到保障，又能激励员工努力工作

由于大家的背景都不一样，所以我要讲讲为什么"我们"都需要动态股权激励计划。我曾经针对身为CFO和董秘的同学们讲过"动态股权激励计划"，然而他们对此天然就存在抵触：我都拿到股权或者期权了，难道你想给我动态掉？事实上，你已经拿到的股权或者期权有没有价值，取决于公司值不值钱。

从公司整体层面来说，我们为了应对关键利益相关者所拥有的战略性资源和能力的动态性问题，就一定要使得股权激励动态化。

对于公司创始人，动态股权治理平台和动态股权激励计划非常有利于控制权竞争和控制权保障，有助于实现关键利益相关者动态激励相容。创始人对于控制权是非常关心的，如果公司控制权得到保障，那么，公司创始人往往也愿意多分出去一些。

对于早期联合创始人，尽管已在股权激励中取得较多股权或者期权，但其价值未来能有多大，取决于后续加入的管理层和核心员工的激励机制及努力程度；同时，可以动态分享动态股权激励计划带来的增量部分，实现动态激励相容，防止有人躺在功劳簿上睡大觉，这也是团队管理和团队激励的有力工具。

对于管理层与核心员工来说，实现动态收益权激励相容，以及在企业内部引入

市场机制，推动合理竞争，激发关键人力资本的潜力并增加其退出成本；同时这也是团队管理和团队激励的有力工具。

接下来，介绍一下具体怎么来构建动态股权治理平台，以及如何实施动态股权激励计划，既要让控制权能够得到保障，又要能够激励大家。

首先，需要说明的是，管理学和经济学的理论、工具、方法都是高度情境依赖的，要和企业的实践相结合，而不仅仅是在课堂上做一下分析就能解决的。因此，我特意强调"一般性设计"，主要体现其中的思维逻辑。构建动态股权治理平台，不仅要符合中国现有的法律规范，而且要充分地考虑到人力资本的动态性，在企业内部引入市场机制，促进合理的竞争，让关键利益相关者能够实现动态激励相容，进而重构企业治理模式。我们在借鉴华为虚拟受限股制度的基本思想和原则的同时，有效地避免了华为虚拟受限股制度在大多数企业中的适应性问题。

公司治理不是单纯意义上股权架构，需要设计一系列的配套治理机制。股权激励，重点不在"股权"，而在于"激励"。简单按照管理层和核心员工职级的划分来实施静态的员工股权激励计划，不仅无法有效体现管理层和核心员工的已有的价值贡献和未来的价值创造，而且：（1）可能导致职级较低的员工与职级较高的员工之间的矛盾，职级较低的员工多为企业中层、基层管理者，对于企业的战略执行力至关重要，这一层次的员工如果"非常不满意"，将带来严重的执行力问题；（2）可能导致"员工股权激励计划"成为让普通员工"憎恨"的管理层股权激励计划（只是属于较高层的财富分享），加剧管理层和普通员工之间的矛盾，显著影响公司员工的士气以及公司整体的工作氛围。

因此，为了有效应对人力资本的动态性问题，同时实现参与员工股权激励计划的"老人"有动力，尚未参与员工股权激励计划的"新人"有希望，为整个公司带来真正的、全面的激励效应，我们建议推出关键人力资本动态股权激励计划，以及多层次动态收益权分享机制（实现类似于华为虚拟受限股制度的全员持股）。

动态股权激励计划包含固定部分和动态部分。我在给企业做咨询的时候，开发了"反向折现法"，把历史贡献、职级差异、学历差异等都放进去，你可以自己来定义部分算法模型的参数，来计算固定部分将如何分配。而动态部分怎么分配，是比较复杂的问题。

如果不采用华为那样频繁的动态配股增发，而是设计配套动态股权激励池，将更有助于实现管理层及员工的动态收益权激励相容，且存在更加强烈的股权激励和约束效应。以"一半固定、一半动态"为例，这意味着，表现良好的管理层及员工可以以二分之一的价格获得与之前相当的收益权，激励效应更为显著；而表现很差需要退出股权激励计划的管理层及员工退出（只退出固定部分的股份份额）的价格为之前的二分之一，约束效应也更为显著，甚至构成了相当严厉的惩罚。

动态股权激励池每年的分配，要先确定团队贡献指数，在此，团队差异不得不仔细考虑。一般的业务团队比较好处理，其贡献指数可以定义为：营收 ×50%+ 利润 ×50%，但战略性新业务团队在发展初期可能是亏损的，营收表现也不理想；快速增长型团队营收、利润的绝对量较小，但增速较快；职能型团队是纯粹的费用支出单位，没有一般意义上的营收和利润指标；还有需要大量固定资产投入的团队，固定成本非常高，一般的核算方式可能也不合适。这意味着，针对不同的类型的团队应该采用不同的计算方式。因此，我们基于动态激励相容的视角，开发了"团队贡献指数与团队分配计划"算法模型，目前正在进一步开发成软件工具。

确定团队贡献指数之后，就需要考虑每位团队成员的分享权重。除了基础的业绩指标之外，我们建议引入一个"互评机制"，即设计"基于动态激励相容的多层次团队互评机制"。可能有人会质疑这种打分互评机制的客观性。实际上，在信息对称、重复博弈以及激励相容的情况下，客观公正地打分，互评可能是最好的选择。

比如，我们会不会给"老好人"打高分？以及给那些能力强但说话不好听的人打低分？当你设计的动态股权激励机制使得个人利益和团队利益、公司利益紧密相连，激励相容之后，团队里的成员其实会比较理性地考虑，如果给老好人打高分，这个老好人能带领团队争取到更好、更大的蛋糕吗？如果不能，那么团队成员给他打的分数不会太高，最多因为说话好听打得略高一点。而能力很强但说话不好听的人，得分可能会低一点，但也不至于太低。因为一旦他收到，特别是多次收到了与他努力程度和贡献完全不匹配的分数，他就会消极怠工，甚至退出团队，这将使得团队能够分得的蛋糕份额大幅度地缩减。

因此，在信息较为对称（人民群众的眼睛是雪亮的）、长期重复博弈以及动态激励相容的情况下，打一个相对客观公正的分数，是大家比较明智的选择。

此外，合理的监督制衡机制也很重要。个人认为，监事会是一个相当不错的着力点。在我们设计的股权架构中，控制权被赋予监事会，监事会主席做 GP，非常适合承担监督职能。监督制衡机制是否有效，关键要看是否有监督制衡的权威，是否有信息优势，以及监督者是否实现激励相容。在动态股权治理平台和动态股权激励计划中，监督权威可以来自创始人或创业团队推选的人，信息优势来自内部员工，同时内部员工借助动态股权激励计划，实现了自己与监督行为之间的激励相容。

一般来说，动态股权治理平台和动态股权激励计划的要点包括如下方面：
- 利用有限合伙企业构建收益权和控制权（投票权）分离的股权激励持股平台，
- 在公司内部实行动态的股权流转设置，
- 设计股份绑定机制促进激励相容，
- 引入动态配股增发机制，
- 基于公司业绩表现实施动态分红制度，
- 基于员工绩效实施动态配股和动态分红制度，
- 设计动态股权激励池与团队激励机制，
- 变革和改善公司监事会治理机制，
- 发展基于民主选举的企业管理层遴选机制，
- 设计外部投资者治理机制，
- 引入员工民主决策与监督机制。

构建动态股权治理平台和实施动态股权激励计划，可以达成如下治理效应：
- 创始人/创业团队的控制权保障，
- 创始人/创业团队的控制权稀释空间，
- 管理层的动态激励相容和权益保障，
- 核心员工的动态激励相容和权益保障，
- 简洁有效的团队激励机制，
- 基于民主选举的企业领导人遴选机制，
- 在企业内部引入市场竞争机制，
- 外部投资者的激励相容和权益保障，
- 合理的制衡机制，
- 确立社会化企业治理模式。

在动态股权治理平台和动态股权激励计划中，首先，创始人家族/创业团队家族与有限责任公司管理层及核心员工共享收益权，逐步实现收益权的社会化和动态激励相容。其次，来自创始人家族/创业团队家族的代表、荣休前高管和核心员工的代表共同组成有限责任公司监事会对公司管理层实施监督与控制，可以在一定程度上实现控制权的社会化和动态激励相容。最后，在公司章程所约定的范围内，有限责任公司经营管理权被委托给民主选举产生的公司管理层，可以实现经营权的社会化和动态激励相容。

总而言之，动态股权治理平台和动态股权激励计划是一个系统工程，旨在通过创新、优化企业治理架构和相关治理机制，推动公司收益权、控制权和经营权从创始人/创业团队逐步走向社会化，在企业内部依据"三权分立"原则，建立科学合理的监督制衡机制，变革企业管理层遴选机制，引入市场机制促进合理竞争，实现创始人/创业团队以及其他重要利益相关者的动态激励相容。这样，我们就可以推动企业治理模式向基于人力资本的共有、共享、共治，收益权、控制权和经营权"三权分立"且动态激励相容的社会化企业治理模式转变，有望实现企业与外界社会环境和外部资源能力的有机连接，增强内生增长动力和内生增长能力。

钱世政
短视频如何实现长发展？

复旦大学管理学院会计学系教授
原上实集团副总裁、海通证券副董事长

谋创新

2021年1月以来，在香港股市连续爆出了几个历史上没有的纪录，比如，"医渡科技"以1600倍的认购率创造了香港股市历史之最；而"快手"是香港股市历史上另一个奇迹，定价3000多亿港元市值，一上市变成13000多亿港元，是什么原因让它拥有如此魅力呢？

快手于2021年2月5日正式挂牌，融资54亿美元，这是除了阿里巴巴外近两年来港股规模最大的IPO项目，上市当天以388港元每股开盘，较发行价涨了193%，总市值涨到了1.4万亿港元，迅速成为港股市值第十、中国内地第五的互联网公司。这是一个难以看懂的价格。因为快手的市盈率是负的10倍，每股净资产也是负的？这样的股价是如何估出来的呢？快手的魅力又何在呢？

最普惠的短视频平台

在快手联合创始人宿华的眼里，快手是一个平等普惠的短视频平台，在这里每个人都可以记录他的生活。快手诞生于2011年，这样一说它的历史就显得年轻了，哔哩哔哩那时候早就成立了。快手最初只是一个用来制作分享GIF图片的手机应用，2013年，快手才从纯粹的工具应用转型为短视频社区，2015年走上商业化之路。快手由此成为用户记录和分享生活的平台，它将"平等普惠"作为公司价值观的基石。抖音强调头部、明星的效应；而在快手，你只要内容好，谁都可以成为明星。80后、90后，四线、五线、六线城市的年轻人，都可以在这里做梦，并且梦想成真，这不仅体现在线上公允地对创作者进行流量分配，也延伸到线下改变普通人的生活，这看起来是技术，但后面是价值观，这个价值观的实现归功于技术的支撑。

2013年，快手引进了推荐算法，应用于内容的智能分发，今天，我们把这个叫作"推荐引擎"，将原来热门的排名和附近关注变成了个性化推荐，用户体验得到了很大的改善。2015年，快手用户达到1亿，2016年突破3亿，到2020年6月，用户超过了3亿（摘自招股书）。

字节跳动的抖音于2016年上线。它年轻，但是迅速成为短视频快手的直接竞争对手，抖音通过与机构和明星合作，以及流量分配机制，迅速扶持了大批头部明星用户，并且吸引粉丝注册，打开了差异竞争的道路。截止到2020年8月，抖音及旗下关联产品日活跃用户数已经突破6亿，大幅度超越快手，在商业化道路上，抖音也更快。快手成立3年、摸索3年之后才开始商业化，抖音成立1年后就开启了商业化进程，而快手成立5年后才开始探索商业化。目前，两大平台分别在直播、电商、广告和直播付费方面进行着直接、激烈的较量。

有人说，短视频是人工智能第一次大规模地应用和分享，快手就体现了这样一个复合，体现的是人工智能和视频平台的复合，快手的发展是建立在智能手机普及、4G流量资费下降、支付普及以及物流在全国范围内通达这些基础要素之上。

视频本身就不是一个单一的工具，因为视频本身就是多重数据的叠加，包括视频数据、语音数据、文字数据，视频是各种模态数据的复合，是人们喜闻乐见的，一部手机，全部都可以实现。由此，就实现了融传媒的方式，把所有的传媒都重合在一起，既是传媒，也是社交，既是娱乐，也是平台。最后我们看到，它解读了生活最浅白的道理，我说的是生活，背后做的是生意，因为只有生活，才有生意。

视频平台的商业就是面对面做生意，我们能不能把冗长的生意链变成最简单的交互撮合呢？用"原产地＋消费终端＝生意"，这中间就可以通过短视频来消除时空的差距，降低交易费用，让所有中间的商业设施统统可以化为乌有，未来的商业交易将是源头好货的春天，销售半径将变得无穷大。

快手和抖音这对"欢喜冤家"的差距在哪里，可以做一个比较，先找相同点：

第一，两者相同的是视频的优点，它们都做短视频，但是视频是制作简单、生产简单、发送简单。

第二，它们两个PK的都是核心算法，通过推荐引擎精准推送。

差异点如下:

第一,在内容生产导向上,快手主张不打扰用户,让所有的百姓都有机会上台,平等普惠;而抖音是追求精致和潮流,而抖音的战略是向头部用户集中。

第二,在社区运营上,快手是轻运营,抖音是强运营。

第三,在平台定位上,快手是去中心化,抖音是中心化。

第四,从平台属性说,快手是偏社交属性,抖音是偏传媒属性。

快手由于主张社交、社区、社群、社聊,可以让用户黏性更强,当具有更强黏性的时候,直播应运而生,这个直播背后是平等、普惠;抖音则基于传媒属性,"内容为王",掌控内容品质,抖音由于是媒体,做的是广告,追求的是"高大上"的美好。

强调"平等普惠"是快手的价值观。价值观是无形的,但是直达人的心灵,广告是什么?广告能不能成为开关,把以前的"常闭",变成"常开";不管你开的是吉利车,还是法拉利,在快手上是一样的,快手服务的对象是普通人,这不一定是情怀,也是一个价值观,让人们上快手的时候说:我们PK的是内容、是情调。

有人会说,四五线城市那么"Low",PK什么?通过算法和人工智能技术,快手让大家尽可能地上台,但是可把很Low的东西排除在外,其价值观的实现是由技术来支撑的。

宿华喜欢说"互联网强调的就是注意力",快手做的就是注意力的分配,让每一个用户都被注意到,所有的用户拍摄的视频,只要是合法的、符合程序的,快手都会给它分配流量,这个流量至少是100,如果视频喜欢的人多,就再分配1000流量;喜欢的人更多,就分配10000流量;快手遵循的是这样一个爬坡机制。为了体现公平,快手设有"热门"页面,"热门"只放48小时之内产生的视频,超过48小时,即便这个视频再受欢迎都不会被放到"热门"页面,因为要保持机会均等。快手保证每一个人都有机会,这样的生态才会让普通人觉得:这个平台跟我有关,我有可能露脸,我愿意来玩。相比爆款视频,快手更重视长尾视频的分发,头部视频播放量仅占比30%,可以说,快手是一个去中心化、重视长尾内容的平台。

 ## 快手的商业模式分析

说了它们的差异,接下来就要分析,快手如何把它的战略化为真金白银,这就是第二部分,商业模式。商业模式在战略学里面有多种表达方法,其共同之处是发现价值、定位价值主张，然后创造价值、传递价值，最后实现价值。

第一是发现价值，快手为客户提供的价值是什么？平等、普惠，人人都会机会露脸，但是不要滥、不要"下三流"。这个主张需要技术支撑。用什么保障供应端、满足需求端？有关键的活动、核心的资源，但当这种资源是可以复制的时候，马上就会被颠覆。所以，需要构建自己的"护城河"和"防火墙"，成本结构也是构成"防火墙"的一部分。请注意，这个时候，你就可以在需求端把握你的渠道通路、价值传递，最后得以实现。

价值主张在宿华眼里，就是"快手记录事件"，"注意力"就是互联网的核心资源，我们希望尽量让更多的人得到这种"注意力"，提升每个人的幸福感。快手联合创始人程一笑说："快手是一个连接器，连接每一个人，尤其是容易被忽略的大多数。"

快手的价值主张能不能被用户接受呢？数据显示，快手的用户年龄段97%在40岁以下，高度年轻化。请注意，这些年轻人不在一二线城市，它的主要用户集中在非一线城市，这些用户认为快手更加接地气。去中心化对短视频创作者来说是一个重大利好，因为这让他们有了自信、有了自己的精神乐园。当你的短视频能够张扬这个价值观，然后通过技术得以支撑，就可以在提升整个民族素质的同时，让被边缘化的年轻人获得"主流感"。

如何在短视频的竞争中间找到自己的定位呢？快手说，通过社交关系和算法机制，促进交叉营销、精准营销。在快手上，粉丝由于共同的兴趣爱好、关注同样的内容，并进行互动交流，形成同好社区。短视频内容和主播推荐的是影响用户产生购买想法的关键因素，也是"公域流量+私域流量"在电商营销中发挥合力的直接体现。

通过短视频和直播，创作者可以向"老铁们"展示商品的生产制作过程，推出内容有创意的广告，女性用户对于教程式的内容更加情有独钟。拼多多创始人黄峥曾说，女性买东西不在乎买什么，她们是在享受买的过程，在买的过程中，把自己变成一只蝴蝶飞出心灵，这个过程多浪漫。事实上，教程类内容作为原生广告为用户所青睐，循循善诱。在这个过程中，给用户以真实的产品使用体验，由于用户对创作者的信任，平等普惠的价值观让快手拥有大量的中小型"达人"，这使得品牌拥有了灵活多样的主播选择空间。

发现了价值，如何来实现价值呢？这个过程就是价值创造。快手在价值创造领域自我标榜有"第一支深度学习团队"。2015年,快手组建"深度算法"部门,用算法打击盗版和违规内容。同时建立多模态研究,研究用户的行为;构建两大业务体系,信息分发和人机交互。前者用多模态实现精准的理解视频内容,后者利用多模态来辅助人们更好地记录生活。然后,构筑快手的"Google X",当视频理解技术在推荐及内容安全等方面的应用日趋成熟时,宿华组建了一个专注在前沿算法的实验室。比如将好莱坞的特效内容加入用户的内容生产中,通过人工智能、虚拟现实技术让用户获得新奇的体验。快手的研发投入比小米的还要高,而研发人员占员工比重是31.3%,好像有点像科创企业了。

最后,价值怎么实现?通过两端去发力:第一是2C端,第二是2B端。首先,要引流,发布吸引眼球的"光合计划";接下来就是分成,你有主播,我跟你分成;你有电商,我跟你分成;你有微电商,我还是跟你分成。不仅仅是广告和原生性广告,所有的东西都在运用分成机制,最后发现,分成能够有这么高的成长期。通过平台运营、直播、"电商+营销服务",以及核心算法推荐的分发机制等关键业务,通讯、手机商、技术服务商、内容审核商、直播"达人"等重要伙伴,普通用户、直播用户、快手用户、广告客服等细分客户,快手这样一个看上去浪漫的公司,上市定价3000亿。

凭什么快手估值这么高呢?我们可以看一下它2017年到2020年9月30日的数据。为什么没有年底数字呢?因为2021年2月快手才上市,会计基准期是2021年第三季度。2017年亏200亿元,2020年三个季度亏900亿元,这种报表看不下去,惨不忍睹。但是,我们接着看第二指标,毛利26亿元变58亿元,58亿元变94亿元,94亿元变140亿元,140亿元变154亿元,三个季度就有153亿元,说明快手确实在稳定地创造价值,只不过它要做研发,要疏通渠道,同时还在补贴用户,所以亏损就被拉大了。

快手不是一个简单的短视频媒体,快手的本质是数字经济的产物。什么是数字经济?通过对大数据的识别、选择、过滤、存储、使用、引导,实现资源快速优化配置与再生,实现企业高质量发展的经济形态。简单说就是:让数据产业化,让产业数据化。数字经济作为一个内涵比较丰富、广泛的概念,那些凡是直接或者间接利用数据来引导资源发挥作用,推动生产力发展的经济形态,都可以纳入其范畴,可以运用的范围太广了,例如,A、B、C、D+5G。

大卫·A.施韦德说:"未来30年,因为数字经济,人类将真正进入巨大的变革时代，进入一个由数据驱动的世界。在数字经济时代，决定产品的是用户，而不是企业，企业必须用产品和服务换取数据，用数据创造价值，实现价值互换、经济流通。这就是'赛道为王'。"

工业经济时代，所有的要素都是相对稳定的，是"固态"的；可是今天我们发现，数字经济时代的数据是"液态"的，数字经济像水一样渗透到你的心坎，那就是"流量至上"。生态圈并不封闭，形成开放的逻辑，融资根本不是银行、不是资本市场，也不是公募市场，而是先做私募、再做公募。

在资本市场，我们过去讲资本，讲的就是真金白银地 PK；没有想到，到如今数据和算法也构成了核心资本。这个资本的外围是人力资源资本。我记得有一次上课，有人问我：人力资本可以入账吗？目前没法入账。但是，不入账不等于不存在。

在数据经济情况下，我们企业的运营是什么？我们的管理又是什么样的呢？过去，是传统的操作层面的职能管理。我读本科时，企业的人财物要素的职能管理就是工资管理、财务管理、销售管理、采购管理、设备管理等；今天我们换了叫法，"销售管理"称为"营销管理"，"工资管理"称为"人力资源管理"，其原因是企业管理的共享技术底座是数据，实现企业价值最大化就需打破职能部门的信息孤岛，打穿部门隔热层。

价值管理的维度是什么？快手用的就是发现价值、提升价值，中间需要衡量价值。在这个价值创造的过程当中，资本正在赋能助力，借助新的工具，如私募、风投等，重建商业模式已经成为价值创造的推手。

在这种情况下，我们看到的是截然不同的两个渠道，传统的融资是小额贷、票据、信贷、信托、抵押贷、债券等；当走进数字经济时代时，是在孵化器里孵化，再到天使投资者、到风险领投人、到私募人，然后是一级市场、二级市场。所以，在财务上，投、融资策略是大相径庭的。快手的背后是谁在操控？私募。快手于 2021 年 2 月在香港证券交易所 IPO 上市，其中 VC/PE 机构 IPO 渗透率达到了 71%，这就说明，新经济背后，资本结构是完全不同的。

科创企业已经成了国家战略，中国科创体系、管理体系有没有值得改善之处呢？我们从全球维度来比较，在物理性的基础设施方面，中国比印度高，但是中国有两块短板，第一块短板是教育，第二块短板是资本市场当中参与者准入比印度差。中国的创业，2B 和 2C 的比例有一点畸形，2B 只有 10%，2C 是 75%，在欧洲，这两个数据基本持平。

最后用三句话总结：

第一，在商业模式上，快手以"去中心化的社交短视频社区"定位，坚持"平等、普惠"的价值观，实现日活跃用户3.05亿，其中85后用户超90%，从数据看，快手用户始终保持增长优势。

第二，在技术上建立多模态研究的核心优势，因为视频是视觉、听觉、文本多种形态综合体现的信息传递形式，而用户的行为也是另外一种模态的数据，所以利用多模态实现精准服务。

第三，在财务战略上，快手实施扩张的财务战略，用私募股权融资解决流动性，用公募股权上市融资取得了资本溢价，同时构筑了可持续扩张的资本平台。由此，让快手梦想成真。

不过，在抖音还没有上市之前，我们还找不到快手精准的参照物，快手如果遇到抖音，那就是"地球撞火星"，那时候我们才能真正比较出谁在市场上估值更合理。

冯天俊
社区团购需要回归商业本质

复旦大学管理学院管理科学系教授

2020年岁末，国家市场监管总局出台针对社区团购的"九不得"新规，要求包括阿里、腾讯、京东、美团、拼多多、滴滴六家互联网平台企业摒弃烧钱补贴等"野蛮生长"的老路，社区团购市场一时间迷雾重重。

牛年新春伊始，就传来"兴盛优选"将完成30亿美元D轮融资的消息，2021年社区团购大战一触即发。3月，国家市场监管总局对五家社区团购企业涉嫌不正当价格行为做出行政处罚，让社区团购再次成为关注的焦点。

可以说，社区团购，是前所未有的六大互联网巨头都扎根进去的赛道。那么，什么是社区团购？为什么互联网巨头集聚社区团购？社区团购如何降本增效，实现可持续运营？未来社区团购将如何发展？本文将从"火、乱、管、治"四个方面来探讨上述问题。

火：如火如荼，互联网巨头纷纷入场

什么是社区团购

社区团购是一种基于真实社区的本地化和网络化的社交电商团购业态，由社区团长负责在社交平台推荐生鲜等高频消费商品，社区团购平台负责团购订单的接收与履行。

标准的社区团购流程如下：

（1）团长建立微信群，每天早上在群内转发推荐商品的链接；

（2）用户挑选商品，在当天结束前点击群内链接提交订单；

（3）社区团购平台接到订单，凌晨开始安排仓配物流、分拣送货，第二天中午前送至团长处；

（4）用户前往团长处自提商品。

社区团购的主要特征

基于"预售+自提"的模式，社区团购主要具有高频、高性价比和高黏性等特征。具体而言，从需求端来看，根据招商证券研究报告的数据，70%的社区团购客户是25岁至50岁的女性。社区团购的顾客群体每月购买频次为7—10次，每周购买频次为2—3次。每次购买订单的价格在20元左右，单个客单价中包含了2—3件SKU（最小销售单元）商品。从供给端来看，目前大的社区团购平台的SKU数量在1000个左右，生鲜产品是社区团购主要销售的商品，蔬菜、水果和肉蛋禽占销售商品种类的60%，这些产品基本能实现稳定供应。

社区团购采购模式如何，其客单价为什么偏低

当前社区团购采购模式是以销定采，这与其他主流生鲜电商形成了鲜明对比。比如叮咚买菜，是先采购再销售，根据大数据分析做销售预测，在前置仓进行布货，收到顾客订单之后，马上进行响应，半小时之内送到用户家，这是典型的推式供应链模式。社区团购是拉式供应链模式，通过预售集单，然后订单拉动社区团购平台后端的仓配和物流进行履约。与推式供应链相比，社区团购的拉式供应链模式能够更好地匹配生鲜产品的供给与需求，有效降低长期困扰生鲜供应链运营的损耗问题。

社区团购客单价比较低，主要有以下几个原因：第一，当前社区团购主要的目标客户集中在二三四线城市，他们是中低收入、价格敏感型的群体。第二，社区团购平台主动采取低价策略引流，同时与其他生鲜渠道相比，社区团购平台获客成本较低。第三，社区团购的以销定采模式，也有助于社区团购供应链扁平化，缩减生鲜供应链的中间流通环节，减少中间商赚差价。第四，与传统生鲜电商相比，社区团购存货周转率较高，从而提升资金的周转速度，目前社区团购与供应商的结算周期为7天左右，而传统生鲜电商的结算周期为2—3个月，这也使得社区团购平台能够从供应商处进一步获得议价权。

为什么互联网巨头纷纷重视社区团购，即使是在日益加强的监管和处罚下，还是不收手

对互联网巨头，尤其像阿里、美团、拼多多而言，社区团购是各大巨头对10万亿生鲜市场的争夺，背后在争夺10亿下沉人口的流量，社区团购本质上是一场流量争夺战。

图1 社区团购的规模效应与网络效应

资料来源：网络效应、规模效应、数据网络效应和网络桥接效应（Zhu 和 Iansiti，2019）。

如图1所示，第一，社区团购具有网络效应。社区团购通过更多的用户带来更多的互动、更好的用户洞察、更好的用户体验以及更多的信任，而更多的信任又能够带来更多的用户，即单边网络效应。同时，更多的用户又能吸引更多的品牌商加入社区团购业务，即双边网络效应。

第二，社区团购具有规模效应。社区团购能够通过更多的用户形成更高销售、更低采购成本、更多省钱、更高性价比、更多用户的一个循环，从而带来规模效应。

第三，社区团购具有数据网络效应。数据网络效应指的是公司可以使用有关其用户及其交互的数据来提高其产品或服务的质量（Zhu 和 Iansiti，2019）。其核心是更高质量的产品或服务会吸引更多的用户，从而为数据收集创造更多的机会（Zhu 和 Iansiti，2019）。例如，在使用支付宝时，蚂蚁金服可以利用支付宝获取的交易数据来评估每个消费者和商户的风险状况，并据此向消费者和商户发放贷款。这些贷款带来了更多的交易和还款数据，使得蚂蚁金服能够提高其风险评估的准确性，从而产生数据网络效应（Zhu 和 Iansiti，2019）。类似的，互联网平台布局社区团购很重要的目的就是希望在下沉市场积累用户的数据，通过为用户提供商品与服务，在此基础上形成数据网络效应。

第四，社区团购具有网络桥接效应。平台为什么不能放弃社区团购赛道的另一个原因，是网络桥接效应，即平台公司可以通过将多个平台网络相互连接并在它们之间产生协同效应来扩展业务（Zhu 和 Iansiti，2019）。例如，以"美团优选"为例来思考社区团购的网络桥接效应，美团外卖可以为美团优选引流，美团优选也可以为美团外卖等滴滴生态的产品提供用户与数据的链接，从而产生协同效应。

乱：乱象丛生，面临巨大运营挑战

作为一个快速发展的业态，社区团购乱象丛生，面临着诸多挑战。

第一，组织运营方面。社区团购面临的主要挑战是物流体系、仓配能力和司机运力保障，同时还需要防范多归属效应（Multi-homing）。多归属效应指的是买者和卖者都有机会选择同时和两个以上的平台建立连接。目前，社区团购模式下，团长、网格仓、运输系统都是多归属的，各大社区团购平台通过各种方式与竞争对手抢夺团长和仓配资源，这给社区团购平台供应链体系带来极大的不稳定性。

第二，流量运营方面。社区团购流量争夺空前激烈，尽管国家市场监管总局出台针对社区团购"九不得"新规，同时对多家社区团购企业涉嫌不正当价格行为进行顶格处罚，但是各大社区团购平台为了抢夺流量，还是不断尝试低于成本价销售引流。

第三，流程运营方面。大多数社区团购平台还没有实现盈利，其中一个主要的原因就是在供应链方面没有建成标准化、可复制的流程运营体系，后端的仓配物流还处于粗放式运营阶段。

第四，可持续发展方面。社区团购平台现在运营的 SKU 数量还比较少，已经面临供应链仓配体系能力不足的巨大挑战，在不远的将来，随着流量的增长，扩充 SKU 势在必行，如何提前布局供应链仓配体系是一个现实的考量。同时，社区团购平台目前同时运营生鲜品类和标品品类，针对不同品类，各大平台目前都采用统一的供应链仓配模式，并未进行差异化设计，这给社区团购平台供应链管理带了混乱和成本的提升。

管：精细管理，打造全攻全守的供应链

社区团购要实现盈利，离不开精细化管理。如果说社区团购的上半场是流量之争，那么社区团购的下半场一定是供应链之争，是基于精细化管理的供应链效率之争。

与其他生鲜电商供应链模式不同，社区团购供应链模式是独特的三级仓配网络。社区团购平台每晚11点在集聚团购订单之后，开始驱动整个三级仓配体系的运营：供应商从协同仓发货至社区团购平台的中心仓，然后中心仓向网格仓发货，网格仓收到货之后进行分拣，再配送至团长所在的社区门店。根据招商证券研究报告，社区团购平台在每个省和省级市至少会有一个中心仓，每个中心仓大概能辐射40—70个网格仓，一个网格仓大概能覆盖300—500个团长，一个网格仓大概可以触达150—250个小区。

正如京东创始人刘强东所言："人类商业的规律从未背离过成本、效率和用户体验"。社区团购本质上是社区电商，只要是商业就离不开这三者之间的权衡：成本、效率和用户体验。社区团购进行精细化管理，打造全攻全守的供应链，在前端做好用户体验，在后端做好成本和效率。具体而言，社区团购平台需要构建流程、组织、系统三位一体的供应链体系。流程方面，社区团购平台需要逐步建立标准化运营流程（SOP），对于不同品类需要设计不同类型的供应链流程。例如针对生鲜品类，可以采用现有的三级仓配体系；而对于标品品类，采用与"三通一达"等快递公司合作，可以更好地降本增效。组织方面，社区团购平台需要跟相关的合作伙伴协同作战，包括供应商、团长、网格仓加盟商、司机等，通过利益共享、风险共担的激励机制设计，实现供应链体系的高效运转。系统方面，社区团购平台需要通过构建信息系统，提升信息化和数字化运营水平，通过大数据分析来固化流程，连接组织，统计绩效。

治：精准治理，构建健康可持续发展的生态

社区团购要实现健康可持续发展，精准治理势在必行。正如腾讯董事局主席马化腾在2021年两会期间建言，"互联网企业，尤其是平台企业，应该秉持科技向善的理念，践行技术伦理规则，将发展置于安全底线之上，强化商业伦理规则，将创新置于有效监管之下。因此，要对社区团购进行监管，不仅要监管，还要加大监管。"

对社区团购而言，精准治理意义重大。第一，精准治理可以促使社区团购平台之间的竞争真正回归商业的本质，使得平台从关注流量，转向关注提升生鲜产业链的整体效率，提升上游菜农和果农以及下游消费者的福利。第二，精准治理有助于社区团购更好地服务于乡村振兴国家战略。社区团购一方面可以把农产品从农村上

行到城市，满足城市消费者需求的同时，有利于精准扶贫；另一方面，则把品牌消费品下沉到农村，提升农民的生活品质。这才是社区团购的终极意义：让人们过上更加美好的生活。

谷歌首席执行官皮查伊曾经对人工智能（AI）做出这样的论述，"AI将给人类带来革命性意义，甚至会比电或者火带来更深远的影响。虽然火是好东西，但火也会杀死人。人们学会了利用火来造福人类，但我们也必须要学会避免火带来的灾难。"同样，对于社区团购而言，只有坚持长期主义，回归商业本质，做效率的朋友，社区团购才能真正实现健康可持续发展。

参考文献

Zhu F, Iansiti M.（2019），Why some platforms thrive and others don't，*Harvard Business Review*，97（1）：118-125.

江南春

人口红利可能结束了，人心的红利正在展开

分众传媒创始人兼董事长

2015年开始中国的人口红利结束，2018年开始流量红利也结束了，但是生产供给能力持续攀升，70%的行业已经进入存量博弈的时代，存量博弈意味着什么呢？各行各业都出现了量价齐杀的特点：促销一搞，发现竞争对手降价降得更快，大家都觉得可以以价取量，结果反而是量价齐杀。

此次疫情又成为非常重要的转折点。消费者经历了疫情之后，消费结构和消费倾向发生了很大的改变。很多在小企业工作的普通人因为企业效益影响，收入增速下降，在消费层面变得更加谨慎。谨慎的特点是什么呢？会延缓很多非必要开支，钱聚焦在必要开支当中，聚焦在更稳妥、确定性更强、信赖感更强的产品当中。大众型消费向一个行业的龙头品牌聚集，品牌聚集度CR3、CR5都在不断地加强，它们在消费者心智中已经是个默认选项，它已经成为标准，成为常识，成为不加思索的选择。所以我觉得这是对大部分的小企业不利，对大企业有利的这样一个格局。

另外一个是由白领、骨干、精英构成的中国4亿中等收入群体，在持续消费升级，也就是努力打拼后的自我补偿和自我奖赏。他们到底爱什么？怕什么？缺什么呢？简单来说叫"三爱三怕三缺"，爱吃、爱美、爱健康；怕老、怕死、怕孤独；缺爱、缺心情、缺刺激。如果说你的生意在"三爱三怕三缺"里面，我觉得还是有很大的增长的潜力和前途的。

刚才说70%的行业进入到存量博弈的行业，有什么行业还在继续保持健康成长阶段呢？如果你的生意是在精神消费、知识消费、健康消费、智能化消费4个领

域当中，我认为还是有很大的增量空间的。

我们今天看中产人群消费心理是什么呢？低价的东西站不住脚了，大家越来越讲品质的、品牌的、心理满足感的。所以刚需的东西需要品位、自我标签化，所有买的品牌都是自我人格的投射，实用主义的东西被情绪的、氛围的、场景的所取代，"哥吃的不是一碗面，哥吃的是寂寞。"所以，商品不仅能要提供功能，关键要抚慰心灵和情绪。

应该说，消费升级是更主要的趋势，新经济主义和新健康生活两个方向，带领了产品、品牌、服务的重大升级。从清单式消费，转向冲动式、触动式消费；从趋同化消费，转向趋优化消费；从功能化消费，转向美学化、精致化、健康化、智能化消费；这是我们在消费升级中看到的不同的维度和方向。

这个时候你会发现，人口红利可能结束了，人心的红利正在展开；流量红利结束了，精神的红利正在展开。在这个过程当中，如果我们抓住了消费升级的本质，会迎来巨大的增长空间。

❤ 今日中国商战：消费者心智选择权之战

中国的商业战争由此也发生了很大的改变。中国40年来商业战争经过了3次重要的变迁。最早的变迁发生在改革开放初期，核心要素是生产端的战争，谁有优质的供应，谁就会赢，在短缺时代能提供优质的供应，就赢得了市场。第二阶段是渠道端的战争，谁渠道多、覆盖广、渗透高，谁就会赢。宗庆后先生把一瓶水卖到650万个网点，他就成了中国的首富。今天你会发现，要买一瓶水有很多选择，生产端过剩化，渠道端同质化，买东西买不到的可能性变得比较少，消费者主权时代来了。面对那么多的选择，商业战争的要素市场又变了，它的核心是消费之心智选择权之战，每个品牌要打赢这场战争，必须回答消费者大脑中的一个问题：选择你而不选择竞争对手的理由到底是什么？

生产端、渠道端依然重要，这是基础设施；这些基础打不好，你就不用进入决赛了。企业成功起步，一定是依靠更好的产品，这是毫无疑问的。但是今天所谓"产品为王"，对，也不对。有了更好的产品，一定会赢吗？不见得。没有更好的产品一定会输，有更好的产品不一定会赢。有一个非常经典的"可乐测试"，盲测和明测的结果完全不同。连好喝不好喝都取决于消费者心理感受，创新也是如此。"创新"不如"创新感"，能被感知的创新才是真正的创新。科技的发展让产品变得越来越同质化，创新也会被迅速模仿，产品领先于对手的时候，产品优势要能转化成消费者的认知优势。产品固然重要，但是品牌认知会影响到顾客对产品的感知和期望。

在中国，各行各业碰到的问题就是不断内卷，价格不断下降，流量成本不断上涨，利润变得越来越薄，大家总是碰到同样的问题。解决的办法只有一个，你必须由消费者指名购买，必须在消费者心中拥有一个清晰的选择你而不选择别人的理由。不具备相区别的心智认知，你会发现，你将陷入价格战、流量战当中。什么叫心智认知？当顾客产生这类需求的时候，你能够条件反射般成为这个心智的首选，我认为这才是你真正在市场上的价值。货找人不是品牌，人找货才是品牌。

占据消费者心智，主要的方法论是什么呢？看今天你在行业中排在第几位，"老大"通常叫封杀品类，如果你是行业的老大，不要客气，上天猫商城就够了，别的地方不用去了。"老二"通常是多快好省上京东，上午买下午就能到，送货快。"老三"是什么？垂直聚焦，一个专门做特卖的网站。"老四"呢？开创新品类。你们三个做电商的是吧，我社交拼团行不行？拼得多，省得多。所以，老大打的是防御战，守住自己的山头；老二打的是进攻战，进攻老大的山头；老三打游击战，守住自己守得住的小山头；老四采用的叫侧翼战，在无人地带降落，开拓自己的品类。其实，商业战争没有那么复杂，跟军事战争一样，大概属于以上四种模型。金融行业、招聘行业，大概都是可以用这4种路径推敲的。

❤ 打造一条顾客认、销售用、对手恨的广告语

好的广告，广告语很重要，它是消费者选择你而不选择别人的理由，它是你竞争战略的浓缩。大家不要觉得这是广告公司的工作，这实际上是你企业的战略工作，是最重要的战术。战略和战术谁更重要？当然是战术重要，很多人觉得战略决定战术，这个观点是错的，战术决定战略。战术是什么？相对你的竞争对手，你怎么找到优势位置，找到竞争性切入点。战略是什么？战略就是调动公司所有的资源，让这个战术优势得以最大化实现。你首先要在整个市场竞争过程中找到竞争性切入点。

所以，我们倒过来看，这个竞争性切入点在哪里呢？是你产品优势点，也是你跟竞争对手的差异点，而且是消费者的痛点，必须三点合一。如何证明你的广告语三点合一了呢？可以试一下这个评价标准：第一叫顾客认，第二叫销售用，第三叫

对手恨。比如说"怕上火，喝王老吉"，好广告语。而"凉茶预防上火"这句，顾客认不认？不会认的。销售会不会说好，对手恨不恨呢？在座各位会去做凉茶这个行业吗？通常不太会吧？因为在消费者心中，"怕上火，喝王老吉"这个条件反射已经形成了，你一旦进入这个行业的话，会碰到巨大的壁垒，这就叫品牌的护城河。

今天中国市场的广告通常不是这么写的，所以很多人说，搞流量至少还有点结果，虽然亏钱；但搞品牌什么结果都没有，亏了钱还不知道怎么亏了。其实，那叫不会做广告。消费者心智大概有几个特点，第一叫厌恶复杂。我们的企业家通常是比较自恋的，讲自己企业好一定会"3大优势、7大卖点"，要他只写一句话是不可能的：我们公司优点那么多，那么努力，难道只能说一句话吗？但实际上通常有价值的，就那么一句话；消费者能记住的，就那一句话。所有的广告语都要能够舍，不是做加法，而是做减法。减法就是有一个选择你而不选择别人的清晰的理由，在一个细分人群当中、细分场景中做老大。消费者心智容量有限，每天不可能记住那么多东西，创业就是在细分赛道、细分人群、细分场景做第一，实在做不了第一你也得数一数二。

比如我穿的这条裤子"九牧王"。九牧王老板林聪颖30年前开始做裤子，销量全中国第一，后来他在A股上市，上市之后他觉得生意要做大，要做男装，因为男装的生意是裤子生意的4倍，做男装在行业中排能第几呢？排第五。男装行业中排名第五，消费者有没有选择你而不选择别人的理由？买男装一定要走进九牧王店吗？好像不见得。但如果告诉你我是男裤第一，你买裤子一定要来找我，这件事是不是有效性更强？所以，表面上你做到男装第五，好像有更广阔的市场，但失去了一个"选择你而不选择别人"的理由。所以后来这个广告就被改造成"全球销量领先的男裤专家"。消费者试完裤子再试一下衣服，挺搭，男生都很懒，直接买走了。一样卖男装，销售手段有没有成效，要看你的"钩子"有没有对。

❤ 改变消费者认知：与你的对手走相反的道路

一个品牌的崛起，需要找到某个竞争性切入点，用一句话去描述它；要抓住一个时间窗口，采取饱和性攻击，最后，要先入为主，把那个"等号"画上，要取得心智产权。现在消费品市场有没有什么不可逆的知识产权？很难，有的只是创新后3—6个月的一个时间窗口，你做的东西别人都能模仿。所谓心智产权，就是你能模仿可口可乐的配方，但是不能模仿可口可乐在消费者心智中的位置。

消费品的力量是心智固化的力量，心智一旦固化你很难改变。中国第一个升空的宇航员叫杨利伟，中国第二、第三、第四个升空的宇航员的名字就不容易被记住。这就是人类记忆的特点，先入为主，第一一旦被记住，第二、第三就不容易被记住。创业者不要说"我做了别人做不了"，找到一个竞争性切入点，开创一个品类和一个特性，接着不要怕被别人抄袭，要抓住时间窗口，做品牌饱和攻击，只要在消费者心中把品牌和品类的"等号"画定，你就关掉了竞争对手"入脑消费者之门"。心智固化，本质上是这么一个过程。

从某个角度来说，这个世界没有"事实"，消费者认知的那个事实就是事实，要改变这种认知不容易。所以"老二"跟"老大"打仗有时候就得反着走。可口可乐的广告语是"Always Coca-Cola"，我爷爷的可乐、我爸爸的可乐，我的可口可乐，百年传承正宗；百事可乐的广告语怎么说的呢，"年轻一代的选择"，爷爷、爸爸都喝可口可乐，正是我不喝你的理由。

以前，中国市场最大的油烟机公司叫西门子，老板电器想要挑战西门子，如果它说自己技术、品质都比西门子好，大家会不会相信？不容易。所以它首先肯定西门子技术、品质都特别好，德国人技术、德国人品质，专门为欧洲厨房设计，你家里主要做西餐，就买西门子，但是如果你们家是做中餐为主的，油烟大，你需要大吸力油烟机，老板电器做的就是更适合中国厨房的大吸力油烟机。这就是挖坑的方法，把对方推到极致，然后朝着相反方向走。这样做的好处是什么？对方不能来覆盖你，他要是覆盖你，会丢掉原有的优势，因为对方的优点就是他的缺点，这是一个非常重要的打法。

❤ 广告是"反人性"的

我们再讲讲刚刚消费市场的近况，看看中国传播市场的特点。中国城市居民每天接触最多的广告是什么呢？一是互联网广告，二是电梯广告，三是电视广告，三大广告是中国品牌广告最核心的地方。

互联网广告占用了人们最多的时长，几乎覆盖全年龄段人群；电梯广告覆盖的是25—45岁的城市主流消费者；电视广告覆盖全国，价值观正面，受众呈现老龄化趋势。消费者在什么情况下对广告关注度最高呢？如果是在开放式空间，比如户外，大家对于户外马路上广告的印象是不深刻的。内容媒体中，广告的收视率高吗？此时消费者关注内容本身，并不太关注广告。但当他处在一个封闭空间中时，就比较专注、比较聚焦。所以，互联网广告到达的消费者数量最高，而电梯、影院等场所广告到达的消费者质量最高。

2017—2020年，中国广告市场中电视广告的占比在下降，互联网跟电梯广告占比在上升。2020年疫情以后，广告市场下滑11%，其中互联网视频广告跌了18.8%，而电梯广告继续上涨超过20%。

微博、微信、新闻客户端占据了消费者主要的时长，他们五六个小时在看微博、微信、新闻客户端，用户都在看内容，很少注意看广告。所以如何做内容、做公关、做话题，创造可以被传播的广告，非常重要。大家浏览了一个客户端，记得住上面的广告有多少？即使看了一个月的朋友圈，记得住的广告也非常有限，所以说，这个时候用户是来看内容的，不是来看广告的。这个时候，如何在社交媒体上做内容、做公关、做话题，成了非常重要的问题。

我在2003年开创了电梯媒体，当时我做广告业大概10年，赚了5000万人民币，我把这些积蓄一次性全都投进去了，创业就是"早死早超生"，要么不干，干就干到底。创业者很多都没有那么大的勇气和决心，我这么做，主要是认为它一定会赢。我是从两个角度判断的，我觉得中国重大的改变是城镇化造楼，楼造完大都要安装电梯的，电梯是这个城市的基础设施，所以，我做电梯媒体，电梯广告一定会成为影响城市主流人群的基础设施媒介。针对基础设施做完广告，之后可以长期做下去的，不太会改变的。电梯只会越来越多，不会越来越少，这是当时我做的趋势判断。

针对宏观趋势判断后，我又做了微观趋势判断，我认为没有人要看广告，广告本质上是个反人性的东西，看电视要看节目，看手机要看内容，谁要看广告？什么时候消费者会主动看一下广告？等电梯、坐电梯的时候。这时广告打发了无聊，处理了尴尬，你想看手机没信号，又不太好盯着对面的美女看，所以这个地方往往是看广告最好的地方。

我给电梯写了一个很重要的论断，我说，第一，电梯意味着好的公寓、好的写字楼，意味着主流人群聚集地。第二，它是必经之路。今天大家玩快手、抖音、微博、微信，跟我没关系，因为大家还是要搭乘电梯的。第三，是高频，高频很重要。我在史玉柱的公司做董事做了8年，史玉柱有句名言：广告的本质是什么？是重复。消费者的本质是什么？是遗忘。有人要记广告吗？没有人。广告是怎么被记住的？来回放，放得让人有点烦，就记住了。这就是刚才说的"高频"，信息到达非常重要。

高频为什么重要？大家每天记录这些东西，能记多久？一天看了100条新闻，30天看了3000条新闻，请问3000条新闻当中，大家记住的，有没有30条？你记住，也就最多是这样了，30条新闻具体是什么新闻？都是刷屏级的新闻，我可以简单地论断，你记得住刷屏，偶尔路过一次的新闻记得住吗？记不住。必须是刷屏级的新闻，什么是刷屏级的新闻？反复放。

比如说，苏炳添百米9秒83刷新亚洲纪录，一说大家都记住了吗？大家都记住了。这是刷屏级的新闻，社会一定会关注的新闻，这才具有高频性，它的浓度达到一定程度，才能穿破消费者的"血脑屏障"。广告要打就要聚焦人群，把它打透彻。

电梯媒体还有一个特点：低干扰。什么广告最容易被记住？在开放式空间，消费者一天路过看到那么多广告，好多广告记不起来的。但在有限空间当中反复看，就记住了。所以当一个人被"关"在一个封闭空间中，就会主动去看放的广告。"分众"干了那么多年，只做电梯、电影院，电梯和电影院有一个共同的特点，都是人处在一个封闭空间当中。在开放式空间，注意力一分散，就记不起来了。

❤ 流量是品牌赢得人心的结果

可能在座的有很多是创业者，也有很多是做企业的，或者是电商，电商是大家很关注的，我们今天可以再讨论一下，怎么看待互联网精准流量。精准流量的广告有非常大的优点。

第一，它被调整很便捷。我们拍一个电视广告、视频广告复杂吧？很复杂，TVC广告要筹划两三个月才能拍出一个；而互联网精准流量广告非常简单，一天能拍好多个。

第二，链接销售。互联网精准流量广告直接放出去，消费者点击就能实现销售。

第三，效果分析。广告前端效果不行怎么办？换！效果好，就猛打；打了一两天，效果又不好再换。我们看到，很多团队一天产生100个内容播放，不亦乐乎。这就是流量广告的优点，可以根据前端的效果不断地更新。流量直播的广告解决了一个问题："买它买它买它"，更低价买它；但没有解决一个问题："爱它爱它爱它"。没有爱的买是单次的、不持久的，还会导致你对打折促销无比依赖。没有品牌广告去累计建立这种固化认知，形成指名购买，销量是不可持续的。流量成本只会越来越高，从赚钱到不赚钱也不需要多少时间，这就是今天大家碰到的困局。

这个困局背后是什么呢？互联网流量广告能不能打造品牌？不能，流量广告的本质跟品牌广告是不一样的，流量广告的本质是不断重复，是"货找人"，精准分发；而品牌广告的本质是建立社会共识，是"人找货"，只要想到这个需求的时候，就能想起你。所以，品牌广告和流量广告是硬币的两个面。品牌广告的核心是拉高水位、建立信任、降低交易成本、创造交易溢价；流量广告是把水位拉下来，把品牌的势能转化成实际的销量。所以这两者缺一不可，如果你不断降低水位，不断地促销，最后你会发现，水位越来越低，就没有水位了。

销售额 = 流量 × 转化率 × 客单价 × 复购率，这个公式大家经常理解为是一个流量公式，其实我认为它是一个品牌公式，流量怎么精准分发，流量怎么裂变，流量怎么有洼地，红利好像很重要，转化率怎么促销，怎么做转化率，很重要。但是在这些背后，实际上真正重要的，往往都是这些"术"。

"道"是什么？是品牌。真正在电商平台上能赚钱的公司是品牌自带流量比例高的那些公司。品牌 70% 的流量来自自有流量，再用 30% 出去打流量广告的时候，转化率是别人的三倍。它的品牌知名度高，品牌势能更高，它带来的产品溢价能力也更高。

真正能赚钱的品牌简单来说有以下三个特点：

1. 品牌自带流量比例高。
2. 品牌知名度、认知度高，所以转化率高。
3. 品牌势能高，产品溢价能力高。

最后，我们再说说社交。"社交种草"已经成了营销的标配，但是客观上讲，如果 5 年之前社交种草是有红利的话，今天的红利已经过去了。当年，那里是一块土地，你种完草之后马上看到草在哪了；现在是在草原上种草，你种完之后找不到你种的草在哪。所以现在是要种树，光种草不行，你要把品牌曝光到耳熟能详的地步，种成一棵树，这时候树下的草才能被看见。

总结品牌传播的三大趋势如下：

第一个趋势是"要用中心化对抗碎片化"。这个世界的碎片化能力太强了，信息太碎片、太爆炸了。你的预算从 10 年之前的一杯水变一瓶水、一桶水，但是信息流的爆炸如滚滚江水，一桶水倒进去再也看不见了，你被稀释掉了。

现在大家在地球上，移动互联网就是信息爆炸的太空，你叫来叫去，影响的仅仅是朋友圈里的这些人，自娱自乐而已。互联网充斥着海量的信息，品牌再多，投入到互联网，只是沧海一粟，看似精准的流量广告只是渠道交易，而非打造品牌，你无法破圈打造社会共识。真正所谓的品牌影响力靠什么？靠的是落地下来，即所谓的品牌引爆，在有限的空间中更容易被看见，所以我称为"以中心化对抗碎片化"。

第二个趋势是"用重复对抗遗忘"。我特别喜欢丹尼尔·卡尼曼的《思考，快与慢》，丹尼尔·卡尼曼是一位伟大的心理学家，获得过诺贝尔经济学奖。他在这本书里讲了一个人类学最重要的原理："人的决策过程是理性的"这个假设不成立。人是最不理性的动物，人是天下最说不准的动物，最容易被直觉和认知所诱导，做出非理性的判断。因为人脑中有两个系统，一是直觉反应系统，二是理性思考系统；后者处理信息是很"烧脑"、很费力的，所以人的自我保护机制绝大多数时间是使用直觉反应系统来处理事件，大脑倾向于借助最近刚获得的、印象比较鲜明的信息来快速做出判断。

丹尼尔·卡尼曼教授在《思考，快与慢》当中说了一个观点，"人是一种生物，在生存环境中要保持警觉，这个讯号反复出现，都没有给你带来伤害就变成一个安全的信号，时间长了安全就是好的，熟悉了就容易喜欢。"这就叫单纯的曝光效应。他认为，要使人们相信一个概念或事物的方法就是四个字"不断重复"，因为人类是分不清楚什么叫熟悉感，什么叫真相，熟悉的东西就会让你认知放松，做出舒服却草率的判断，人类的特点就是这样。直觉会自动让事物"合理化"，使我们看到的世界比真实的情况更整齐、更简单，这可能是一个错觉，但让我们安心舒服。假如我们知道这个世界有这么多不确定性存在，我们会很焦虑，我们需要一个重复而肯定的信息，告诉我们这样做就会有很恰当的结果。

第三个趋势是"以确定性对抗不确定性"。谁都想用小钱赌对当年爆红的综艺，或写篇文章就成为刷屏的文章，但是那种成功率很低，很难复制，可遇不可求。投广告就像去投资，你更应该要做重复且可以被累积的事，做确定性的东西，只有做被重复和被累积的事情，才能享受到时间的复利。

王安宇
商业模式设计背后的博弈思维

复旦大学管理学院副教授

今天跟大家分享的主题是"商业模式设计背后的博弈思维"。

"博弈论"这个领域,研究的是"多人决策"问题。而商业模式就是典型的"多人决策",需要考虑各个利益相关方。今天将列举一些案例,讨论几个在商业模式设计时需要考虑的博弈问题。

这次分享主要包括三部分内容:第一,博弈思维的特征;第二,商业模式设计的本质;第三,商业模式设计的三个建议:首先是理解利益相关者;其次是激励相容;最后是获取信任。

博弈思维的特征

讲到博弈,我们会马上联想到什么呢?下棋、战争、谈判、营销,等等。这些活动有什么特征?都是由多人参与,而且这些参与人的利益不完全相同。所以,我们参与某个博弈,最后能否实现初衷,不仅跟我们自己选择的行动或策略有关,也跟别人选择的行动或策略有关。大家的利益往往紧密关联在一起。

这个现象就是"策略和利益相互依存"。在商业模式设计与创新时,企业必须要考虑他人可能的反应。这是商业活动应该遵循的基本原则。

以我们熟悉的某咖啡连锁店为例。它现在有四个型号的杯子,而原来只有三个。为什么后来增加了一个型号呢?这就是管理者和消费者之间博弈的结果。

先看一下效果,在原来三个杯子型号的时候,畅销款是中杯,后来加了一个超大的杯子之后，原来的大杯就成了新的畅销款。杯子型号增加了一个，畅销款的销量增长了近三分之一。需要多少营销努力才能达到的如此效果！

这背后的诀窍在哪里呢？

在杯子型号上下工夫并不是该公司的原创。我印象当中早年在杯子型号上下工夫的是另一家企业。当年该企业设计了两种饮料杯子，分别是大杯和小杯。企业当然希望顾客进店买大杯，但是，当时很多人进来只买小杯，不买大杯。

于是，管理者就访谈顾客，为什么只买小杯而不买大杯？顾客的反馈让管理者马上捕捉到一个信息：这些顾客觉得大杯太大了。

当时的管理者认为，既然你们觉得大杯太大了，那么我就设置一个更大的杯子。杯子的大小是怎么来的？通常是比较出来的，原来觉得大杯太大，那是因为有小杯的衬托；如果有一个更大的杯子，原来的大杯就显得不大了。这是一个简单的物理学问题，也就是"参照物"。

这类现象在管理中经常出现。比如，假如管理者布置两个任务，供员工选择：一个难度小的，一个难度大的，相信很多人会选择那个难度小的任务。如果再设置一个超难的任务，原来难度大的任务就可能会被更多人选择，因为它显得不那么难了。这就是人性的一种表现。

而且，管理者设置三个杯子，刚好满足人们在购物时候经常遵循的原理，即"极值厌恶"。比如，有高、中、低三个档次的产品，多数人都会选择中档。所以，很多企业都会在产品设置上给出高配、中配和低配。有了高配和低配，中配就会成为多数人关注的对象，仓储、采购、生产等活动就会主要围绕中配展开，中配的组织生产就会显现出规模经济性。

这就是博弈！

博弈思维的首要特征，就是意识到在多人决策中，每个参与者的收益和行动通常都与他人有关。所以，我们在做决策的时候，就需要考虑他人对我们所采取行动的可能反应。

商业模式设计也是如此。

商业模式设计的本质

商业模式设计表面上看是由创始人或管理者掌控，实际上也是一个典型的多人决策问题。通俗地讲，商业模式就是企业的赚钱逻辑，该逻辑可以企业为核心的交易结构来呈现。由布兰德伯格（Brandenburger）和纳尔波夫（Nalebuff）所提出的价值网（value net）模型可以清晰地看到这一点。这个模型归纳了企业商业模式主要参与者之间的关系，本企业在中间，上游是供应商，下游是客户，左边是竞争者，右边是互补者。

设计商业模式，必须要构建本企业与这四类利益相关者的有效交易结构，这是商业模式设计的核心问题。有效交易结构的构建，不得不考虑这些利益相关者的可能反应。否则，所设计的商业模式很难稳固。这样的例子有很多，试衣领域就曾出现过一个经典案例。

女性购衣的频率通常比较高，"即使衣橱再大，所购衣服再多，每天打开衣橱，也总会发现缺少一件衣服。"这样频繁购衣，会耗费女性大量时间。所以，多年前有人就开发了一款试衣软件，即3D试衣系统，用来节约女性逛街的时间。利用该系统，顾客在网站输入自己身材的主要参数，屏幕上就会出现跟你身材差不多的模特，你点击一件衣服，这件衣服就穿到了模特身上，再点击一下屏幕，模特还可以走两步，让你看看整体效果。

基于该3D试衣系统的商业模式设计一波三折。

第一个尝试：体验式时装购物网站。

创始人最早想到的一个商业模式设计思路就是，构建一家体验式时装购物网站。当时，已经有很多购衣网站。但是，大家到网上买衣服，很可能遇到的情况是，收到衣服后才发现不合适，网站退换货的成本就比较高。创始人认为自己有3D试衣系统这个利器，顾客可以先在网上"试衣"之后再下订单，这样退换货的概率就会降低。

对于一家体验式时装购物网站来说，线下实体店就处其在竞争者的位置。创始人需要考虑线下实体店对体验式时装购物网站赚钱逻辑的反应。

我们买衣服的主流渠道现在是线上还是线下？当然是线下，尤其是正装，比如西服。大家买电器可能会选择去线上购买，因为家电都标准化了，顾客购物决策面临的不确定性就比较低。

线上买衣服就面临着很大的不确定性。即使衣服型号是标准化的，我们的身材和气质也不是标准化的。所以，从网上买了标准化服装，收到以后，也许不合适，所以很多人买衣服，尤其是买正装，还是会选择到线下实体店。

既然如此，那么对服装厂来讲，线上渠道和线下渠道，哪个更得罪不起？线下渠道。所以，构建这样一个体验式时装购物网站，触怒了线下实体店。很多实体店告诉服装厂：如果你给该网站供货，你的产品就从我们这里下架。服装厂要依赖于线下渠道，得罪不起线下渠道，所以就从这个体验式时装购物网站撤柜了。

创始人在最初建体验式时装购物网站的时候，可能没有想到他的竞争者的反应，导致这个商业模式最后就不了了之了。

第二个尝试：实体店的展示促销平台。

创始人后来尝试的第二个商业模式是，充当实体店的展示促销平台，即3D试衣系统为实体店"引流"。此时，该企业充当了实体店的流量供应商。

当时创始人设计了一种试衣机，外形有点像ATM机，通常部署在商场一楼。顾客进商场以后，先输入自己的身材参数，在试衣机上生成一个跟自己身材差不多的模特。试衣机里有商场各店铺的服装资料，顾客可以进行试穿。如果觉得合适的话，就记住品牌、型号和店铺编号，再去楼上购买。

这样又会带来什么问题呢？

首先，顾客已经到商场了，为什么不去逛一逛？很多女性购物的目的就是为了"浪费时间"，觉得我既然来了，为什么不上去先逛？

其次，这个时候，实体店和服装厂又有了新的担忧。这些衣服款式参数都在试衣机里面，会不会容易引起泄版和盗版呢？衣服的款式非常重要，服装厂把自己的新款式放在试衣机上，很容易被别人抄袭，所以，实体店和服装厂也拒绝了这个模式。

第三个尝试：全球时尚体验代购系统。

接下来，创始人又探索了第三种模式：全球时尚体验代购系统。与实体店形成互补关系，把试衣机安装在实体店，顾客进店可以到试衣机上试一试境外出现的新品，服装或者鞋子都可以，甚至可以跟这家店所售服饰搭配起来。如果合适的话可以下单，该企业提供全程代购服务，从境外买回来。

这样，又会存在什么问题呢？第一是时间太长，女性买东西，通常希望所见即所得，如果三四个月之后才到货，体验就不好了；第二，万一服装、鞋子送到，不合适怎么办？因为是跨境购买，怎么退换货呢？

综上，创始人一直在探索基于3D试衣系统的合适交易结构，却一直没有找到合适的模式。若干年以后，出现了智能试衣系统，传统的3D试衣系统彻底失去了机会。

从这个案例中可以看出，商业模式设计是一个经典的博弈问题，属于多人决策范畴。我们在设计商业模式的时候，必须要考虑到供应商、顾客、竞争者、互补者等众多利益相关者的可能反应。

对商业模式设计的三个建议

商业模式设计需要具备博弈思维。对此，我有三个相关建议，分别是：具备同理心和同情心，以深刻理解利益相关者；设计激励相容方案，以有效整合资源；构建重复博弈机制，以尽快获取信任。

第一个建议：具备同理心和同情心，以深刻理解利益相关者。

商业模式设计者需要站在利益相关者的角度思考，即"入戏"。这里说的"入戏"，其实也就是同理心，你要想一想对方对我们设计的商业模式有什么反应？这种反应背后的逻辑是什么？

某白酒企业是在中国白酒市场陷入断崖式下跌时进入市场的。可谓生不逢地，也生不逢时。但是，该企业自成立以来发展迅速，连续多年实现了年销量以近100%的速度增长。

该企业商业模式设计的诀窍在哪里呢？管理者要先"入戏"，站在利益相关者，尤其是顾客的角度想一想，他们有哪些痛点和需求、需要，应设计怎样的解决方案来满足这些需求。

该企业就以25岁到35岁的年轻人为目标客户。这群人通常有两个特征：第一是未婚，意味着下班了要消磨时间；第二是职场焦虑，这个时候他们会进行什么活动呢？街头社交。

这些年轻人在街头社交的时候会做什么呢？吐槽，吐槽的时候要做什么？喝酒。

所以目标客户有两个痛点：第一是缺话题。什么话题不重要，关键是要讨论得起来，这样才能减轻压力。第二是喝什么，啤酒、红酒、果汁都不适合街头社交。

于是管理者就"入戏"了，首先对白酒的度数进行了改造，使其容易入口；其次，采用了时尚的外包装瓶子和酒名。最后，策划了很多文案，印在瓶子上，成为话题来源。

就这样，这种酒就迅速成了非正式场合的社交专用酒。当然，这个酒也存在很多的问题。其中，很关键的一个问题是，其目标顾客往往在街头喝的不是酒，而是情怀。于是，与时俱进的、深入人心的强大文案设计能力是该企业持续运营的保证。

第二个建议：设计激励相容方案，以有效整合资源。

一个商业模式往往涉及多个利益相关者。要让大家心往一处想、劲往一处使，就需要"激励相容"。让所有利益相关者都能从这个模式当中得到好处，有助于该模式走得更远。

举一个 2B 的例子，电子病历软件。大家今天去医院看病，医生就会利用软件系统输入病历。早些年，病例都是写在本子上。手写病历不方便辨识，也不方便修改。

20 世纪 90 年代，美国很多公司都开发了自己的电子病历软件，许可给医生，装在医生的电脑上。医生就可以借助电脑输入病例，这相当于医生办公自动化。在这个潮流当中，有一家企业后知后觉，在 2005 年才编写出电子病历软件，但是销量不好。后来，这个软件价格一降再降，从 300 美元 1 个月降到 50 美元 1 个月。但是，医生是高收入群体，他不购买这个软件，可能是嫌弃这个软件没有品牌知名度，不一定是因为其价格太高。所以，最后公司的软件也没有卖多少出去，几年之后也只有 400—500 名客户，公司就到了崩溃的边缘。

这个时候，刚好赶上美国政府推行医改政策，其中一个措施就是要求每个医生都用软件书写病历。这个举措能得到所有医生的认同吗？不能，尤其是年龄大的医生。

所以，美国政府说：如果你用软件，我就给你钱。大家知道，美国的医生是高收入人群，钱少了他们不会动心。最后，美国政府开出的价格是 4 万美元到 6 万美元不等的奖励。

这个时候，首先心动的是年轻医生。除了收入因素，还有习惯问题。年轻医生往往能够熟练操作电脑。这就是考虑目标客户的博弈反应。

此时，该企业高管认为，既然医生连 50 美元都不愿意付，索性免费送这个软件，但是有一个条件，那就是把借助本软件所开病历的版权转让给这家软件公司。

很多医生一听，以为再也看不到自己记录的病历了。实际上，这家企业给每位医生一个用户名和激活码，不仅让医生可以看到自己所记录的病历，而且还可以开放部分权限，让医生查看其他名医记录的病历。

这对年轻医生是很有吸引力的。因为年轻医生不仅写论文需要数据，而且看病更需要向名医学习。于是，很多人就申请安装了该公司的软件。不到 1 年时间，这家企业就吸引了 4 万名医生，后来 10 万名以上的医生被其吸引。

大家不要忘记,这原来是一个濒临倒闭的企业。

这个企业通过免费许可软件,收集到大量的病例,到最后可以做什么呢?数据分析。

病历里面有哪些数据呢?人、病、药。

关于病人的信息不能商业化,关于病的信息呢?不同年代的病人同样得了病毒性感冒,症状会有差别吗?可能会!原因是什么?病毒在变异!今天的感染者和当初的感染者症状也许会有差别。

这家企业已经搜集了大量病例。于是就从海量病历当中提炼出某些病的症状信息卖给药厂,药厂用其作为基础,来开发新药。

同时,不同年代、不同背景的医生,治疗同样的疾病,所开药方会不会有差别?可能会。因为人类对于疾病的认识会有变化。于是,该企业就从海量病例中抽取出针对某些病医生开药习惯的变化趋势,卖给药厂。

这样一来,这家软件企业迅速扭亏为盈。企业原来提供的软件医生不愿意买,因为没有品牌知名度。在创新商业模式以后,引进了制药厂、科研院所、病人等利益参与者。从该商业模式中,医生可以免费得到软件和科研所需数据,有助于其职业成长;药厂和科研院所可以得到某些疾病症状变化趋势和医生开药习惯变化趋势,有助于其有效开发新药;病人可以得到咨询和挂号等机会。

所以,商业模式创新,要激励相容,让大家都从中得到好处。

第三个建议:构建重复博弈机制,以尽快获取信任。

在经济活动中,信任可以降低交易成本。如果各方彼此不信任,就必须设计各种措施来防范即将出现的风险,这样经营成本就很高。

疫情期间出现的非常火爆的一个销售模式:"直播带货"。似乎人人都可以直播。不管是公司高管,还是演艺明星,都在直播。

的确,有人直播带货,就会有人通过直播节目买东西。其中的逻辑是什么呢?这就涉及商业模式设计中的"价值创新"。直播带货所提供的价值元素主要包括以下几点:

第一,互动娱乐。很多粉丝平时缺乏与偶像接触的机会。通过参与"直播带货"活动,这些粉丝就能够跟"网红"互动,在互动的过程当中还可以获得愉悦感。

第二,直观了解。必须要承认,今天很多人存在阅读障碍,哪怕这个产品说明书只有两页纸,大家也没有耐心读下去。但是,如果有人给你演示产品的使用方法，你就会很感兴趣，因为可以很直观地进行了解。

第三，价格优惠。网红直播除了"卖货"功能，客观上也推广了企业产品。这样，企业往往会把节约的推广宣传成本体现在直播带货的价格优惠上。

所以，很多人尤其是粉丝通过这个方式去买货。

直播带货似乎风靡天下。这股全民直播带货热潮会不会持续很长时间？不会。原因很简单，许多产品的销售壁垒还是比较高的。也就是说，产品销售也往往是专业性很强的工作，不是任何人都能胜任的。

第一是技术壁垒。不少产品往往蕴含着较高技术，一些直播者未必深入了解这些技术。于是，"翻车"的概率就高。

第二是可信性问题。听你介绍东西，你的粉丝可能会比较信任，非粉丝的态度就说不准了。

全民直播带货可能与疫情或者炒作有关。不过，将来依然会存在直播带货，可能是因为直播者具备自己所带货物的相关知识，或者获得了粉丝的信任，但是一定有很多直播带货网红会慢慢消失。

在商业模式实施过程中，信任很重要。但是，你和你的商业模式利益相关者之间的信任通过什么途径或机制来打造？

博弈论会告诉我们，信任来自交往的历史，也就是来自重复博弈。我们之间如果没有直接或间接地重复博弈过，就很难形成信任。重复博弈很多次之后，博弈参与者就可以从很多细节当中判断对方是否值得信任。

这就不得不提短视频对于信任形成的作用了。

作为信息传递的新工具或载体，视频在今天的商业世界意义非凡。人类进入文明时代后，文字成了传递信息的主要工具。今天，用文字传递信息和用视频传递信息，大多数年轻人更愿意接受哪一个？视频。

按道理，我们在物理空间里面经常交往才能形成信任。但是，今天的利益相关者可能遍布全球，这些利益相关者跟你在物理空间里面频繁交往几乎不可能。那怎么办呢？

可以在虚拟空间里面进行"交往"。

通过什么途径呢？

你拍摄自己的生活和工作，将这些视频放在平台上供受众播放，很多感兴趣的人每天就会观看你的视频。这些人分布在物理空间的不同地方。

这样一来，他们就相当于在虚拟空间里面跟你重复博弈了。每个人都会根据自己积累的经验和认知来判断视频中的人是否可信。如果他可信，下次他卖的东西我也许就愿意接受。

最后总结一下本次讲座内容。

首先，分享了博弈思维的特征，即利益相关者往往是收益和策略相互依存的，所以，在多人决策时需要考虑他人的可能反应。

其次，分析了商业模式设计的本质，认为商业模式设计需要构建各方参与的交易结构，属于典型的多人决策问题。

在此基础上，本次讲座提出了商业模式设计时应重视的三个建议：第一，商业模式设计者应具备同理心和同情心，以深入理解其他利益相关者；第二，设计激励相容机制，让大家都从中得到好处，以有效整合外部资源；第三，构建或参与重复博弈，以获取信任，降低交易成本。

徐晓冬
锻造协同领导力，让企业找到属于时代的"大陆"

中国国际技术智力合作有限公司党委委员 副总经理

我们真的确定知道"我是谁"吗？
我们真的确定知道"去哪里"吗？
我们真的确定知道"怎么去"吗？

如何锻造企业的基石，研究伟大企业的协同治理哲学，这个问题在新时代显得尤为重要。"欲筑室者，先治其基。夯牢基石，屹立不倒。基石不牢，地动山摇。"这是人类组织治理的最基本的规律。几乎所有的企业都面临着这样的问题：在新环境下，怎么去构建企业生态，怎么样把治理变得更加有效？尤其是在目前中美贸易摩擦，各种"黑天鹅"事件不断发生的情况下，增强企业的组织韧性显得尤为重要。

∞ "协同型商业组织"与三个终极问题

企业不是各部分的拼接、混合、叠加，完美的战略架构图纸永远代替不了个性化、系统化的组织生命运行机理。人类社会的单元和相互关系并非简单地存在，而是有着相当复杂的相互作用和影响的结构。各种形态的社会组织是生命的有机体，这个有机体有大脑、肢体、脊柱神经、心脏，有内部结构和功能。组织由个人、团队、部门组成，将组织内部个体的、团队的、部门的力量，协调整合成对组织目标有益的有机运动，需要组织具有特定结构、传导机制、文化价值。

基于此，那些适应VUCA时代，并且可以充分利用复杂性不断发展进化的组织,一定是适应新时代治理需求,遵循协同的基本规律,不断汲取能量实现"熵减",由序参量主导的有序结构的组织形态,它们是战略、价值与制度协同的有机体。

我们将这样的商业组织定义为"协同型商业组织"——实现了"共同价值、战略决策、制度模式"三维协同的商业组织。其最大特征就是强大的商业组织生命力,即企业生存与发展的能力,是企业在不同生命发展阶段、不同结构部门中体现出的协同治理特质,是企业在整个生命存在与延续中,汲取外部能量、实现自我升华的过程。其中:

* 共同价值作为商业组织对自身的根本认识,回答了"我是谁"的问题;
* 战略决策是商业组织对趋势的把握,回答了"去哪里"的问题;
* 而制度模式则从结构的实际构建上回答了"怎么去"的问题。

在研究了世界大国历史崛起和崩溃的原因基础上,把环境变化复杂因子带入企业战略模型后,我们发现了企业协同型商业组织基石的锻造与其在应对环境变化中展现的组织生命力之间的关系。

无论企业发展阶段是"选择卓越"、"从优秀到卓越"、"基业长青",还是"再造卓越",企业的基石必须是夯牢的、协同的。在这个商业组织崩溃与崛起时刻不断上演的复杂环境下,只有回答好以上三个终极问题,真正进行三重修炼的企业,才能真正夯牢商业组织基石,不断适应变化。

大量案例表明,无法实现"共同价值、战略决策、制度模式"三维协同的组织,可能仅有一时的强盛,但最终只能面对崩溃的结局,正所谓"基石不牢,地动山摇"。

∞ 锻造商业组织基石——避免"画虎不成反类犬"

为什么大量企业模仿别人的成功经验,却常常"画虎不成反类犬"?

为什么IBM"大象跳舞",微软"刷新",海尔"人单合一",台塑"20年持续推进一日结算制度",友嘉数控全球并购"不碰文化不派人",以上这些都很难学习复制?

推动企业实施转型创新、治理改革,往往困难重重,最后只能将治理变革的方案变成"给驼背做衣服",却无法医治驼背。组织治理变革中看似不起眼的小问题、小政策、小说法、小调整、小概念、小文件,在不同的商业企业背景下,会出现巨大的差异，如果业务逻辑想不清，未来趋势说不明，组织文化性格搞不定，照猫画虎地板块整合，概念游戏并购重组，拉帮结派地人事调整，都会导致一系列斗争、损失，甚至崩溃。

我们在不断探索组织发展的规律、组织迭代的规律、组织领袖的作用规律的过程中，提出了避免"商业组织崩溃"的三重修炼，在转变组织心智模式的同时，培育出商业组织"知行合一"的协同领导力，让企业能够在惊涛海浪中，即面对企业发展不同阶段以及不同时代的挑战时，找到属于时代的"大陆"。

简单说，在实施转型创新、治理改革的过程中，企业需要"平视价值、俯视战略、透视制度"，不断拷问三个终极问题——"我是谁、去哪里、怎么去"，进行"价值善、战略准、制度好"的商业组织三维协同的修炼，锻造商业组织基石，才有机会发展成基业长青的伟大企业。

"见自己"——以改变世界为己任的共同价值观，给世界留下印记。

"见天地"——在惊涛骇浪的航行中成为洞察趋势方向的战略舵手。

"见众生"——在设计伟大商业模式的基础上打造众人"拾柴火焰高"的制度型组织。

∞ 第一重协同修炼"价值善"

在回答"我是谁"的问题之前，企业首先应明确自身存在的根本价值，即组织的"善"基因。"善"基因是由组织成立之初希望推动社会发展的使命所决定，在不同的发展阶段有不同的具体使命陈述，表现为与外部环境变化的共同价值实现，在企业内部表现为组织治理的主体与客体的认知与价值统一。

在变化速度越来越快、外部环境越来越复杂的今天，很多企业在激烈的竞争中忘记了"初心"，早已"不见自己、只见利润"，在一些科技型公司中表现得较为明显。科技的力量是巨大的，科技的发展又是迅猛的，而科技公司的创始人往往又是年轻的，这使得一些科技公司的领袖们在创业初期并没有意识到自己的企业在未来可能拥有的强大力量，他们执着于生存、创新、扩张和快速迭代，没有时间对企业的存在意义进行深入的思考。

"规模大就不会倒闭"是自欺欺人。任何曾经伟大的商业组织，一旦开始追求单一的增长目标，就会迷失，撑死在规模的陷阱里，像雅虎、诺基亚和摩托罗拉这样的公司，其发展也会日落西山，更难想象被巴菲特赞誉为"美国商界的象征"、长期位居世界第一的 GE，走到今天也会面临苟延残喘的局面。

"价值善"是指企业基于自身"善"基因，在新时代提炼和凝聚出符合时代意义的"共同价值"，回答"我是谁"的问题，并通过战略决策与制度模式，不断进行价值验证，通过激励和创新，在商业组织中发挥三维协同的最大效能。

"价值善"要求企业转变组织心智模式。商业组织基石的锻造，是要培育参天大树的生态，绝非仅仅建立指标化的管理模式。而要修炼出能够匹配极其复杂环境的三维协同生态，必须先要转变组织的心智模式，使组织与组织中的人认知协同，并能匹配外部和内部迭代的变革挑战。

这也是为什么大部分公司在以往的对标中，常常会"画虎不成反类犬"，或者"东施效颦"的原因所在。在大量不成功的对标管理案例中，企业的对标仅仅停留在解决问题的层面上，忽略了组织心智模式的转变。在充满不确定性的外部环境中，对标提升应当首先立足于转变组织认知，这就要求组织从共同价值、制度和战略的三维协同层面识别到自身与标杆企业在商业组织三维协同度上的差距，而非仅仅局限在某个或某些子系统。

转变组织的心智模式，必须回归到企业存在的意义，深挖组织"善"基因的时代价值，聚焦共同价值和首要目标，使其发挥主导作用，实现"战略准"并使标准可见、可衡量，同时迭代组织与人的"知行合一"制度和模式，在以人为本的时代，将个体价值与激励、创新与发展、技术与责任协同。

而企业领袖和核心团队成员的心智模式转变，是"价值善"修炼的重中之重，是组织心智模式能否开始转变的基础。

∞　第二重协同修炼"战略准"

"战略准"是企业认真分析并回答"去哪里"，即"见天地"的修炼。在快速变化的时代，企业的战略需要根据环境的变化不断转型。对于企业而言，能否在不断适应与变化的过程中，始终保持企业的核心竞争力，是组织能否基业长青的重要动力之一。

微软的现任 CEO 萨提亚·纳德拉在《刷新：重新发现商业与未来》中写道：比尔·盖茨创立微软的愿景是让每个家庭都拥有一台好用的电脑，如今这个愿景早已实现，但是科技发展日新月异，伟大的成就已成过往。

萨提亚·纳德拉就是在新时代中，提炼出了微软的"共同价值"，回归企业生存的本质，提出"云为先，赋能他人"的愿景，在此基础上进行企业战略转型，并打造与之匹配的制度与模式，不断以各种方法促进微软员工的心智模式转变，最终，完成了云时代的战略目标的初步实现，重回巅峰。而这个过程并非一蹴而就，而是通过花费大量的资源和时间而渐渐实现的。萨提亚·纳德拉的卓越之处，就是他始终没有急于求成地去追求技术创新和技术战略，而是在标杆基石的重塑和促进组织心智模式转换的基础上下足了工夫。

所以，萨提亚·纳德拉的战略是那么成功，他的领导力是那么强大，但本质上说，是"价值善—战略准—制度好"的协同结果，也是他注重组织与人的协同的结果，避免强行推行，通过推动认知转变，以及制度支持，让人人获得正反馈的经历后，达到心智模式与行为的统一，实现了组织与人的协同，保障三维协同的基石运转良好，形成组织局部积极创新的内部活力。

∞ 第三重协同修炼"制度好"

回答"怎么去"，需要企业跳出碎片化的问题和表象的局限，站在价值和战略的层面上，从组织治理和模式创新角度，不断思考，并最终提炼出与战略—价值相匹配的答案，进行第三重修炼，即"见众生"，在设计伟大商业模式基础上，打造众人拾柴火焰高的制度型组织。

制度模式的实质，其实就是支撑企业战略实现的运行模式，包括资源、流程及价值链中利益相关者的敬业度（或投入度）协同，以及从治理模式到管理模式的协同。

制度模式表面上看，是企业内部完全可以调控的，也是对标成功的案例中被突出强调的，所以在企业制度和模式设计上，很多人至今还经常"生搬硬套"，甚至直接"复制黏贴"。

日本瑞可利公司通过并购，一步步实现了全球化战略；迪士尼也通过并购，一步步地实现着其打造娱乐帝国的战略目标。很多企业在对标时，只看到了这些标杆企业通过并购实现成功的表象，却认识不到，标杆企业强大的商业组织基石发挥了犹如熔炉般的协同能力。如果企业自身基石不牢，组织开放度不够，并购带来的结果，很可能不是战略目标的实现，而是企业内部的价值冲突和资源冲突等导致的地震，甚至导致组织崩溃。

胡兴民
关于企业数字化转型你需要知道的六点内容

中国自贸区数字经济研究院副院长
原顶新国际新零售事业群 CEO
日日顺公司 CEO
德国麦德龙集团中国区电子商务总经理

今天跟大家分享的主题主要分成以下四个部分：

1. 什么是数字化转型，其中有两个大的方面，一是数字化转型到底是什么，二是数字化有什么"坑"要避。我调研下来，总结一共有 10 个"坑"须迈过。

2. 企业为什么需要做数字化转型？

3. 数字化转型的战略思考框架。我发现，每个人在谈数字化的时候，脑子里想的都不太一样。如果老板和下属想的是不一样的东西，你觉得这件事能做得了吗？这其实是数字化的第一个坑，就是：没有共识。

4. 相关的零售、制造行业案例分析。

▶ 什么是数字化转型

在国家"十四五"规划报告里，提到"数字"这两个字 52 次。"技术、数字、创新、智能、生态"，都是被提及较多的字眼，但是许多都跟数字化有关。数字化不是 IT，数字化根本上是一个企业战略的创新。报告的第二篇谈的是坚持创新驱动、全面发展；第三篇谈的是强国基础建设；第五篇则完全在谈数字化，数字化的经济、数字化的社会、数字化的政府，打造数字化的生态等；第十一篇谈的是绿色环保、碳中和，这里面都是数字化技术的应用。可以说，"十四五"规划里面很重要的一个方向就是在谈数字化怎么做，在国家发展蓝图里有非常清晰的路径。

那么数字经济现在占国内 GDP 比重是多少？ 2014 年是 16 万亿，到 2020 年是

39万亿，占 GDP 的 38.6%。有人说：好像没看到这么多嘛，数字化是电脑公司、软件公司的事情，跟我没关系。实际上，网购、网上服务等基本都被列入数字经济的范畴，所以占比非常高。那么，这些跟我们的企业有什么关系呢？

▶▶▶ 时代变了，企业数字化转型迫在眉睫

我曾经对 600 多个上过我 EMBA 课的同学做了调研："你认为什么是数字化？"21% 的同学觉得，数字化就是一个 IT 系统的升级，旧瓶装新酒；26% 的人认为，数字化就是企业怎么去实现大数据；18% 的同学认为，数字化是企业的运营模式升级；还有 16% 的同学认为，数字化是企业战略的创新；19% 的同学认为，数字化是企业商业模式创新。可见，决策高管对数字化的认识大相径庭。

数字化到底是什么呢？取巧地说，以上都是。数字化究竟是过程还是目标？它的目标其实是要做业务创新。时代不一样了，总得反省一下你带给客户的东西是不是不一样；如果要给客户不一样的东西，实现的方法是不是也要不一样？就这么简单。所以，为什么要做数字化？因为时代不一样了。

麻省理工学院的安德鲁·迈克菲（Andrew McAfee）认为，"数字化转型是关于企业怎么去利用数字技术，从根本上改变绩效的重新思考和反思"。我认为他讲的是稍微偏向技术的，更为根本的，是从技术的角度，怎么为客户创造更有价值的服务。

国内知名的咨询公司埃哲森则认为，企业数字化，是运用新一代数字与智能技术，通过网络协同、数据智能、连接资源、重组流程、赋能组织、处理交易、执行作业，融入数字经济，推进企业业务创新（研发、生产、营销、服务等），管理变革（管理模式、组织与人才、管理决策等）。从而转变生产经营与管理方式，实现更强竞争优势、更高经营绩效、更可持续发展的进步过程。经常有同学问我，面对数字化产品为什么大家不买单。你没有办法帮助企业实现这些预期，企业当然不买单。药到不能病除，谁吃药呢？

▶▶▶ 企业寻求数字化转型的四个主要原因

时代不一样了，技术不一样了，消费者的习惯不一样了，所以，思考战略的时候，也要顺着这种趋势改变去调整。从企业的环境改变、消费改变、竞争消长来看，有几个主要的技术跟过去不一样，数字化转型就跟过去的 IT 有很大的差异。

首先是5G、云计算和大数据。真正做到所谓的数字、数据的应用，是有不同水平的。很多企业连现在发生了什么都不知道，有些仅仅是观察到数据，（这还不够，）还要演进到洞察数据，你要了解这些数据反映了什么问题，或者这个问题是怎么产生的，这是第二阶段。有了洞察，接下来应该是业务的优化，而且是自动化的业务优化。发现问题的瞬间，会立刻引发一个行动，要去阻止或是扩大它的效果，到这一步开始涉及智能了，一个新的商业模式产生了。

企业寻求数字化转型，可以归类为四个主要原因：商业模式老旧、竞争激烈、改善体验、降本增效，这四个是一般企业转型的需求。

商业模式老旧。比如某企业想要服装卖得更多，要根据消费者不同的穿衣场景去开发，可是你连客户的基础数据都没有，怎么再去创造额外的场景？怎么知道客户要什么东西？企业想要知道自己须怎么调整，首先得弄清楚客户"长什么样子"。商业模式的改变其实是一个战略的调整，需要大量的数据来支持。

降本增效，比如供应链、物流的配送，怎么才能最有效地调度？比如全家便利店在上海的50台物流车，哪一台车要走哪几家全家的店铺，跟道路是否堵塞有关，跟哪一家店订什么东西有关，还跟运输的货物会不会坏掉有关。因为冷链车跟一般的常温车的物流成本是不一样的，要怎么通过智能的算法，让它的效率能够达到最大，而且最准时地到达，这就是降本增效。那么，企业应该怎么开始来着手转型呢？有一些大的咨询公司仅仅给出了解决方案，或者只有方案框架，或者是只能提出概念性的逻辑。有没有比较清楚的路径，可以让企业一目了然呢？

▶▶▶ 数字化转型需要价值创新

我认为，企业数字化转型，首先要进行战略思考。价值创新首先一定是价值提议（value proposition）创新——你要给客户提供什么。有一个同学问我：做供应链的跟数字化有什么关系？我要问你的问题是，首先你的客户是谁？你给人家什么东西？你跟人家有什么不一样？你能不能清楚地说得出来？这就叫"value proposition"，它是一个自上而下的（top down）思考数字化方法的出发点。

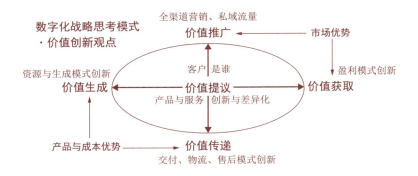

有了方向性的战略，怎么去完成这些创新？怎么去落地？我认为，有四个维度要去考虑：价值的生成、价值的推广、价值的传递和价值的获取。然后就可以明确，我哪个地方"缺胳膊短腿"。价值生成是什么意思？就是指你的产品是怎么生产出来的，你的产品和成本优势在哪里，是供应链、资源整合方法不一样，还是拥有核心技术，甚至是什么都不做了变成平台模式？接下来是价值推广，（也即）有了这个东西以后我要告诉谁呢？我怎么去告诉他们？这中间牵涉到一个很重大的转变。比如说，我们讲全渠道营销、大数据营销、私域流量、社交媒体等，涉及你怎么假设营销体系，还包括你的团队怎么创造数字化营销运营的技术结构。很多人认为，数字化就是搞一套软件的技能，完全错。

价值推广实现后，接下来怎么做价值传递？有的老板亲自在做抖音、做账号矩阵。别被那些 MCN 公司忽悠了。这其中涉及很多不同的创新，物流创新、售后模式创新、共享平台的创新等，不仅是实施一个系统，还涉及组织的调整、结构的调整。

在这个思考模式中，不同的价值提议会影响数字化的整个转型方向。诺基亚和苹果的手机有什么不一样？诺基亚的宣传语说：我把人连在一起；苹果的宣传语说：享受生活。怎么享受？诺基亚有 5 万的工程师，在被"团灭"的时候，5 万名工程师在开发软件；苹果自己不养工程师，它做了一个生态圈，让人们都来帮它做各种有趣的 App。我要做的业务的"value proposition"不一样了，所以，走的业务流程不一样，实施的数字技术也就不一样。价值路径完全不同。

企业数字化转型的四个发展阶段

那么企业数字化有哪些路径可以走？

在下图这个坐标系中，纵坐标是创造这个业务的价值，横坐标是技术创新度与复杂度，越往上越复杂，价值也越高。针对现有的产品与服务做数字化转型，第一步是考虑虚拟化。比如说我们做老师的,像现在这样面对面讲课,很累,受众也有限。如果我做一个抖音课程,线上课程单价很便宜,但销量可以是指数级的。第二步考虑功能增强,提升产品的体验度。第三步考虑智能整合,智能整合是企业内部的整合,不是跨行业的整合。最后一步是要考虑商业模式的创新。

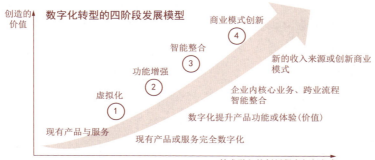

第一步是虚拟化。你要想清楚,客户使用你的产品是为什么。客户买电脑要的是你的"铁盒子"吗?不,要的是computing power,运算的能力,你要能从运算能力服务上帮客户做到极致,那你就会赢。健身行业虚拟化谁做得最好?我某天跟Keep企业负责人讲:你们还能做得更好。比如,跟练者姿势不对的时候,要能够告诉他。如果Keep App能做到影像辨识,那就等于一个活教练站在跟练者旁边了。

从实体产品变成数字化产品,产品边际成本几乎为零,交付成本为零,定价的弹性极大。由此,有哪些行商业模式会应运而生?第一个叫"freemium",直译为"免费商业模式",实际上它不是免费的,而是先免后付。线上观看《甄嬛传》,看到第六集,第七集要充会员才能看。为什么你可以让观众先看六集《甄嬛传》?因为没成本。

第二步,功能增强。比如咱们课程的冠名赞助商沃尔沃,它有很多数字化的功能。迪士尼的"烟花秀"是不是数字化?如果就是放个烟花,你会大半夜的没吃没喝在那里熬两三个小时等候吗?小孩子为什么会那么兴奋?因为在放烟花的时候,他看到唐老鸭、米老鼠都在跑来跑去。迪士尼能做到,为什么中国没有任何一个旅游景点能做到?因为没去思考这个问题,认为旅游景点就是河流、瀑布。

智能穿戴设备有什么优势?它能够提供不同的价值,产品可以区分低端的、高端的,所以,就产生了一个新的商业模式"add up",产品先卖个壳子,之后发现产品不足之处了,再加上一些什么东西改进,这个时候,产品价格才真的上去了,可是客户已经积累好了，这就叫"add up"。从产品的外加功能的数字化增强你的产品竞争能力，肯定也会有一些新的商业模式产生。

第三步，智能整合。智能整合的方法其实就是一串市场信息的整合。一个企业要做数字化转型，最好要考虑 E2E、点到点，产品市场信息反馈，产品研发，柔性生产，然后到智能质检、仓储配送，以上整个过程的智能化。要做的是，把这些信息采集到云端，然后做一些判断或者是优化。对于生产制造而言，其实就是从工业的 3.0 到 4.0 的升级。

智能化与自动化有什么不一样？自动化是局部，智能化是整体，就是让企业有一个大脑，这跟车床的自动化完全是两码事。过去只是做局部自动化，现在要怎么样让整个厂自动化？把以上提到的这些数据采集完以后，控制设备的元件通过物联网将数据送到云端，然后在云端把数据整合在一起，用人工智能、大数据或其他手段做综合分析，或者是把这个数据做共享。在这里我们用生产端举例，但其实不局限于生产端，而是 E2E。从客户端到前端，把消费端的信息跟供应链端、生产端信息整个对接起来，这样的话，你的企业就会变成一个非常有效的企业。

冰箱生产企业怎么数字化转型？顾客买冰箱是为什么？要给食物保鲜，所以重点就是怎么帮客户做食品保鲜。这会碰到很多问题，比如，怎么知道放进冰箱的食物的保质期还有多久？一块豆腐临期的时候怎么办？可以做到：冰箱提示还有两天豆腐就要坏了，它告诉你该怎么吃，你还缺什么，什么东西可以跟豆腐一起煮好吃。在此基础上，还可以做日用蔬菜、水果、肉类直购的平台或生态圈，如果这样的话，企业的冰箱生产核心技术还是压缩机吗？

前三步走完以后，到了第四步，就会有一个新的商业模式产生。在做的过程其实就会产生一些无敌的商业模式，比如，零售行业可以做共享会员数据平台，生产行业 C2M 转变为柔性生产，家电设备变为资源整合平台，等等。

▶▶▶ 价值提议创造竞争优势

接下来我们来看一个全家便利店的案例。便利店最大的问题是什么呢？分流，网上分流、同行竞争、成本压力。要怎么转型？就要想客户到底要什么，这涉及 value proposition。忘掉你是谁，忘掉你在干什么，不要想我是分销商、我是卖产品，NO，忘掉，你脑子里永远有这些概念，你就没有办法转型。首先，你须知道人家进便利店要买什么？很简单，蹲点。在中午时间或者是早上时间，看从全家便利店的门口走过的人手里拿着的东西，然后就自问：为什么我的店里没有？观察的结果，第一个看到的产品就是咖啡。为什么有人拿着这个杯子从我们家店门口过，为什么我们店没有？然后就有店长说：我们有，我们有三合一速溶咖啡。我说：那就不是人家要的，不然他就进来买了。后来，全家做出来咖啡，听说是上海最大的咖啡连锁，一家店一天卖150—200杯，3000家店，所向无敌。各位知道这个毛利有多高吗？14元钱的咖啡成本不到3元，一瓶矿泉水利润才6毛钱，要做哪个生意？

接下来继续蹲点。夏天的时候，路过的小姑娘手里拎着生菜沙拉，没进我们店，为什么？因为我们没有。一棵生菜2.4元，切成4份装盒，卖12元一盒，6毛钱成本，成本可以忽略不计。

所以这个时候，全家的value proposition就改了，我们叫"都市轻简生活"。它从旧有的杂货商业模式，转变成轻简生活，是一个商业模式创新。这个案例现在在哈佛商学院案例库中叫作"Grocerant"，它把日用杂货（grocery）和餐饮（restaurant）两个东西结合在一起，前者（grocery）是高流量、低毛利；后者（restaurant）是高毛利，低流量；两者一结合，高流量+高毛利，等于暴利，光靠咖啡赚的钱，就比别人的整家店还多。

接下来我们又做了后台的数字化，把线上线下数据全部收过来然后做分析。比如，某位同学上个月来了我们店里5次，这个月两个礼拜没来了，各位你会怎么办？发动促销。我们会先判断一下，他是差旅型的，就不会马上骚扰，接下来他会收到"结账75折"的信息，结账的时候，店员会说：某某先生，今天你还带咖啡吗？因为收银机上显示的是：某某先生是咖啡达人。如果每一个人到店，我都卖咖啡给他，会被人骂，但是这位先生会有什么感觉？太爽了，你太了解我了。这后面完全是数字化、智能化，是大数据的支撑。

接下来是生态链，怎么做生态链？与商圈内的其他店铺共享积分。有的店铺单价高而客户少，便利店单价低而客户多，那就有钱出钱，有力出力，积分给我，客户给你，大家就都盘活了。

我们再谈一下制造业。在这个领域我觉得上汽集团做得非常好。上汽大通Maxus，这个车外形设计一般，但是它是很典型的C2M产品。过去你怎么买车？去经销商那里调货，如果没库存你贴钱，帮你去调货，你是看着目录下单的。上汽大通怎么做的？它的前端由经销商开始，直接在经销商那里放一个App，叫作"蜘蛛"，让客户直接在App上选车的内外饰功能、多大的气缸发动机。后面直接对接工厂,智能化生产,实现了很重要的柔性生产。

各位看,这个过程难在哪里?过去,一个生产线产出的这一批都是白色或是黑色车型,可是当你要做C2M生产,客户说:我的车沙发要绿色,背板要蓝色。这些个性需求在App上选很容易,关键是你的生产线怎么随之做调整?后面的生产,这些备料都是排好队的。如果后端没有柔性生产支撑,前端即使再智能都没有用,因为没有办法落地。整场智能化是从客户端一直到生产端到交付到库存,全部实现智能化,集中数据,放到云端去控制。

表1中列出的问题,是我在做这些项目的时候,数字化过程中碰到的问题,可以分成战略层、组织管理层、个人与文化层。每一家客户超过4个人提同一个问题,我就将其列为一个重点。这里面,从资产千亿级、百亿级的公司,到几亿级的公司都有,他们在做数字化转型中碰到了什么问题?是缺乏战略共识,还是没有项目管理,还是没有人才?最有趣的是:缺乏激励措施。谁要去负责这个新项目?做好了没激励,做坏了判死刑。老板都认为:我付你薪水,这是你该做的;员工认为:我少犯错就安全。这就是缺乏激励的结果。最后,如果你要开始做这个事情,该怎么做呢?第一,建立共识,IBM的方法是,所有人写纸条,把自己认为最重要的写下来,再阐述、讨论、达成共识。接下来制定转型的总计划,选团队的leader,怎么做风险控管,还有就是打造企业"数字创新"文化。以上这些事情做完以后,刚才讲的10个障碍基本上就规避了。

表 1

类型	具体问题	大型家电	大型连锁超市	大型快消零售多业态连锁集团	大型汽车服务连锁	大型连锁食品零售	中大型电话直销	中大型连锁烘焙行业	中型汽车连锁服务	中型汽配公司	中型养生旅游	新创有机农业	问题出现频次
战略层级	1. 缺乏战略必要性的共识	1	1				1	1			1		5
	2. 缺乏整体计划与项目管理机制	1	1		1		1	1			1		6
	3. 缺乏适当的领军团队	1	1		1		1	1			1	1	7
	4. 未获得充分授权	1		1	1		1	1	1			1	7
组织管理	5. 团队相关能力或经验不足	1	1	1	1	1		1		1	1		8
	6. 其他部门不配合	1	1	1	1		1	1					6
	7. 缺乏适当的激励	1	1	1	1		1	1	1	1	1	1	10
个人与文化	8. 公司缺乏进取文化	1					1	1				1	4
	9. 新旧商业思想不协调	1		1	1	1	1	1	1		1		8
	10. 个人利益冲突				1	1	1	1			1		4
合计	问题数量	9	5	5	8	3	9	10	4	2	7	3	65

● 向未来

邵宇

完成全球行动力的挖掘，需要更多的中国科创企业家努力

东方证券首席经济学家

  2022年，整个宏观经济演进得非常快，很多因素已经超出我们预想的范围。大家知道，年初我们设定全年的增长目标是GDP5.5%经济增长目标。但预定这样的目标时，有些事情可能没有办法预见，比方说，地缘的冲突、疫情的反复，特别是这一轮疫情在重点城市的反复。原来大家所担心的，反倒现在成为比较明确的事件。美联储持续的加息，开启了加息周期所带来的市场剧烈的变化，与各种风险事件的叠加，会对我们增长的轨迹、政策、市场、投资的决策，带来一个系统性的变化和影响。我们做分析，就是要给大家展现这样的调整趋势下，机会、风险关键点在哪里。

  在谈具体短期的变化和相应的预测之前，我想先给大家讲一下分析框架。在框架里去思考问题，相对会更加有指引，有结构化的帮助。我们是怎么看待重大的疫情给人类社会带来的变化？其实每一次疫情，不管是中世纪的"黑死病"，美洲的"天花"，还是100年前的西班牙大流感，其实都在改变着我们人类历史的进程，这一次的疫情也不会例外。疫情所改变的整个世界的进化方向，涉及政治、经济、社会、技术、企业、地缘政治，甚至人们的思想，方方面面都会有重大的趋势性调整。

  我是一个经济学家，研究宏观趋势，有句话大家都听过："宏观的趋势难以改变，但我们能在这个趋势下做微观的优化。"你的职业、你的事业、你的投资、你的财富，你策略应对的变化，都会在大的框架下进行相应的调整。作为宏观经济学家，很难告诉企业应该怎么办，但我相信在大的趋势下大家能做出自己的优化判

断,增加杠杆还是减少杠杆,增加特定行业或者企业、领域、区域里的资产配置,或者相应地减少,这就能优化你的微观决策。

国内的经济(这个"国内"不仅仅是指中国国内,每个经济体,比如说欧洲、德国、美国,也是"国内"),也就是每一个特定经济体内部,它会发生的变化、它的逻辑跟特征是什么呢?剧烈的分化。疫情所带来的是剧烈分化的世界,这种分化是全方位的,从虚拟经济到实体经济,从线上到线下,以及针对不同的人群,收入分配不同的结构,大家所掌握的财富不同的量级,都会带来相应的变化,这种变化恐怕是我们必须要面对的挑战。这是一个从内的角度的审视。

从国际的角度看,疫情后的全球竞争会变得白热化,不排除有冲突发生的可能。地缘政治风险的上升,显著化和暴力化的趋势在俄乌的冲突里都得到了验证。同时大型经济体之间的激烈竞争,包括供应链的完整性、货币的能力等,都不容忽视。我在两年前给出的框架,即美元加息、地缘冲突和疫情反复,仍然是有效的。因为大的趋势,确实就是我们所预见的那样,正在逐渐展开。

在这样的趋势下,来看我们2022年所面临的三种挑战,它们在短期、中期所带来的影响究竟会达到什么样的量级?

俄乌冲突为什么会导致通胀?

首先是俄乌冲突。这次冲突的进程超出了大部分专业人士的预判,激烈的程度、破坏性都超过了我们的想象。这个地缘风险的变化对我们短期的影响会体现在哪里?首先我们注意到,VIX指数的快速上升。VIX是指数期权隐含波动率的指标,每一次地缘风险,包括重大疫情变化的时候,代表风险的指标都是快速地上行的,这就带来了整个资本市场剧烈的波动。大家就会觉得紧张,对于风险资产而言,风险偏好是一个剧烈变化的来源,它会受到地缘冲击剧烈的影响,当风险偏好变差的时候,大家就着急去抛出风险资产,去购买避险的资产。但是总体而言,如果把时间轴拉得稍微长一点,你会看到地缘风险对整个全球影响的时间不会特别长,它是有很强的相关性的,短期和中期。比方说,对于发达市场、新兴市场,它的影响时间大概最长也就是2个月,它对整个市场的风险是一个催化剂,但并不会持续。

全球市场都在剧烈波动,中国的市场A股、港股、中概股也在剧烈的波动,而且体现出一定的趋势性。这是不是能够用地缘风险去解释?我们觉得它最多只是一个催化剂,应该还有其他的原因。

俄乌冲突最大的影响，并不是股票类的风险资产，而是大宗商品。大宗商品供应的短缺导致原材料价格上升，从而引发的最为直接的感受就是通胀。从全球大的产业链来看，这两个国家都属于资源性国家，主要提供的资源包括油气、粮食、稀缺气体，金属镍，还有化肥。除了油气以外，2022年在全球对粮食的价格也会造成比较大的扰动，而这些价格都会传染给通胀水平，会使得KPI高起，同时影响到CPI。

欧元区大部分能源供应来自俄罗斯，特别是油气。现在采暖季已经过了，但是考虑到对俄罗斯油气大量的需求，如果短期内不能解决供应问题，或者不能以类似俄罗斯油气的价格进行供应的话，那通胀就可能会到达两位数的水平。对于美国而言也存在类似的情况，美国的通胀正在不断创下新高。这会带来第三个最大的不确定性：如果进入一个通胀的周期，这个通胀究竟是昙花一现，还是会进入一个中期的水平？如果进入中期，对于美国这种超级货币经济体而言，它应该维持在什么水平？过去在30年平均的水平是2%，美联储是根据泰勒规则来行事。如果突破2%呢？最新数据已经是超过8%多了，大家觉得2022年大概率在4%—5%左右，也就是在30年平均水平的基础上翻倍。如果是这样，货币框架要怎么样去做调整？可能面临框架的变化。

新的通胀周期，会导致政策行动空间的收缩

从大宗商品的角度来看，全球经济可能会进入一个新的通胀周期，这对中国来说也会有相应压力，因为通胀周期一旦启动，自然就会压低我们的货币政策行动空间，特别是降息。比方这次降准0.25个百分点，地方银行再降0.25个百分点，一共释放5300亿元，这有点像半次降准了。为什么是"半次"呢？因为此前有大约6000亿元央行利润转汇到了这样一个货币供应系统，等于释放了6000亿的基础货币，再加上这次的5300亿，超过1万亿。此前还降了一次准，但是这次降准对市场的推动力量比较有限，让我们也认识到了货币政策的一个尴尬境地。大家经常说，货币政策的特征像拉绳子一样，能拉，但是不能推，货币政策的变化，能不能产生信贷？信贷的发起，究竟是企业设备投资发起的这部分信贷需求呢，还是房地产所引发的投资？或者是地方、中央政府做基建所引发的信用？是不是能够推动货币的释放？如果2022年的通胀达到3%，同时，现在一般的理财收益水平也已经降到3%以下了，那真实的利率就是0了，这对储户来说有比较大的压力，通胀对购买力的侵蚀就会更剧烈。

另外一个观察到的现象是,中美之间 10 年期国债的利率已经倒挂了,这就牵涉到中期货币政策框架的问题,全球化的结构又出现了一次重大的断裂。这会导致整个套息资本反转,对人民币的汇率以及资本市场造成压力。如果要解释我们资本市场,从这个角度去理解可能会更加有效一点。

在全球化的进程中,世界分成三个贸易集团,分别是资源国集团,包括俄罗斯、乌克兰;生产集团,包括中国、德国、日本;还有消费集团,美国。美国的生产能力其实也很强,但是我们通常不把美国定义成生产集团,而是消费集团。为什么呢?因为相对于它的生产而言,它的消费特质更加明显,债务更高。还有一部分是南欧的国家。消费集团过度的扩张,货币宽松,就引发了 2008 年的次贷危机,导致全球化的逻辑整个发生了改变。现在资源国集团开始受到供应链的影响。比较夹心层的,如中国这样一个生产集团,包括德国,这次可能受到比较大的影响,因为上游的原材料的供应价格可能会被抬升。

如果我们还是大量使用来自俄罗斯的资源,可能价格比较有优势,但又会担心引发连带风险,所以就进退两难。就是考虑到存在这类风险,中国、德国也在启动绿色转型。但 2022 年供给端收缩,绿色转型也陷入了一个特别尴尬的境地。供给端出现重大缺口,反倒会把全球经济挤入通胀的周期,使得政策的转型空间变得很小。新能源过渡到可持续能源的需求中间有一个环节是储能。锂电等的生产,需要锂、钴、镍等,如果这些原材料价格迅速上升,会使得整个新能源制造环节,以及特别关键的储能环节变得很昂贵。原来转型的逻辑是,新能源加储能,价格有优势,现在又开始强调高效的、超临界基础煤电利用效率的提升,大家必须在现实和理想之间找到一个新的可行路径,这会带来一些压力。

全球化会不会有根本的断裂?不能排除这种可能

另外还有货币的因素。2022 年在投资领域大家争论一个问题是:人民币是一种避险货币,还是一种风险货币?现在看起来答案还是很明显的,过去一段时间内人民币汇率还是比较坚挺,现在看来有一定的贬值,对中国风险资产的配置,不管是国债还是股权都有所下降,这就是套利交易反转的一个很直接的影响。在由美国跨国公司以及所引领的整个全球化路径里,套息结构仍然驱动整个全球资本的流动,以及相应汇率的变化。总体而言,我们觉得人民币会有贬值的压力,但是这是可控的。也就意味着,我们降低利息的空间其实是比较有限的,也就是我们判断

2022年可能降准也会降息，但是它的政策空间相对比较有限，以此再去看2022年的KPI调整，我们的货币政策自然也会找到一个落脚点。这是我们所能看到的一个变化。

美元的波动会带来全球货币体系的变化，这个货币体系的变化使得新兴国家跟美国之间形成了一个资本流动结构。大家说，会不会在中期全球化就告一个段落？这个问题其实更值得思索。之所以说中国在全球化过程中是最大一个受益者，是基于刚才我提到的这样一个资源国、生产国跟消费国的结构，在这里，最重要角色的是跨国公司。全球化的结构是不是在这次俄乌冲突以后会有根本的断裂？我觉得不排除这样一种可能性。其实，在疫情后全球大的框架里我们预见到了这种竞争的结构，这就牵涉到刚刚提到的那个问题。

目前所处的全球化3.0和4.0之间的断裂结构，剧烈的竞争、民粹主义，包括贸易战等，都已上演。持续的时间总体而言在10—20年左右，构成这些的背景噪音非常大，但是在这种情况下，我们要做相应的配置或优化。我们经常说，我们是全球化的受益者，我们也想遵从或者是优化这样的结构。俄乌冲突如何调整就变得非常重要。如果能促成和谈，中国能够在欧洲跟俄罗斯之间架起一条有效的沟通桥梁，延缓大国以不同的币种或者是不同的意识形态进行划分的断裂结构的形成，对我们比较有利。

疫情后，特别是俄乌冲突以后，会不会形成三个大的经济中心，以自求平衡？也就是，在北美通过能源革命及制造业产业链一定的回流（包括在墨西哥周边），形成一个周边产业集群。这种情况会不会发生？我们觉得，它已经开始慢慢发生了。德国也面临类似的情况，如果它的能源结构向南方、向美国或者是向中东倾斜，会不会形成一个新的三角结构？中国又怎么办？如果这样一个结构形成，可以想见，全球的贸易中间品增量可能都会有所下降。因为跨国公司产业链再次调整，会导致全球的商品交易总额（GMV）以及相应的产出，也就是全球贸易的总量GDP的占比会再度下降，维持在一个低位的均衡，直到新的力量能够整合供应链，对我们来说，在这样的态势下将会遭受比较大的压力。当然，我们可以通过开放的形式去缓解压力，但是可以预见，在俄乌冲突后的背景下，我们要将开放的空间做得更大，才能引入足够力度的国际直接投资（FDI）并将其稳住，但这样做，对我们同时也构成了新的压力。这些都是我们所能预见的冲突所带来的影响。当然，这个冲突也提示我们，如何能够以比较合适的站位、策略去迎接大的循环，因为大的循环仍然是非常重要的。全球化其实是在更大的范围内和更高的层次上进行市场化,都使得中国受益良多。所以,保持这样一个动量,保持全球大循环紧密的连接,也非常重要。

供应链压力巨大,复工复产成当务之急

大家也感觉到了,这次经济所面临的冲击还是比较明显的。我们目前看到的一季度的 GDP 数据是滞后的,因为它是低频的季度数据;通过观察更高频的月度数据,包括日常的高频数据,我们可以看到在一些关键领域里的一些影响。

信息流、物流、人流以及资金流四个流向,不仅是在国内,整个全球化过程也可以说是这四种要素流动的过程。如果参照当时 2020 年第一轮疫情的影响,可以看到,2022 年这波静态管控所造成的冲击,对地铁、交通的影响其实是更大的。客运航班、车流拥堵指数,基本上都逼近了历年的低点。在这个基础上,我们结合出口、消费等数据,略微修正了一下预测。还有一个令人比较头疼的指标是房地产投资,从全国来看,房地产销售数据下降了约 20%。2 月份居民的中长期贷款转为负增长,我们做研究这么多年,蛮少看到这种情况出现。

现在在供应链上承担的压力肯定是最大的,复工复产成为当务之急。过去两年中国对全球供应链的贡献有目共睹,疫情期间,中国的出口量占全球出口总量的约 18%,打破了 100 年来日本保持的 15%—16% 的世界纪录。接下去能不能保持这样的优势?这是重大的考验。从目前的数据来看,3 月份的数据出口还不错,但是之后肯定会受到影响。

在全球化的背景下,我们成功的逻辑并不在于仅仅做来料加工,不在于我们能够生产多少 iPhone 和特斯拉,而是基于这些商品的 Made in China 能不能成为进口替代?能不能迅速转为出口导向型?这才是我们成功的秘诀。产业链不断地跃迁,真正能够从进口替代转变为出口导向,出产这些高附加值的商品,这才是我们成功的秘诀,或者说,是我们双向循环的关键。

做到这些的前提有以下几点:第一,有足够大规模的国内市场允许我们启动内循环;同时我们有明显的制造成本的优势,使得我们能够占领全球的市场。这两者叠加,就意味着,我们要启动新一轮的循环,"双循环"构造统一全球的市场,优化我们在新一轮产业革命中的位置。这一点必须在剧烈的全球竞争环境下去实现。全球 3.0 的时代,我们可以敞开了学习,飞机也好,高铁也好,手机也

好,学会以后,再造出我们自己的,出口到全球其他的地方。现在看来,暂时比较难以做到这一点,特别在俄乌冲突以及疫情后的全球形势下,我们上一轮"双循环"的政策能不能在新的领域里实现,将会面临巨大的考验。目前看来,短期的影响、冲击肯定是存在的,后续放开,恢复正常之后须不断追赶,实现稳定经济的目标,但是中期的问题更值得思考。疫情最初的时候,我们的政策是成功的,相对而言大家觉得还是我们的供应链比较可行,是不是可以一直保持这样的优势,赢得未来?

我们知道,影响投资的主要因素有三个:

第一是基本面。基本面就是GDP,如果把中国视为我们的母公司,它的总盈利水平由GDP增速来决定。第二是货币政策,货币政策能不能宽松,无风险降息,就会有机会。最好的组合叫"戴维斯双击",就是盈利很好、经济增长很稳健,流动性又充沛,那就是高歌猛进。第三就是预期了,我们叫变压器、风向标,预期增强的时候,大家很有信心,自然愿意配置风险资产,预期下降的时候,大家就要避险了,怎样优化我们的预期,就变得至关重要。

2021年的政策已经在谈一些明显的优化方向,比如大家讨论较多的碳中和、碳达峰。我们会选择一条更为现实的路径,特别是要考虑到地缘冲突带来的传统能源价格的上涨,以及相应的战略金属价格上涨以后,如果要让经济更富有弹性,怎么能够优化考核的目标。比方说,像能耗是通过排放总量和强度的"双控"来实现转变的,同时也要关注高效煤的利用。新一轮结构化宽松的央行货币政策专门提出1000多亿将会投放到清洁煤的使用领域,建立安全可靠的新能源替代基础等,这些领域会有比较明确的投资发生。

还有就是初级产品的供给和保障,粮食、食品、农产品自给自足的提升,也是非常明显的,还有一点大家关注比较多的,就是共同富裕以及资本的行为特征,很多的优化也都开始发生了,这些都将会在中期推动政策的有效性的改善。

在原有动力尚未衰竭时,完成新动力的挖掘

我们怎么去理解最近出台的一些政策,以及在这些政策框架下完成我们的内生循环?或者说,有哪些腾挪的空间,或是可投资的基础跟方向在哪里?哪怕现在的增长在表面上是有所下降,但是仍然会有很多的机会涌现出来,不管在一级、二级市场,或者实业和其他方面,我们要在微观上有所优化。

什么是全国统一大市场呢？这里我们更多地讨论的是要素市场。要素市场是相对分割的，比方说土地，土地拍卖都是在区域内完成的，不能跨区域进行调配。同一块土地，的位置不同，带来的价值不一样，做住宅用地、商业用地还是农田，如果有一个指标的转换和相应的对价，它的配置将更加有效率。

劳动力更是如此，如果打通户籍制度，大家都可以自由流动，自然大家就会去有更多工作机会的地方。我认为，相对比较新的市场首先是技术和数据的市场，比较新的就是数据交易。数据现在是一种核心资产，怎样做数据的交易？不仅仅是国内循环，全球循环也有类似的特点，须做更多的发掘，包括提供基础设施，等等。

然后是能源市场，这些大都是新兴市场，但又特别重要。我们新一轮的内循环，似乎就是需要能突破原来的全球化3.0结构，包括资源国的原材料进口，到美国或者是欧洲能够提供中国商品供应的结构，实现制造业产能的释放，扩大消费，进入不那么依赖于传统能源供应的新循环结构中。在这里，生态的市场，包括碳的市场就显得尤为重要，在一个技术竞争的背景下，与美欧相对有更多可谈的合作空间。

在这个条件下我们来看未来内循环实际性的构成。也就是，我们现在以传统发展的模式托底，这部分托底包括老的基建、房地产，再加上传统的制造业、加工型制造业。我们的核心动力，都来自这样一个结构。也就是，无论如何，我们必须在原有动力没有衰竭的基础上，完成新动力的挖掘。找到先行者，找到一个新的基础设施来做支撑。所有的行业都面临一个全新的转型，须完成一个剧变的过程。对于新能源领域而言，它的动力源头如光伏技术、氢储能技术、安全的核电技术、可控聚变技术等，可能会具有终极的意义。

未来竞争的核心，其实就是关于技术的竞争。想要找到一个可对标的投资企业或者是企业家的话，那你可以看埃隆·马斯克投了什么。他基本上在核心的领域全部都进行了相应的布局。媒体、通信技术、新能源、物联网、神经网络……不光是技术、企业产业链，还有人力资源的集成、企业家精神的释放，以及金融的支持。估值对特斯拉的帮助很大，它的产量不及6家传统汽车企业的零头，但是估值超越它们，这才是竞争的核心。大家来参加复旦管院EMBA的学习，参加科创营，其实就是一个全方位为科技企业家赋能的过程，如果能够培养出"钢铁侠"、培养出细分领域的一些成功的企业家，这才是未来的希望。

孔爱国

投资企业家，就是投资未来

复旦大学管理学院金融与财务学教授
上海市曙光学者

中国经济面临复杂的内部环境和外部环境，里面很复杂，外面也很复杂，如何在未来的时间内，寻求经济增长复苏的全球方案？

今天主要讲以下这四个方面：第一，疫情的复杂性与疫情产生的复杂性，第二，中国经济内循环面临的复杂性，第三，中国经济外循环面临的复杂性，第四，我们如何才能突破复杂性制约。

◯ 疫情的复杂性与疫情产生的复杂性

这次疫情是一次突发事件，检验了 2003 年以来建立的公共卫生防控机制的有效性。疫情的复杂性让整个社会按下了暂停键，导致国内 2021 年第一季度 GDP 的增长是负的 6.8%，这是改革开放 40 年以来增长率最低的一年，但是可喜的是，第三季度已经变正了，到了 0.7%。

但是这次疫情是全球传播，全球 188 个国家都有病例发生，这些病例发生之后，产生了非常大的复杂性，全球经济都必须按下暂停键。

何时才能在全球范围内重启经济？如果疫苗没有研制成功，这将是一个长期的过程。中国经济是一个外向型经济，每年进口、出口的经济总量加在一起接近 5 万亿美元，如果乘以 7 的话，就是 35 万亿元人民币。而我们一年 GDP 总量是 100 万亿元。也就是说，35% 是跟外面有关联的，那就要祈祷这个病毒在全世界赶紧消失，否则我们的经济增长就会受到很大的影响。

在中美贸易战的大背景下,再加上疫情暴发,加大了国际关系处理的复杂性。这些因素叠加在一起,使得我们经济复苏变得错综复杂。

中国经济内循环面临的复杂性

中国经济内循环面临的复杂性就是,内部经济增长模式转型难度大、时间跨度长,以投资与出口为主的时代结束了,中国经济已经从短缺经济时代进入到过剩经济时代。

从中国经济GDP增长的曲线图上就可以看出,改革开放40年,从1992年开始算,到2010年为止,我们认为这期间是一个短缺的时代。

从2010年到现在,中国经济从短缺的时代进入到过剩时代。

中国经济在过去十八年当中遇到了四次危机、四次挑战,面对这些危机和挑战,政府花大力气进行了巨大的投资。以政府主导的投资确实让生活更加便利,在不同的时期里让我们的生活方式发生了改变,让我们的财富转型了。

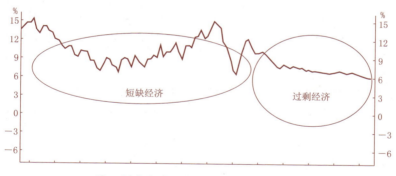

图1 增长发生了变化:从短缺走向过剩

现在最大的问题是什么?结构性的变化已经产生了,支撑中国经济增长的"三驾马车"已经发生了变化。

大家看图2这张图,2010年之前"三驾马车"之中,投资是领先的,然后是消费和出口。到2015年之后,整个经济增长的驱动力是以消费为主导,投资下降了,出口仍保持在第三位。

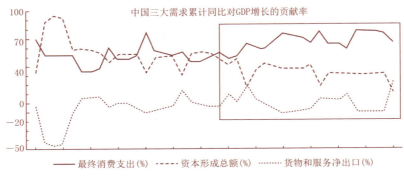

图 2 经济增长基本面发生了变化

如果我们已经进入了以消费为主导的时代,如何刺激老百姓消费,便成为一门学问,这个史无前例的工作,交给了企业家。

为什么这么说呢?因为消费是由需求来决定的,而需求的决定是分散的、多样的、灵活的,即不能集中,只能由不同的企业家针对不同的目标市场去改进,不能停留在过去的老路上等政府来救援。

所以未来投资什么?要投资好的公司、投资好的企业家。企业家的时代到来了。做出的所有改变都是痛苦的,但是这种痛苦是值得的,而不是躺着享受惯性。

中国经济外循环面临的复杂性

中国经济外循环面临的复杂性表现在哪里呢?主要是中美贸易背后的逻辑关系。一个要发展、一个要遏制,发展和遏制之间形成的冲突在未来很长时候内都会存在。

大家要清醒地认识到,我们的经济体量很大,但是经济还不强。2013 年我们成为全球第一大贸易国,2017 年的贸易额占全球贸易的 11.4%,但是服务贸易只占 6.4%。有 110 家世界 500 强企业,其收入主要来源于国内市场,海外市场只占 18%。外国 500 强收入 44% 来自海外。中国有庞大的金融系统,第一大系统是银行,第二大系统是股票,第三大系统是债券市场,但是跨境流动不足 6%。

中国经济对外的依赖度很高,同时美国经济对中国市场也有很大的依赖。比如特斯拉,特斯拉如果不到中国来发展,不仅其股价不会涨这么高,而且特斯拉的技术在世界上也不会有这么多人知道,美国的技术 + 中国的市场,战无不胜。我有巨大的市场,你有先进的技术,相互合作的话,都会赚很多钱,但是我们必须要保持市场持续的繁荣，如果市场不繁荣的话，技术就不会被引进，引进了也没有价值，所以一定要保持经济发展的热度。

我们如何才能突破复杂性制约

要保持中国经济的热度，要推进市场化进程，改革国有企业的运作方式，让其市场化的能力提高。如此，国有企业的活力就更强了。如果国有企业和民营企业都强起来，那14亿的市场就非常棒了。

大家对中国经济的未来一定要有信心，把中国经济搞热了，西方世界都会重视中国经济的发展并参与其中。

随着中美贸易争端的不断演变，为了突破美国的遏制，在2018年上海进博会的时候，国家领导人宣布：中国要搞科创板、要搞注册制。

科创板给很多公司提供了可以上市的机会，圈到了产业资本，公司资产就可以增加，发挥企业在产业升级方面的优势，这是到目前为止最好的长期政策之一。

这就是我前面说到的，投资企业、投资企业家。要了解企业家的特性，希望大家在未来20年当中投对新的马云、新的马化腾。如果我们可以找到未来10年当中的马云或者马化腾，财富就暴涨了。这是非常重要的，也是一次制度红利。

不仅仅是在上海推出科创板，深圳很快就提出了注册制改革。

注册制和审核制最大的差别在哪里？审核制是由证监会批准上市交易，注册制是由交易所批准上市交易。交易所是赢利机构，要赚钱，跟投资人的取向一致，所以这个投资红利是未来很长时间里的增长点，可能在未来几十年、上百年都会发挥作用。

突破复杂性制约，从国内短期政策选择上来说，首先要疏困。政府发放债券直接补贴给受到冲击的人与企业，政府发放消费券给贫困人员；要大幅降低个人所得税与企业赋税；要下调资金成本，定向量化宽松，引导资金向实体企业流动。

从长期政策来看，要完善中国税收体系，解决其中不合理的问题；要大幅度降低科技型企业的税收与费用，公用事业收费也要下降；很多国际产品要与国际接轨；同时，还要增加对医疗、教育的投入。

资本市场的选择是一个漫长的过程，投资企业家，企业家要发挥作用，这是一个漫长的过程，长期的机会都蕴含其中。

陈岩

营销科技——数字化经济背景下的新生产要素

分众传媒集团首席战略官

第一篇 商道致用·向未来

☎ 了解营销科技（MarTech），掌握时代脉搏

2020年初爆发的全球新冠疫情，带来了线上经济的蓬勃发展，对健康、绿色消费需求的攀升，推动消费行为不断在线化、数字化。

2020年底，"十四五规划建议"全文披露，其中6次提及"数字化"，数字化是国家未来重点发展的方向，是国家的重大战略。

科技改变世界、改变生活的过程中，企业和品牌原有的营销节奏被打破，数字化成为营销、品牌传播的基础，数据和算法全面渗透到营销和广告的全流程。在此背景下，广告营销的场景在变化，企业和消费者之间要用大量的技术来解决各种各样的场景问题，包括销售的场景、品牌塑造的场景、消费者沟通的场景，等等。为了提升消费者体验和驱动业务增长，围绕这些营销场景问题所用到的技术，以及应运而生的相关营销管理模式，被统称为营销科技（MarTech）。

MarTech——源于美国，在中国正蓬勃发展

2008年美国营销技术专家斯科特·布林克尔（Scott Brinker）发布博客首次提出MarTech概念，从2011年起，他每一年都会制作并发布一张营销技术全景图。十年间，图上的营销技术供应商从最初的150家膨胀到如今的8000家，这意味着科技在营销中的运用在不断提升，同时也意味着营销行业的复杂性在不断增加。由于美国有多家具备技术优势和企业服务经验、深耕企业服务软件多年的IT巨头进

入 MarTech 市场，且美国营销企业 IT 技术基础也较为成熟，MarTech 在美国已进入规模化发展阶段，并已形成成熟的工业标准。

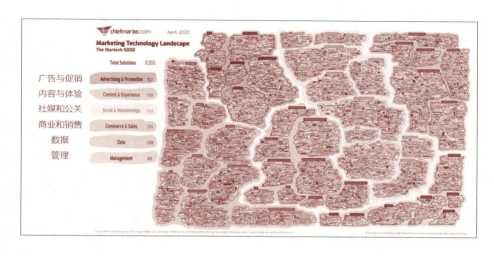

在中国，互联网消费的发展带动了广告科技（AdTech）的繁荣，但直到 2016 年才受国外 MarTech 的发展影响，开始营销科技的探索。受益于中国较高的网民渗透率，加之 2020 年新冠疫情的影响，企业线上运营的需求爆发，传统企业数字化转型的广泛认可和投入，营销科技的应用和发展在中国进一步加速，国内的营销技术供应商已达到了数百家。而此前电商、互联网技术和 AdTech 的发展则为营销科技提供了丰富成熟的用户数据基础和技术启蒙。

Martech 行业正处于快速发展的阶段，致力于用数字技术来升级改造传统营销中的各个环节。Martech 解决方案大概可以分成以下六个类别：

1) 广告和促销（Advertising & Promotion）

广告科技（Adtech）就属于这一类别，更加关注营销链条中的流量获取阶段，包括广告投放、效果监测、流量管理等功能。

2) 内容和体验（Content & Experience）

对内容管理平台 CMP 的应用可以帮助企业把营销内容以数字资产的形式存储积累下来，使过往的创意经验变得可复用、可管理。

3) 社交网络和关系（Social & Relationships）

聚焦社交平台中的客户关系管理，例如社会化客户关系管理 SCRM（Social Customer Relationship Management）的相关解决方案。

4) 电商和销售（Commerce & Sales）

在流量获取成本越来越高的情况下，营销自动化（Marketing Automation，MA）产品，注重提升销售流程中的自动化程度，帮助企业完成对存量用户的触达和激活。

5) 数据（Data）

以数据管理平台（DMP）和客户数据平台（CDP）为核心的产品可以帮助企业完成数据资产的构建，最大程度地发挥数据对营销活动中不同环节的价值。

6) 管理（Management）

帮助企业对人才、产品、预算、项目或供应商等进行统一管理。

MarTech发展三阶段——系统化、数字化、智能化

营销科技最初的发展源于广告技术，广告技术在其发展初期更接近的是媒体发布商或者广告发布商的需求，为供应端的需求而服务。营销科技的全面发展和应用的表现在于，可以直接满足品牌主或者广告主内部的一些需求，开始真正为企业级营销人服务和增值。

在营销科技的发展历程中，概括地讲，覆盖了三个发展阶段：系统化、数字化、智能化。

系统化就是要将流程和操作标准化和自动化，系统化帮助企业从原来人工化、弹性化的操作模式转化为标准化、制度化的系统。这是实现内部及外部数字化联通的基础。

数字化就是要在私域深入运营和公域精准拉新的业务新模式背景下，做到内部业务逻辑的清理，数据的清洗、关联，外部数据的对接联通和分析，做到数据的联通化和实时化。这要求企业打破原来部门间的数据分工和壁垒，将不同业务系统的数据进行汇总管理，建立有效的数据资产，重新规划业务流程和数据流程。这将引发企业内的流程变革、组织架构变革和业务模式的变革。多数互联网企业在起步之初就完成了系统化建设，目前主要在数字化建设阶段，而更多的传统公司的企业信息化水平与其发展程度并不匹配，所以很多企业都是系统化和数字化在一起建设。

智能化是指事物在网络、大数据、物联网和人工智能等技术的支持下（数字化产生的结果），所具有的能动地满足各种需求的属性，如系统直接进行决策，并指挥相应的部门执行决策。通俗一点来说，智能化将决策机制模型化后，直接指挥执行单元，执行单元接到指令后可以自动执行，从而降低了管理人员决策的工作难度，提高决策效率。智能化更多地利用了人工智能和机器学习，来帮助解决人力无

法企及的大运算量以及模拟人的决策过程。目前人工智能发展主要聚焦在解决大运算量的困扰方面，用以处理大规模的个性化解决方案，比如个性化的广告呈现、个性化的消费者互动、个性化的商品推荐、潜在客户的推及，等等。

系统化为数据搜集、整合奠定了基础，数字化实现了数据联通和价值挖掘，智能化可以全面推动营销从统一化向个性化的落地。智能化的过程对各项技术的要求更高，这一过程的全面实现也更难、更遥远。

MarTech 的两大基石——数据 + 科技

营销科技在今天更多指的是解决营销问题的科技，将营销科技化，才是科技营销的本意，而不是简简单单地用营销推广技术。数据和科技的应用提升了企业应对市场的速度和竞争力，并以迅猛的速度改变着营销模式。在激烈竞争的商业环境下，品牌想要获得成功，就需要适应数字技术带给行业的变革，否则就将面临被行业淘汰的危险。面对越来越丰富复杂的技术供应商和解决方案，企业必须跟上时代步伐，深入了解营销科技并抓住它的实质，才能有效地推动这一浩大的工程，跟上长期的变革。

营销技术包含的一个最大的理念就是它需要以数据为驱动，营销科技实质上就是要对基于技术衍生的数据、信息进行整合及运用，来深入了解消费者和市场趋势，赋能企业精细化运营，赋能营销模式梳理和企业市场战略，从而实现用户价值的深入挖掘和业务增长。在过去传统营销时代，企业主要通过广泛触达的方式来获取增量用户，进行横向的扩张拉新；到了互联网营销的红利时代，则以点击互动数据为主要评估指标来提升增量有效性；而当流量红利结束、流量成本高企的时代到来，企业需要多管齐下提升运营效率。通过加强对存量用户的深入运营，来降低流失、挖掘潜在价值，同时，通过提高拉新的触达效率和精准度，来确保可持续的流量补充和企业发展。对于广告主来说，为了实现当前的营销目标，会倒逼那些不符合其营销策略的传统媒体做技术升级，从而推动了传统媒体也大力发展营销科技，进而为融媒体时代的营销全生态运营提供精准、敏捷、高效的科技环境。

营销科技的广泛应用是复杂背景下的必然结果

营销科技在广告领域的应用贯穿各个环节

大数据推动广告投放精准化，服务个性化，媒体融合化，效果链路化随着跨平台大数据的融合和挖掘，企业可以精准地挖掘消费者的特征、兴趣及需求，针对不同的需求和偏好，提供个性化的商品推荐和服务。通过对读者阅读兴趣的梳理，短视频有针对性地推送相应内容。购物平台通过对用户过往购买商品及其他信息的分析，有针对性地推送消费者可能感兴趣的产品，等等，都可以很好地提升广告投放的转化率。

伴随着市场精准化和个性化的需求，传媒行业通过数字化转型，拓展跨平台数据联通，从而精准识别消费者，使广告投放更精准、广告内容更贴合。这样的数字化转型促进了媒体产业的形态融合和平台融合。比如腾讯推出短视频平台微视，电视频道推出了网络视频、视频号，分众推出了与DSP平台融合的投放系统，等等。

大数据的联通又推进了效果评估的全链路数字化。从广告认知数据到兴趣数据、到店数据，再到购买和回购数据，使消费的全生命周期数据得以贯通，从而更好地进行营销效果的评估和优化。

LBS技术为线下场景精准触达目标受众

LBS（Location Based Service），即基于位置的服务。LBS营销就是企业借助互联网或无线网络，在固定用户或移动用户之间，完成定位和服务销售的一种营销方式。

对婚纱摄影、餐饮、汽车美容、教育、家装等必须在线下场景售卖产品和服务的行业来说，企业更希望广告投放不是无目标的地毯式轰炸，而是"精准打击"到线下门店业务能力覆盖的区域。LBS技术的发展能将广告投放定位细化到以区、商圈、街区，甚至以写字楼、小区为单位，结合人群喜好和特征匹配将广告信息精准地传递给区域内的目标受众。

分众基于LBS技术开发的精准选点系统，可以根据品牌主的广告营销目标，精准地选择有特定需求的消费者。这无形中增加了品牌方与精准用户线下接触的机会，使围绕着生活空间形成的线下营销场景可以达到精准投放的效果。

计算机视觉技术有助于广告片自动审核，促进精准营销和科学评估

计算机视觉技术是使用计算机模拟人类的视觉过程，包括人脸/体态识别、图像/模式识别、目标跟踪等，因其在广告营销领域的丰富应用空间而正在快速发展。

图像识别的发展保障了线上广告的内容审核，可以在很大程度上过滤违法违规的广告素材，节省了时间和人力。

分众传媒自研的图像识别广告在框架媒体的上刊过程中，可快速比对应上刊素材与实际上刊素材，实现在短时间内准确上刊，避免误操作。

以无人零售为代表的新零售场景也大量使用了计算机视觉识别技术来精准匹配和建立用户、账户及物品之间的准确关联。比如亚马逊无人店就是通过体态识别确认顾客身份及关联账号、摄像头标签识别确认商品、手势识别及多重感应器判定商品状态、用户轨迹追踪关联清单更新，等等，这背后会涉及计算机视觉、感应器融合、智能物联网、深度学习等一系列智能技术的融合。

另外，还可以利用人脸/体态识别，开发以相貌、形体为基础的智能零售应用模式，比如智慧试衣间可以通过刷用户身材来推荐商店内的服装、配饰及发型建议，还可以结合AR技术实现虚拟穿着，提升用户体验感，减少频繁试穿的烦恼。

将人脸或表情识别技术应用到广告投放中，可以对消费者进行精准画像，对其观看广告时长、是否对广告产品有兴趣、关注哪部分广告内容等进行更科学的评估，并通过分析这些数据有针对性地向客户推送最有吸引力的广告。但随着消费者隐私不断被关注，在2022年的"3·15"晚会上，多个商家因非法采集消费者人脸信息被曝光。在人脸识别技术的合法使用方面，尚需要有配套的监管政策出台并持续的执行。

人工智能继承人的逻辑，超越人的运算，颠覆了广告业原有模式

随着科技的发展，人工智能逐渐进入广告领域。人工智能赋予广告领域更多的机遇：从广告定向，内容管理和创建，或动态定价，用户行为预测和产品推荐，销售预测和个性化网页，等等。人工智能改变了品牌和媒体做广告的方式，广告人对用户的理解也越来越深入，对广告的投放也越来越有底气。广告销售、品牌与用户的距离拉近了，品牌能更加读懂消费者的心。广告人不能再闭门造车想创意，而是要拥抱科技和未来，用科技的创造性去改变传播和创意的方式。基于数据的联通，数据的形式更加多样化，数据内容更加丰富，广告营销过程中利用人工智能，可以帮助品牌解决人力无法企及的、基于大数据分析基础上的个性化解决方案。

百度推出的一个产品创意的广告广受好评，讲述百度开发的一款眼镜给阿尔茨海默病患者带来便利，方便记忆身边的人，防止各种安全隐患。这个眼镜不是概念性产品，而是有着实实在在的科技含量，真正帮助到患者生活的产品。

人工智能在提高获客效率方面也卓有成效，如通过相似用户模型，聪明地找到有潜力的消费人群；通过人工智能的语言和情绪分析，提供个性化的消费者互动，提升消费者体验；针对不同需求、不同喜好的消费者，个性化地创作和呈现对应的广告内容或提供商品推荐，提高顾客转化率，等等。其次，人工智能可以学习人在营销过程中的复杂逻辑和经验判断，通过科学测算来评估应对方案，从而提高营销决策的效率。

同时，很多社会问题也将会通过 AI 技术去解决，通过更智能的广告传播活动，更多的绝症病患、失踪儿童、孤寡老人等等社会问题将会被大众知晓，这也有利于公益广告事业的发展。

AR/VR 技术提升消费体验，用户参与时间、保留率和有效性大幅提高

增强现实（AR）和虚拟现实（VR）技术为广告营销的未来提供了一个新的视角。讲故事一直是优秀营销策略的基础，这些沉浸式技术为内容的发展提供了新的视角。其应用可以为我们提升消费体验和生活便利，提升用户参与度，并提升商业场地使用效率。

相对于传统的平面广告和视频广告，VR 呈现的广告和场景更能让人有设身处地的感受，以及沉浸式体验，可更好地表现广告创意。

当下许多景区、娱乐场、餐厅、酒店、房产销售、会所、KTV、创意展馆、企业展厅、会场等场所，将产品及服务做成 VR 实景进行传播，可以让目标客户一目了然地看清楚并进行体验和互动，甚至可以获得在现实世界中梦寐以求却又难以企及的消费体验。

VR 虚拟店或店内虚拟展区可以向消费者提供形式更为丰富的商品展示和趣味的互动体验，无限扩大了展示区域，继而提升坪效。

研究显示，VR 广告相对 2D 广告，在加深用户参与度、用户保留率方面均有明显优势。

而 AR 技术虽然并不像 VR 技术那样能为用户提供沉浸式体验，但它实际上为移动应用中的商务提供了更多的现实世界实用程序。电子商务的最大问题之一是，消费者无法直观看到某些物品在真实场景下的效果，比如室内家具、厨房橱柜在其实际房屋中的外观效果和安装方式；再比如时装和美容，实际上身和实践的效果等等。用户通过 AR 技术可以直观地预知效果，提升购买动力。

物联网长期跟进用户行为，设备状态，促进个性化营销

物联网就是物物相连的互联网，在万物互联的时代，手机不再是唯一的终端。智能冰箱、智能音箱、智能电视、智能手环、智能眼镜、智能台灯——融入生活场景的各类终端设备不断整合用户的数据，结合人工智能的强算力形成全新的营销闭环。

物联网时代，一切皆可媒体化，终端、用户和场景，万物皆可连接。在智能终端中，用户的一切行为都被归纳分类，通过人工智能，过去千篇一律的广告，也以消费者更容易接受的方式被推荐。以可穿戴设备为例，假设一个人手腕上的可穿戴设备检测到异常数据，广告商可以基于这些数据，将相关的广告发送到其智能手机上，例如药品、药房或医生。

同时，物联网也可以帮助线下媒体实现广告终端管理。分散在城市各个角落的设备依靠人工维护，成本高、效率低。基于物联网技术，可以通过远程推送，改变人工运营的传统方式。设备数据实时回传，可以监控设备运行状况，设备远程升级提升了运维效率。

无人机提升物流效率，缩短了产品从广告曝光到用户体验的时间

在现代营销中，便捷是个极为重要的维度。无人机送货是未来和时间赛跑、提升用户体验的重要技术。

无人机送货可以完成同城物流的加急业务和偏远地区的快递业务，进一步开辟物流行业的细分市场，使物流网点、终端之间的流转获得更高效率，提升企业在配送领域的竞争能力。

另一方面，无人机在产品配送环节的参与，可以实现人力的节约。近两年来，亚马逊、顺丰、京东、淘宝等主流电商快递企业纷纷开始进行无人机配送的实地测试。京东第一架重型无人机目标有效载重量达到1—5吨，飞行距离超过1000公里，100%自主知识产权。另外，京东超重型无人机项目正式立项，目标有效载重量达到40—60吨，飞行距离超过6000公里。

无人机的参与减少了产品从广告曝光到用户体验之间的时间成本，对提升用户满意度有一定的助力。

区块链技术解决数据联通难题，保障数据安全有效使用

数据和营销科技两大基石中，数据的联通意义非凡，但在实际过程中，存在的问题却大大削弱了其效果。比如，数据过度集中于少数企业而产生的数据保护主义和不平等现象，数据断层造成的无效推荐，数据作弊形成的虚假流量，隐私保护和数据主权造成的联通效率低下，等等，而区块链在这个领域具有巨大价值。区块链本质上是一个账本，人们基于共识确定上面的记录内容，并可以带有强隐私保护。如果区块链能够"确定数据标准""串联各种数据""按需付费使用""保护数据隐私"，就可以解决各方对数据保密（数据主权）的担忧，从而高效地把整个社会的数据打通，构成数据网或者数据云。

区块链具有追踪数据痕迹的功能，借助区块链技术中的智能合约，可以防止流量作弊。智能合约是通过代码形式记录的，合约的执行是完全去中心化的，也就是说，只有完成了合约上的所有需求，才能得到收益。智能合约使得广告归因的每一个流程都真实可见，广告欺诈变得无处可藏。区块链还可取代在广告主与广告发布商之间扮演平台角色的中间商。

我们看到，越来越多的科技落地到产业、营销领域，这些科技的使用无外乎都是聚焦在提升精准、数据联通、提升效率、创造商机和提升体验这些方面，也就是，营销的需求始终没有变，变化的是科技支撑下的解决方案。

在产品过剩的时代，产品同质化，渠道头部化，大家都在同场竞技，最重要的是消费者的选择，因此以人为本的体验营销将成为趋势。数据和科技只是手段，体验和转化才是目的。通过营销科技对消费者进行深入洞察，目的就是要提升消费者的体验，最终促进他们的转化。

营销科技的应用路径——对内对外侧重点不同

以上我们仅就营销科技在广告领域的部分应用场景做了阐述，从营销科技的一系列应用来看，有两条主要的发展路径，一条是对外业务发展，一条是对内业务整合。

对外业务发展，就是用技术手段整合数据，帮助品牌主明确产品定位；选择更适合的媒体平台或媒体组合，保障消费者精准触达在公域流量池中的营销获客；在消费者观看广告的过程、产品使用的过程中挖掘消费者行为，不断提升消费体验，增强广告的转化效率。

营销科技的另一条发展路径就是对内业务整合，建立内部私域用户池，通过人工智能的运用对私域用户池进行深入有效的价值挖掘。为此，有针对性地发展和应用营销科技手段，如建立物联网和消费者建立永恒的关联。

在数字化时代，内外的数据联通是业务的基础，所以内部的系统和数据都要适应与外部对接的需要。企业需要建造一条数据通路，要将数据进行关联整合和运营分析，对内做到全链路数据可视化管理，对外做到实时联通。通过这两条线索，我们就能够把握营销科技的主要发展脉络。

营销科技建设要点——道天地将法

营销科技的建设，是一项长期并且高成本的变革，对互联网公司而言，具备先天的优势；而对传统媒体及企业主而言，要搭建起营销科技这样的平台，需要企业自上而下从认识方面、组织架构方面、人力资源方面、资金配套等方面均有相应的准备和投入，综合起来，就是要遵循"道天地将法"。

企业从上而下要有统一的认识，要了解企业为了促进营销科技所做的一系列系统化、数字化、智能化变革的重要性，因为这是一个涉及未来业务发展、业务流程和组织人事架构变化的大改革，必须要由企业高层亲自主导，并给予变革所需的驱动、决断和支持，此为道。

企业建设营销科技还需要抓住当前发展背景下，从国家到政府到行业整体做数字化变革的机遇，深刻意识到时间的紧迫性，此为天。

2018年的政府工作报告第一次提出数字中国建设，之后在2019年、2020年以及2021年，数字化经济都出现在政府工作报告中。如今在中国，已经把数字化提到和其他四种要素同样重要的一个关键性的生产要素地位，跟资金、劳动力、土地和科技同样重要，因为数字化实际上有可能使得中国在未来追平甚至是超越欧美的很多大型经济体，使得未来的数字经济时代的发展能够真正走上快车道，真正推动我们国家的高质量发展。正处于综合实力蓬勃发展的中国，是企业解放思想、放开手脚的坚强后盾，此为地。

在营销科技建设之初，需要以管理层为核心，集合高层管理者、营销专家、技术专家、业务专家联合协作和思维碰撞，对未来的业务模式进行合理规划，避免各自的知识盲区，达成更科学的规划。营销科技的实施负责人，需要具备技术认知、数据分析和营销经验的复合型人才，并且要有凝聚各部门进行有效合作的能力和权力。由于营销科技与企业的业务模式和运营深度关联，并涉及基础架构搭建，对企业影响巨大，对组建人员素质和理论水平都要有较高的要求，此为将。

营销科技是个浩大工程，尤其需要科学规划专业分工。甲方全部自己干和甩给乙方都不是有效的方式。企业在建设之初需要对各自分工有明确的规划。目前比较流行的趋势是以平台级解决方案供应商为核心，结合单一场景专业供应商，此为法。

运用《孙子兵法》的"道天地将法"原则，才能保障数字化经济背景下，把握时机尽快建设好企业营销科技这一新的生产要素，才能引领企业快速步入数字化经济时代融媒体环境的赛道，重塑市场竞争格局，决胜千里。

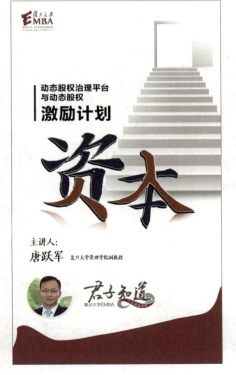

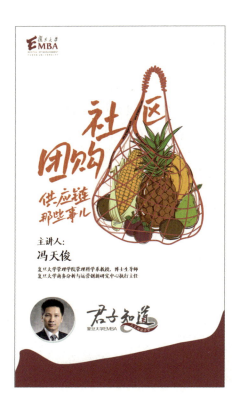

第二篇
时尽其用

科创开路

赵东元
发展科学，首先要发展科学精神

中国科学院院士
复旦大学化学系教授

我们处在一个复杂多变、充满不确定性的环境中，面临着前所未有的机遇和挑战；唯有依靠科学创新，中国制造业才能实现自主和升级，实现真正的现代化，推动一个更加进步的世界更快到来，满足人们对于美好生活的向往。

纯"科学"不是生产力，"科学的技术"才是生产力

"科学"是外来词。康有为被认为是国内从日语中引用了这个概念的第一人，严复在《天演论》的翻译中也使用了这个概念，之后经由"五四运动"，这个词在中国广泛流传。

其实"科学"一词在中国古代文献中很少出现，出现的时候，大多指的是"科举之学""分科之学"。在古代比较接近现在"科学"概念的词，是"格物致知"，我们通过对物体的研究，得到知识。新文化运动的时候，人们用"赛先生"来指称科学，"赛先生"是Science的音译，但是它们都没有"科学"一词那样深入人心，被广泛使用。

什么是科学呢？有些人说，是科学家从事的事业；也有人说，科学就是对的、正确的、真的、有道理的、好的、高级的……我们经常说科学的方法，其实可能说的只是好的方法而已，这是对"科学"比较肤浅的理解。科学是知识、是真理，不

是一般零散的知识，而是理论化、系统化的知识。对于自然、社会规律的完整、理性的认识，才是科学。纯"科学"不是生产力，科学的技术才是生产力。

我们经常说"科技"，其实"科学"和"技术"一定要分开，科学是科学，技术是技术，科学的技术才是第一生产力。

"科学"有以下三大特征：

1. 发现规律，当然，这个规律发展社会的规律，包括自然规律。

2. 科学的精神一定具备以下三个方面特点：

1）质疑性。一定要去问为什么，没有为什么，没有理论，不叫科学。

2）独立性。科学研究所发现的规律"独立"于研究者以及研究手段和研究方法，只有通过我们独立地进行科学研究从而获得的成果，才有科学价值。科学研究者必须具有独立的思想，科学研究工作也须是独立进行的。

3）唯一性。不管谁研究，发现的规律客观存在，科学规律是唯一的。

3. 科学一定具备逻辑性、定量性、实证性。没有数学谈不上科学，所以数学已经超脱了自然科学领域。为什么最早的诺贝尔奖没有颁给数学领域的研究成果？并不是数学不重要，是很多西方人已经把数学纳入哲学的范畴，一定要定量化、实证化。

除了以上这些，科学还有四大特征：第一，它的特征就是客观性的，一定是遵从实际客观的知识；第二，要有验证性，所以我们一定要用科学的实验、科学的研究方法来验证它；第三，科学知识一定是系统的，是完整的、具有自己理论体系的一门科学；第四，科学具有发展性，一定要有发展。

所以科学家们不断地补充、不断地发展，推动科学不断地向前发展。科学本身不具有目的性，发展科学的目的就是发现规律，这些规律发现了有什么用呢？可能现在看没有什么用，要放眼未来。

"技术"英语是 Technology，拉丁文 Technique，指的是一个编织的过程。技术是改造自然的手段和方法，是利用知识改造自然的过程，科学是不能改造自然的，因为我们只是发现事物发展的规律。所以说，科学的技术是生产力，科学和技术应该是分开的。

᭾ 科学与哲学，同源而异流

在现代科学诞生之前，科学和哲学是一体的。什么是哲学？要给它一个定义真的是非常难。科学，我不说你糊涂，一说就能明白；哲学，我不说你明白，我一说你反而糊涂。但可以先说清楚什么不是哲学。哲学不是宗教，但是哲学给人信仰；哲学不是艺术，但是能给人美感；哲学不是科学，但同样给人真理；哲学不是伦理，但是使人向上。所以，哲学是一个非常复杂的问题，包括理论体系，包括世界根本性终极的规律、终极的问题，需要人们去思索。

罗素给过这样一个定义："哲学是介于神学与可见之间的东西。"这是一个空地，科学圈定了一切能确定的知识，用实践能证明的是科学；另一些超乎知识、没有办法来证明的是神学，介于二者之间的才是哲学。早在公元6世纪，古希腊哲学家泰勒斯第一次把科学和哲学从神学中提炼出来，第一次思考世界上这么多的物质，到底是由什么构成的。他看到退潮过程，提出了水是万物之源构想。

到了柏拉图时代，古代的科学和哲学慢慢在发展，人们已经发现了很多的自然规律，包括三角形三个内角之和等于180度，这是在古希腊时期早就发现的。但是柏拉图开始思考，虽然这世界上存在万事万物，但有很多规律不是以人的意志为转移的，所以他提出了形而上学；他的徒弟亚里士多德第一次提出了万物首先由质料构成。尽管亚里士多德提出的很多科学思想在现代科学看来是错误的，但是我们仍然认为他是古代科学之父，真正提出了物质构成、物质运动的规律。他的思想跟柏拉图完全不同，他说"吾爱吾师，但吾更爱真理"，真理要用事实来验证，他第一次提出用实践来检验真理。

经历了中世纪的黑暗时代，通过伽利略等人的不懈努力，科学的实证性得到不断发展。到了17世纪，牛顿力学体系的建立标志着西方近代科学的真正形成，一定是具有实证性、质疑性、唯一性的，这才是真正的科学。而神学在西方则是至高，它是无法被验证的，完全是靠启迪和信心。

〰 中国为什么有技术而无科学？

在中国，和西方则完全不同，中国没有存在过类似这样的科学，我个人的理解是因为地域、文化的差异。中国人可以在封闭的农耕环境下自给自足，所以我们一直"抑商"；而西方的古希腊、希伯来"两希"文明都是靠海而生的，在这样一个地理位置生活，不能自给自足，要依赖交换，所以发展的是重商的文化。西方人喜欢冒险，崇尚自由、平等、契约精神；中华民族则偏重集体协作、国家主义。再加上东西方文化的差异，西方艺术是泛科学化的，"掷铁饼的人"的雕塑已经是采用透视的角度去创作，凡尔赛宫建筑型制是几何式的；再看中国的苏州园林建筑，层次感非常好，移步换景，游人可以不断展开想象。李白的诗里有"黄河之水天上来"，这样的想象完全是一种虚拟的、没有任何求实过程的创作，中国人天生就是艺术家。

我们讲一个人太有才了，琴棋书画无一不通；而从来不会说一个人数学很好，真有才。理科生肯定没"才"，或者说是有知识没文化的。中国的四大发明完全是一种技术上的发明，中国的知识分子不信自然定律，不去实证。写过《中国科学发展史》的汉学家李约瑟曾说："在中国人眼里自然没有秩序，而是他们有的不是由一个理性的人所定下这样的一个秩序。"

中国最早的综合性科学技术著作是初刊于1637年的《天工开物》，内容涵盖化学、农业、冶金业、造纸等，我们的炼铜术比欧洲早了700年，书里面记录了完整的冶炼方法，却没有人知道为什么这样能炼出铜，没人去追究为什么。所以中华民族能工巧匠人才辈出，但是没有科学家。"理性的翅膀一旦拴上了应用的铅砣，那它永远飞不了。"我们所有的发现都是马上能拿去应用的，不再去追问为什么。

中国的科技一直这样发展着，西方从中世纪跨越到文艺复兴、科学革命、工业革命，突飞猛进。从1世纪到15世纪，中国领先世界1400年，到1500年左右，科技被西方全面超越。从近代开始，科学从西方源源不断进入中国，改革开放40年，才是中国真正的科学研究的春天。

我是搞材料的，今天我们在高温超导的纳米材料、量子反常霍尔效应晶体材料方面，已经走在了世界的前沿，但是我们也要看到，跟西方数百年、上千年的科学研究相比，我们的基础研究起步非常晚，我们对"科学"内涵的理解还非常浅薄；我们缺乏从0到1的原创性科学研究成果，这是我国的科学之痛。

自然科学是运用这些定理定律思维，来揭示自然科学本质内在的一个知识体系，它不能立竿见影。任何急功近利都无助于科学的发展。什么是纯基础研究？就是没有任何实用的目的，就是前面我们说的，看起来没有什么用的科学规律。纯基础研究也不追求经济和社会效益，科学技术研究从诞生之日起就要遵循这样的真理。

从科学诞生那天起，科学家就承担着专业的责任、社会的责任、人类的责任。大多数人说，是才智造就了伟大的科学家；爱因斯坦说：不，是人格，"你的才智与创造力不应是对人类的诅咒。"所以，有些科学我们是不能做的，比如克隆人，原子弹的诞生就曾让很多科学家很是苦恼。

创新是科学基础研究的永恒主题

知道了科学的目的就是发现自然规律，那么怎么来搞科研？科研就是创新，一定要发现新的规律、新的概念，提出新的概念、新的规律。所以创新是科学基础研究的永恒主题。你要想创新，就要有创新的思维，创新的想象力、创造力，这些是从哪来的？完全是靠信心、勇气、胆识和闯劲，坐冷板凳去做这样的东西。中国科学院上海生命科学研究院神经科学研究所的蒲慕明院士曾提出，搞科学研究的人可以分三类：

1. 探险家。敢走前人没走过的路，完全没走过的路。
2. 导游。已经有前人探索了，但是别人都不知道，我来告诉你怎么走，来寻找已经找到的。
3. 游客。大部分人都是游客，跟着导游到此一游，做点事，发表一篇论文就完了。

我们现在倡导做真正的探险家。探险家大部分是青年人，他们有闯劲，初生牛犊不畏虎。也不需要太多的知识，什么都掌握了也没有创新能力。

我们现在很多搞科学研究的人都是"导游"，我也是"导游"。我是学化学的，1980年考大学，虽然语文、政治都不及格，靠着"强大"的理科成绩，考入了吉林大学化学系。我最喜欢做多孔材料，大家平常使用的干燥剂就是多孔材料。大家都知道微观、宏观，还有一个叫"介观"，介于微观和宏观之间。介孔材料就是孔径为2.0—50 nm的材料。为什么搞这个东西？它的表面积非常大，2克就比一个足球场还大，它在催化、生物医学、水处理等方面都是非常有用的材料。我过去做了一些无机化合物的介孔材料，想把有机的高分子材料，像导电高分子、生物高分子、富勒烯碳材料、金刚石等这些价值连城的好材料做成介孔，无论在能源、催化各个领域都会有非常好的应用。这个过程太艰难了，经历了无数次的失败，最终我们的一个本科生试着用最古老的高分子酚醛树脂做前驱体，一试成功了。后来我们发现，其实成功的原因就是回归哲学最原始的逻辑，把复杂的问题简单化。最后，我们建立了体系化的合成方法，我们做的材料是目前最稳定的分子筛，热稳定性达到2000度。我们课题组围绕这个课题发表了200多篇论文，全世界用我们这个方法发表了3万篇论文，这样一个工作，绝对是引发了整个领域的研究热潮。不仅理论上能做到，我们现在也在规模化生产，真正把它用起来，做电动汽车、钯炭催化剂，做药物的中间体，做废气处理等，把有害气体全部吸附掉，转化成二氧化碳和氮气。我创造的一些材料都以"复旦大学FDU"命名。

碳中和，要让可再生能源开发和清洁用油齐步走

下面说一些介孔材料在能源方面的应用。能源是整个社会发展的动力源泉，目前中国要求2030年达到碳达峰，2060年达到碳中和，压力非常大。看一下世界能源的构造，80%来自天然气、石油、煤等化石能源，可再生能源占比很低。有人提出化石能源是一个有限资源，说碳氢化合物不就是动植物尸体来的吗？不是，是无机化合物在高温下转变来的。地球底下有碳酸钙大理石，碳和水一结合变成了碳氢化合物，所以说，到底是无机变成有机，还是有机变成无机，二者可以互变。这样一个成因论，意味着原油是用之不竭的、源源不断的。目前全世界仍然源源不断有新的化石能源被发现。

其实即使化石能源有峰值，它也不是最主要的危机。燃烧1吨煤要产生3.7吨的二氧化碳，而二氧化碳被认为是使大气变暖的主要原因。从工业革命到现在接近200年，地球的平均气温已经升了2度，北极气温上升得更多，尽管是不是二氧化碳引起全球变暖还存有争议，但这确实是一个非常大的问题。

未来世界的能源发展一定是向低碳、绿色、循环的发展趋势，要建立以化石能源为引领的绿色、低碳体系，这是人类共同体的一个物质基础。但目前，可再生资源在能耗中占比非常低。

可再生能源包括太阳能、生物质能、水能、风能、地热能和海洋能，这都是一次能源，电、氢，这些都属于二次能源，需要靠消耗其他能源来获得。全世界各国都在根据各自的国情发展不同的可再生能源。法国是以核电为主；巴西是一个农业国，以生物质能源为主；德国担心核电，想发展风能和光能源，但是这些可再生资源还有很多的问题，需要政府的激励，需要创立一个完整的市场体系，剩下就是技术进步的支撑。

我们对于化石能源的依赖短期内是很难改变的，因此对碳基能源的高效利用是重大问题，不能像以前那样粗放式利用，这对化学提出了重大的挑战。怎么样才能把石油变成洁净的油品"吃光榨尽"，怎么样能把煤高效燃烧、高效发电、多联产及IGCC高效使用。我们正在尝试用介孔材料做一次能源高效转化的催化剂。每一

次催化剂的革命都会带来石油化工的革命。未来的能源，一定是循环的，需要地下的石油、煤炭等碳基能源洁净的转化和利用，新能源的开发也势在必行，基础研究要走在前面。

怎样能营造这样一个环境，让大家都喜欢科学，把我们传统的归纳思维上升到理性思维？这是我们需要做的。我们当然更需要从0到1，需要创新的思维，超凡的想象力，要有批判的精神。我们国家科学不存在"卡脖子"问题，技术确实存在着"卡脖子"的问题，科学不是。我们需要提倡学科学、用科学、讲科学、爱科学、挑战创新，用科学推动着我们的梦想实现。

冯建峰
解码人工智能新趋势

上海数学中心首席科学家
上海脑科学与类脑研究中心副主任
复旦大学类脑智能科学与技术研究院院长

人工智能（AI）是当下最具颠覆性和革命性意义的新技术、新方向，将对经济社会发展带来广泛而深刻的影响，特别是赋能传统行业，助力经济高质量发展和转型提升。当下，人工智能正在与以脑科学为代表的生命科学，以5G、物联网（IOT）为代表的新一代信息技术交叉融合。

∞ 从生物脑到人工脑

学界将大脑称为科学最后的堡垒。人类能够上天入地，潜下深海，但对于大脑，还知之甚少。从2013年开始，欧盟、美国投入巨资研究人的大脑，核心问题就是想弄清楚大脑到底是怎么工作的。实际上人工智能研究所有的原创性想法，都来自对大脑的研究。我们希望，脑科学和类脑科学能真正给我们带来下一代人工智能，进而为产业带来巨大的革命性变化。

上海目前参与脑与类脑研究的中心包括本市各所高校、中国科学院上海分院，以及长三角地区的一些高校。复旦大学一直有个信念，想推进"ABC脑"的研究，A就是Artificial brain（人工脑），B脑就是Biological brain（生物脑），另外，要有智能，只靠个体的大脑也不行，所以还有C脑Collective Brain（群体脑）。我们希望通过类脑智能的研究引领人工智能研究。发展下一代人工智能，人脑是最好的老师。

生物脑

我们先从生物脑说起。人的大脑平均约有864亿个神经元，每个神经元还和超过 1000 个的另外单元有连接。为了研究如此复杂的大脑，我们使用了很多数学方法，来研究大脑到底是如何工作的。

复旦大学在张江拥有亚洲最先进的国际脑影像中心，其中有几台先进的核磁共振仪器，可以观察大脑到底是怎么活动的。我们可以观察受试者的梦境，看见他的梦境中出现的是男是女，是讲英语还是中文，还能知道他在想什么。

除了"读心"，通过这样的仪器，我们还想理解大脑是怎么工作的。前些年，通过核磁研究了一些受抑郁症困扰的人。发现普通人脑里有一个网络，它负责憎恨，但抑郁症病人这个区域的连接却变弱甚至消失了，这表明，人需要有正向的情绪，但同时也需要负向情绪，只有两者达到平衡人才能保持健康。在这之后，我们针对正向和负向情绪之间的平衡展开了进一步的研究，从而找到了抑郁症的病根。一个加拿大团队选择了我们找到的靶点，不用药物干扰，就能降低抑郁症病人 50% 的症状，难治型病人可以降低 30% 的病症。我们很高兴，通过看到大脑到底是怎么工作的，发现大脑治疗的一些方法。

我们还针对烟酒、寿命、运动、语言、睡眠等对大脑的影响，开展了一系列研究，形成了一些有趣的发现。总体上，对生物脑的研究，现在非常热。

人工脑

再来看看生物脑跟人工脑怎么连接？事实上，今天的深度学习，主要是模拟人脑（猫）视觉系统的识别过程，但人的高级智能，很多并没有包含在今天的人工智能模型和深度学习算法中。由此，包括谷歌的 DeepMind 在内，世界上很多公司希望像拼积木一样，继视觉系统之后，再将大脑中的情感、听觉、触觉等网络，慢慢拼出来并组装成大脑，从而形成比今天的人工智能更智能化的系统。

人脑最大的两块"积木"是左右半脑。我们知道，右脑主要是处理一些低频的信号，左脑是处理高频的信号。复旦大学的团队就利用人工神经网络和深度学习方法，打造了左右脑的深度学习网络，可以根据人的步态来进行身份识别。去年，它的步态识别精确度已经达到了 95%；在步态的基础上，加入语音、表情等信息，就可以用来识别抑郁症患者。

现在还有另外一种研究思路，就是我们能不能不要一步步地拼积木，而是用计算机和数学方法，把大脑一下子搭出来？这是欧盟脑计划的主要目标，也是我们团队的工作计划。我们想通过数学方法，利用世界上最大的计算机集群，搭一个拥有 1000 亿个神经元的脑网络。有了这个人工脑，下一步就可以给它接上眼睛、耳朵、双手，使得它能跟环境互动。我们目前正在搭建这个全脑计算的软硬件平台。

今天的人工智能的确给我们带来了很多变化，但目前深度学习只是学了人脑信息处理机制中的非常初级的一步，我们才刚刚开始，距离真正的通用智能，还有非常长的路要走。人工智能之父阿兰·图灵的梦想是，让机器也能和人一样思考。计算机之父、数学家冯·诺依曼的设计，构成了当今计算机的主流架构，将信息处理与存储分开，但人脑并非如此。冯·诺依曼去世后，留下了一本没有写完的书——《计算机与人脑》。我们的类脑人工智能研究，就是希望借鉴人脑处理信息的方式，通过硬件、软件或算法等方法去再现这种处理信息的方式，我们希望能够把冯·诺依曼的这本书再续一章。

凌鸿

从今天起，你要开始建立 5G 思维

复旦大学管理学院教授
复旦大学智慧城市研究中心主任

通信能力体现的是国家的一种竞争能力，5G 是整个新基建重要的基础。未来 5G 会极大地改变我们的商业环境。

5G 是一个"灰犀牛"事件

简单地说 5G 是第五代移动通信技术，但实际上我感觉不能把它仅仅理解成一个技术，更多的，它让我想到一个词："灰犀牛"。

"灰犀牛"事件是指那些大概率会发生且影响巨大的潜在事件。区别于我们说的"黑天鹅"事件（小概率会发生但影响巨大的危机），我觉得 5G 具有"灰犀牛"事件的特性。

第一，可预见性。5G 的影响都是能预见到的，而这种影响不发生在今天，是未来某一个时间点上将会发生的，所以具有未来性。而且这种巨大的影响也不是一下子就出现的，更多的是渐渐显现出的，它具有渐变性。假如要解决这类问题，我们一定要提早做准备。

大家知道，现在医院有好多信息系统，没有信息系统，医院是运作不起来的。疫情期间，火神山医院的建设，5G 就起到了巨大的作用，快速地提供了宽带通信服务。但如果我们没有在 2015 年对 5G 进行整体布局，把它列为国家的战略，5G 是不可能在 2019 年实现商用的。

5G 的应用需要产业链的布局，这个产业链很长，产业链的根在哪里呢？在国

际电信联盟。他们负责制定一个移动通信的标准。有了标准，才会有基础建设，包括我们整个国家网络的规划、网络的建设，基站系统建设等。这些建完以后才有运营商提供服务，终端商提供终端的设备，之后才有应用的场景。我们今天探讨 5G 如何改变我们的商业，更多的是在应用场景上去思考的。

中国在 5G 方面的战略优势在哪里？5G 在中国比较热，是因为有了新基建战略，5G 又被排在了新基建战略的第一位。

新基建的提出，跟整个中国发展的战略是密切相关的，中国整体发展战略实际上从 2015 年开始就做了转变，进入经济发展新常态，从粗放型发展向质量型、科技型发展转变。其中有一个非常重要的改变，就是提高科技创新竞争力。在这样的大背景下面，5G 发展的趋势会更加明确，而且会越来越快。

如何正确应对"灰犀牛"事件

中国有集中资源、精力办大事的制度优势

中国在发展 5G 过程中有天然的优势。5G 的建设是大投入，产业链非常长，所以也需要动用非常多的资源，中国有这样的制度优势，那就是集中资源办大事，集中精力办大事。新基建战略一出，各省市都开始行动了，很多省市都来找我们规划新型智慧城市，计划怎么用新基建带动城市的发展。

中国市场 5G 的应用场景需求很大

中国市场非常大，人才有优势，资源也很多，5G 的应用场景需求也很大。而且中国在 5G 方面的专利占全球 4 成多，在发展 5G 过程中已经积累了大量的技术优势。

中国文化非常包容这样的新科技

更重要的是，中国文化非常包容这样的新科技。曾经有个调查，中国老百姓对新科技的接受比例大概在 53% 左右，而全球的平均比例大概是 29%，所以我认为中国在 5G 方面的竞争优势会越来越强。

面对"灰犀牛"事件，一般会有五个应对步骤：第一步是意识到它，了解它，承认它；第二步是评估它；第三步是执行；第四步是转危为机；第五步是"骑在牛背上看未来"。今天来参与我们沙龙的同学其实都意识到、了解到 5G 了，基本上也都承认了它对我们的影响。

这其中的第二个步骤,是需要我们在课堂上理解和讨论的,就是如何评价它,确定它的性质,评价影响的轻重,确定如何发展。

我们知道,企业的成长过程通常是一个 S 形的曲线,在企业保持持续增长趋势时,我们就要想办法找到第二增长曲线。第二增长曲线的发现有很多方法,其中有一条与技术相关的就是要技术创新,也叫"拥抱技术"。如何面对 5G？就应该运用技术创新的思路。

技术创新也有技术创新的逻辑,任何一个新技术的出现,一定有它的新特性,新特性一定带来新的能力。当我们在商业上去应用这种能力,就会改变商业的假设；有了改变商业的假设后,就带来了转型、颠覆和创新。

如何正确应用 5G

今天我们谈到 5G,你可能会问两个问题,5G 技术新在哪里？这些新技术对我们有什么影响？ 5G 的标准是根据场景来定义的,有以下三种场景。

增强的移动带宽

增强的移动带宽,是 4G 的 100 倍,大家不要小看这个特性。量变会引起质变,带宽提高到一定程度,就会导致事情性质的变化,在这种环境下,会产生很多内容丰富的应用。

技术的可靠性

高可靠、低延迟。技术进步使得网络的反应速度更快了,且具有很高的可靠性。技术的可靠性有时候比人更高,比如现在的人脸识别,比依靠人的识别度还准。在未来无人驾驶汽车可能比我们人驾驶更安全。

大规模机器通信

这也可称为海量物联网。5G 环境下,"万物互联"。大家有没有想过,当物体互联以后会产生什么？连接是人社会性的体现,连接产生了互动,互动就产生社会,进而出现智能化。所以可以想见,当万物都有了这样的智能,万物都能根据环境决定自己行为的时候,这个世界将会变成怎样？我们可以把这样一种能力定义为"黑科技",这是以往没有的,其颠覆性不言而喻。

有了这样一些基本理解以后,我给大家提个醒,从今天起,你要开始建立 5G 思维,5G 的思维与信息化管理的思维非常类似,就是认清今天的形势,调整战略规划。规划分三层：一层是改变商业战略的调整，另外两层是改变系统战略的调整，改变技术战略的调整。其中，商业战略和技术战略的调整须利用5G的思维方式来实现。此外，须建立5G的技术理念，也就是说，当你碰到某个相关的问题时，可以考虑5G技术能不能协助解决。从技术角度思考5G能够带来什么。任何解决方案都可尝试着从5G技术的角度出发，建立这样的思维方式，可能对你的帮助会更大。

王煜全

科创时代，做会用坦克而不是造坦克的人

科技投资人
海银资本创始合伙人
全球企业增长咨询公司 Frost & Sullivan 中国区首席顾问

任正非说过："让听得见炮声的人做决策。"今天就给大家汇报一下我听见的"炮声"，和我看到的未来趋势。

《失控》的作者、曾经是《连线》(Wired)杂志第一任主编的凯文·凯利来中国访问时，曾一直被问及互联网下一个赚钱机会在哪儿，被问得太多了，他说："大家都太关心明天下不下雨，但是都忘了关注未来会进入什么季节。"科技发展是有大规律可遵循的。

我们经常说，"不讲产业化时点的黑科技都是耍流氓"，所以我们会去清晰预测产业化时点。当然，这个预测不是一蹴而就的，科技产业不停地在变动，受很多规律影响，所以我们要持续去关注，抓住很多现象级的事件、重要的市场信号，来修正我们的预测。

 科技影响社会，分为三个阶段

前段时间，美国出了一则有趣的新闻：有一辆自动驾驶汽车上路被警察发现了，其实这部车并没有违章，但警察看到车里没人，立刻就把它拦了下来。美国的规矩是，警车在你背后一鸣笛跟着你走，你要赶紧靠边停车；自动驾驶汽车也很懂规矩，靠边停车，警察一看，车里一个人没有，那怎么处理？联系司机罚款也不知道找谁，警察就打电话给同事。自动驾驶汽车一看，警察不理我，偷偷起步准备"逃跑"，又被警察开车追上。自动驾驶黑科技的时代真的到来了。

小马智行和百度也在准备上市，中国很多地方也在放开自动驾驶研制试点，比如广州划出一大片区域可以用于无人驾驶测试。这个无人驾驶试点会持续多长时间呢？我和相关人士做过交流，认为在2025年左右会相对成熟。这正好和埃隆·马斯克的观点一致，他说，到2023年的时候会推出不带方向盘、不带脚踏板的自动驾驶车辆，正式销售将是在2024年。这种车辆一旦推出，根本没有人为操控的可能。

未来机器的价值、能力可能会远远超越人类，尤其是，机器在紧急事故的处理能力上要远超人类，这个趋势已经出现了。我们预判2025年左右自动驾驶出租车会在中国至少10个以上城市将会落地，上海作为电动车研制的桥头堡，肯定是首当其冲的。前段时间因为形势的问题，"滴滴"把自动驾驶这部分业务剥离出去，未来自动驾驶的发展趋势到来了，它还能不能熬得住呢？

另外有一点也业务值得关注：以前我们开私家车上班，要找停车场，一天下来停车费还很贵。未来可能是，你的车送你去上班，然后它就可以接活儿做出租运营去了，等到下班的时间它又回到你公司门口接你回家，晚上它还可以加个夜班出去跑运营，一天算下来可能你挣到两份工资，一份是你自己挣的，另一份是你的车给你挣。按照马斯克的测算，这样一辆车按照美国标准，每年能挣3万美元。如果你工作不勤奋，到时候挣的钱还不如你的车挣得多，那就不好意思了。

这个趋势看似好像很远，但实际上离我们已经非常近了。而且不仅仅是对产业，对我们社会生活可能都会产生一个颠覆性的影响。以前开车上下班是我们最难受的时间，因为堵车；实现自动驾驶以后，这个过程会成为最轻松的时间，你可以什么都不用想，坐在车上聊天、看视频、听音乐、网购，可以干很多事情，上班通勤时间变成了一个最快乐的时刻。未来的巨无霸企业会是交通出行服务提供商，而不是制造商，它的体量应该会超越中国移动。

科技影响社会是分三阶段的，第一是行为改变，第二是习惯改变，第三是观念改变，从交通出行方式的改变就能看得出来。自从汽车替代了马车，出行舒适度增强，我们也可以走得更远；人们开始从城里住到了城外，购物行为也跟着改变，可能是一周一次开车到大型超市囤货，沃尔玛就此崛起。这是出行习惯改变后带来的改变。

现在国内对很多互联网企业有一个不太正确的看法，很多人认为阿里、腾讯不是科技企业，其实它们推动的是科技应用。有个词叫"模式创新"，模式创新企业是深化前沿应用后带来的产物,推动前沿应用进一步深入的主体,当然也是科技企业。模式创新不是随时都能出现的,有一轮新科技才会带来一轮新的模式,模式创新能够比科技企业做得还大。当初有很多人搞计算机技术,但是做得最大的是阿里、腾讯,它们都是模式创新企业。所以,不要太排斥模式创新,模式创新是机会。每一轮科技带来行为改变的时候,都会带来习惯改变,会形成新的模式,模式创新企业就会崛起。我们可以不是科技专家,不懂技术没有关系,开发不出新型汽车没有关系,但是要看到汽车行业的发展趋势,分析这种趋势下,可以诞生什么样的企业,这是能够提前预期的。科技相当于"坦克",最重要的是我们要能打出闪电战来,做会用"坦克"的人而不是造"坦克"的人,所以,要掌握前沿科技的底层规律和趋势。

底层规律不是一蹴而就的,任何规律、趋势都要求我们系统性、结构性地看问题。比如,因为这次疫情,供应链会受到一定程度的冲击。硬科技是一个产业生态,而且供应链的链条很长,配合要求很紧密,有一两家企业跟不上,供应链上下游全受影响,都跟不上。而且这种影响具有滞后效应,不是立刻能显现的。这个影响像波纹一样会波动出去,不会立刻消失,而且会在供应链里持续出现和放大。

另外一个很重要的问题是,供应链受影响后,会给资金链造成影响。也就是说,在供应链产业当中,尤其汽车企业,可能会出现更大的亏损,一些小的供应链环节上的企业甚至会有破产的风险。一旦破产,供应链影响进一步放大,下一轮的波纹效应又会出现,形成前后的影响。我们对后续影响要持续关注,它会从物流上的影响变成资金流的影响。

我前段时间写文章呼吁,现在政府不仅要关注供应链恢复,还要关注供应链相关方企业资金健康发展的问题,也就是说,政府要提供一系列的贷款,低息或者是无息贷款,来支持供应链相关企业渡过危机。别忘了,如果你不支持某个企业,其实将影响的不仅仅是它周边的企业,而是一整条供应链。

 最近 50 年,世界首富大都是科技企业家

未来是一个动荡的时代,越是动荡越是要看清机会。严格来说,对于科技产业来说,还有另外两个必须要注意的影响:金融资本流动的大周期,还有就是社会影响。

这个时代为什么动荡呢？因为现在是社会贫富差距的顶点，全球纷纷出现"民粹主义"抬头的现象，这不是偶然的。全球头号对冲基金公司美国"桥水基金"的创始人达利欧的新书《原则2》，就是讨论资本和社会的关系，从较长的时间维度看待世界发展规律。但是很遗憾，达利欧先生不懂科技，这个世界的规律其实是由科技主导的，工业革命以来，科技主导了世界发展，一轮一轮的工业革命促进经济发展，资本是为工业革命配套服务的，社会变革受工业革命影响，也受资本影响。三个关系中，达利欧只说了后两个，他只看到了重复性的规律，没有看到趋势性的发展。科技是向前发展的，社会行为和金融资本是循环的，只不过每一轮循环支持的都是不同的科技。

科技推动社会发展，这是我们说的底层逻辑。说到工业革命，我们都会想起瓦特，但实际上瓦特并不是第一个发明蒸汽机的人，而是通过改良蒸汽机活塞的密闭性，使得蒸汽机能够商用化的发明家。类似的情况还有很多。瓦特的蒸汽机在工业革命过程中只是一个象征，工业革命的启动，实际上是大规模采用机械动力来规模化、批量化，甚至标准化地形成生产。珍妮纺织机利用昼夜不休的水力驱动，以此达到规模化生产，这是工业革命的起点。瓦特的蒸汽机解决了海运和铁路运输的动力问题，所以他解决的实际上是运输问题，而不是制造问题。瓦特这样的人物只是一个象征。工业革命的关键任务是规模化生产，产业革命的规模化覆盖，不是依靠买个蒸汽机提供动力就能解决的，而是需要通过接入外面的电网给自己供电，从而形成规模化的浪潮。美国之所以能超越英国成为世界上最强大的国家，是因为它赶上了工业革命制造的规模化浪潮。这之后，世界首富基本上都是科技企业家，比如洛克菲勒，投资原油的冶炼技术，规模化建设了冶炼厂炼制汽油，在当时是最前沿的，他成了巨富。埃隆·马斯克也是如此。特斯拉技术不是他的，Space X技术更不是他的，但他知道利用资本的力量、产业优化的力量，使技术被市场接受，这是科技企业家的力量。美国达特茅斯学院的迭戈·科明（Diego Comin）教授曾说过，一个经济体的发达程度，不取决于这个经济体引入先进科技的速度，而是取决于这个国家运用科技的深度。中国的科技发展还算领先，经济还算发展得不错，和移动支付的推广、高铁的普遍应用都是有关系的。科技要真正给社会带来价值，需要形成广泛的覆盖，才能够推动经济强大起来，这是一个本质规律。

科技企业家推动了世界和平

如果观察过财富排行榜你们会发现，近50年，财富排行上的首富大都是科技企业家，为什么？工业革命以前，创造财富靠的是占有和掠夺，这背后最大的一个问题是零和博弈，盘子一共就这么大，你有我就没有，你多我就少，于是为了分配问题大打出手。马克思讲过，如果有200%的利润，资本家就会蔑视法律。后来大家发现，有个不需要违反法律的办法，就是规模化生产和规模化销售。工业革命将这两件事结合到一起，并形成和先进科技产品必然匹配的机制，最终使得一轮一轮出现的世界首富大都是科技企业家。这是一种和平的推动世界进步的方式，是用规模化提供科技产品，使得大家的使用效率都提升，使用深度都增加，全社会效率当然都提升了，财富都增加了，盘子越来越大。它是一个正和博弈，越来越多的产出，给社会带来越来越多的福利，引发越来越大的社会进步。工业革命以来，因为有新的社会推动方式，才推动全世界的经济进入了一个指数级增长阶段，所以说，其实是科技发展，尤其是科技企业家，推动了世界和平。

雷军说过一句话：站在风口上，猪都可以飞起来。很多人经常讨论科技风口的问题，有些人就会抵制，说科技没有风口，我们应该扎扎实实做科技的事。但是从整个大的格局来看，科技就是有风口的，工业革命一轮一轮都是风口。关键不是你觉得有没有风口，而是要能掌握科技的周期性规律。推动科技进步，是一次一次的周期性推动，但是每一次的推动力都来自当时的新科技，都是不一样的。最早的科技革命推动力是蒸汽机，后来是电气化，是电网。现在我们都知道，科技革命推动力来自互联网，来自人工智能。今天很多人已经不把福特当科技企业了，为什么？它掌握的是100年前的老科技，T型车在当年绝对是最前沿的科技，只不过科技必然有周期性，现在燃油车不再是什么新科技了。

科技推动社会进步有一个周期性规律，它是重演的，每次的推动都类似。此外，每一次推动的动力是向前进步的，不会重演，只会越来越深化，而且要注意，它的动力有一个转折，以前动力是实体性的动力，现在动力是虚拟化的动力，数字化的动力。数字化的动力和实体化的动力有本质的不同。这是个大变局的时代，未来30年，我们预期世界发展，尤其是中国会进入发展的黄金期。

但是很重要的一点值得注意，发展的黄金期之前，一定是个动荡期，动荡期有多长？我原来预计比较乐观，很短，但是现在看起来会比我预计的要长，很可能长达数年，我们还在持续观测中。但是波动期以后，那个"黄金年代"一定会到来。

我有个朋友说过一句话：现在是困难时期，我们要尽量节省开支，争取让自己活下来。但实际上，很多时候我们为了活下来，会改变行为方式，可能在旱季我们为了活下来，把自己改造成了仙人掌，但是当雨季来临的时候，仙人掌首先被雨水泡死了。活下来的规律和成功的规律是不一样的，活下来需要节衣缩食，需要了解资金的流动性不要断。但是成功的规律就一定是要高速成长，按照领英（LinkedIn）创始人里德·霍夫曼的说法，叫"闪电式扩张"，就是说要全力奔跑，每年倍数式成长，任何的领军企业一定经历过若干年的倍数增长阶段才能够成功。

 当好仙人掌，但别忘记雨季终究会来

在这里，我给大家稍微提个醒，未来，至少在我能看到的三五年里，你要做好当"仙人掌"的准备，但是不要忘记雨季终究会来的，高速发展的未来我们已经看得见了，一定要提前做好准备，别到了高速发展的时候，还在当"仙人掌"。

我们要了解规律，要回顾一下以前经历了哪些革命。（经济学家）卡洛塔·佩雷斯（Carlota Perez）曾提出，技术创新就是一种创新，这种创新是规律式推动社会进步的。但是他也略有欠缺，他对技术革命的本质不够了解。科技和金融的关系是卡洛塔·佩雷斯更强调的；关于金融和社会的关系，达利欧研究得更透彻。把这两个人的观点融汇到一起，对社会的理解就会深入很多，对全球的局势、未来世界，尤其是中国在科技产业上将会进入什么样的季节，也会有更深的理解。卡洛塔·佩雷斯提出，技术革命的扩散有不同的阶段，以互联网为例，最早是爆发期，像新浪、搜狐等都上市了，于是进入人人做互联网的狂热期，各种互联网应用开始蓬勃发展。后来出现转折点，应用太多，大多数根本不能赚钱，没有意义，互联网泡沫破灭。然后进入展开期、协同期，各个行业主动应用互联网，到今天就是成熟期了，今天任何一个企业不接触互联网基本已经不太现实了，连一个商铺都要和网络联系起来，这就是展开期、成熟期。每个时期相关的社会格局和资本格局都和整个科技的周期是合拍的、有关联性的。

我们现在正好处在转折期，就是崩溃重组的时期。为什么动荡？崩溃重组往往要好多年。上一次工业革命，最后集大成者是美国，它也是有一个阵痛期的，就是1929年的大萧条，大萧条之前，美国处于"咆哮的20年代"（Roaring Twenties），风云激荡，当时和今天一样，各种新的应用、新的技术出现，大家对技术狂热达到了一定的程度。然后进入经济大萧条阶段，一直到二战，整个机制在战争的阴影下被迫高速运转起来，只不过是投入到对战争的支持当中，战争结束，整个经济才慢慢开始重新爬坡，大家才开始享受科技展开期带来的好处。注意，任何一个时代的科技展开期，都是黄金时代。

"欲戴王冠，必承其重。"我们现在的阵痛期将会是多少年？我认为可能不用10年，疫情造成的状况对我们来说，和当时的二战有点相似，也是进入紧急状态，使得我们崩溃没有那么严重。所以很多时候都要辩证去看的，疫情带来的也不全是坏的，对于阵痛期而言，可能是个利好，使我们能更快地跨过阵痛。但是现在看起来，为了社会的良性发展，我们在产业上做了一定的牺牲，这个牺牲后续会导致一定的振荡，会延续几年，不仅仅是中国，全世界都将如此。

美国国内有个政策比较要命，就是所谓美联储加息。加息之前，各界人士普遍对美国经济恢复预期非常乐观，但是一加息，大家预期就非常惨淡，认为会有下一个经济危机出现，可能不是崩盘式的经济危机，但是会萧条很长时间。其实从历史经验看，用加息的方式解决通货膨胀问题从来就没真正成功过，有可能加完息以后过了好几年，通货膨胀问题解决了，但是没有历史对照的数据，如果不加息，通货膨胀说不定会更快解决。加息不止损害一端，限制需求，还限制供应，这对整个产业都有损害，经济恢复乏力。

卡洛塔·佩雷斯把周期进一步划分，第一是物质的规模化，生产的规模化，物质革命。他认为，前几次革命其实说的同一件事，就是能够规模化的生产产品，注意，生产的是实体商品，一部分规模化的生产，一部分规模化的销售。第一次工业革命解决的是一个模式问题，持续不断地提供动力，可以规模化生产；蒸汽机和铁路的推广解决了运输的问题，解决了规模化销售问题，这也很重要，以前讲万恶的资本家把牛奶倒到河里不给人吃，他不是不想给你吃，是没有运送手段能够送达每家每户，不倒掉放在仓库里馊掉，问题更严重，还得清洗库房。

数据是今天的新能源

实体产品要实现规模化生产、销售，要能满足需求。大多时候，我们购买的并不是产品本身。我想要的是墙上的洞，而不是那个电钻。这是大家经常会遇到的情况，想要的是服务，但是却满足不了。科技企业家怎么办？学会把服务放到产品里，用服务直达你的需求。买个冰箱冰镇西瓜还是不方便，最好随时有冰镇西瓜吃。于是美团、饿了么外送服务应运而生，价廉物美的鲜切冰镇水果二三十分钟就能送到，就没有冰箱的需求了。2022 年上海因为疫情的原因管控，据说令很多"码农"很惨，因为他们习惯于所有生活必需品都是通过外卖购置的，家里没有冰箱，突然之间要自己过日子了，家里连冰箱都没有，就很惨。

我们正在进入一个服务规模化时代。二三十年以前要服务上门、快速响应，是不可能的，因为没有今天互联网的这些基础架构支持。美团、饿了么这些服务平台其实搭了一个基础架构，在此基础上才能采用众包的方式，服务于多个目标，平台经济才能成立。这个平台经济至少是互联网 2.0 的产物，1.0 的新浪、搜狐是做不到的，依靠手机、移动端的大规模的互动能力才能形成今天的服务规模化。在工业革命的时代，即使有大量的劳动力待在街上，你也不知道谁有什么需求，怎么去满足这些需求。我们正在进入另一个完全不同的阶段，要解决的不再是实体化产品的规模化生产和销售问题，而是人的经验、能力的复制与规模化提供。

前两天我和一个学者在讨论，他说：你讲的这些周期性规律我怎么看不到？我说：未来发展如果是线性的，就好预测；如果是非线性的、有转折的，就不好预测。以前我们通过能源消耗水平就能基本判断一个国家在前四次产业革命当中的工业化水平，这是实体产品的革命，基本上能源消耗水平和生产规模化的实力是相当的。现在，一个服务规模化时代正在进入展开期，各行各业都会被数字技术改写，大量人的经验首先被数字化、被共享，然后被人工智能所提炼，使得我们最优秀人的经验能够被复制，变成比人更强的经验，进行规模化输出分享。用现在的人工智能去判断医学影像，已经比专家都要好了，因为它汇集了专家的经验，超越了专家。而且这种复制也有实体硬件的基础，不仅是软件的支持。产品要被包裹到服务中。很多时候用户其实想要的是服务而不是产品，但生产规划阶段解决不了服务的问题，所以给我们带来了很多的问题。

生产规模化的时代，是把服务规划到产品里；而服务规模化时代，产品要被固化到服务中，卖的是服务不是产品，你的产品坏了不应该用户负责。车坏了，可能是交通出行服务商的问题，不应该由我们每个人掏钱修车，因为车坏不坏可能不全是消费者能决定的，是概率事件，有偶然性，凭什么偶然性事件摊到我身上就得由我负责呢？

那么问题来了，服务规模化时代的服务能力、服务水平用什么指标来衡量呢？它和能源并没有线性相关的关系。新的指标应该是数据的处理能力。数据是今天的新能源。

我们将进入创造规模化时代，创意平台能够使得任何一个人的创造力得到极大的释放。最简单的例子就是J.K.罗琳，她曾经是个穷困潦倒的单亲妈妈，连家里的取暖费都付不起，一部《哈利·波特》让她成了女首富。莎士比亚的文学成就那么了不起，为什么没成为首富？J.K.罗琳有两个平台支持她，一是电影业，另一是出版业，帮助她的创造力得以被规模化放大。

经历了四次工业革命，到今天，我们终于有了服务规模化的机遇。数字革命前几次的浪潮叠加起来，开始发挥最大效能了。我们正在进入大革命的转折期，革命的辉煌会给每个人带来利益。挺过阵痛期，未来会非常美好。

做会用坦克而不是造坦克的人

接下来讲讲未来的机会，首先要记住，大的格局是服务规模化，什么技术能够推动服务规模化，就要赶紧拥抱这个技术。中国人很多时候把技术的进步都归功于科学，这是片面的。科学对社会的贡献并不大，技术对社会的贡献才大，很多技术是可以没有科学在后面支持的。比如，集装箱技术对全球的经济贡献非常大，这背后没什么科学，都是技术。而且任何先进的科学，刚走出实验室的时候相对都是不完备的。什么叫科技企业？科技企业干的事就是在技术上、在数据上去把先进的、科学的原理和科学的结果调优，使得当前技术优势能够超越前一代的技术，这是一个调优的过程。调优不是科学家干的，是工程师干的事儿。像瓦特、马斯克，被我们记住的往往并不是科学家，而是利用先进的技术、先进的科学原理，做到性能调优，使得技术第一次可商用的人。人工智能、大数据、云计算这些技术，都是今天已经性能调优得差不多的技术。

科技企业家，核心问题不是你是科学家或者工程师，而是需要你懂科技应用，能使科技应用的效果发挥出来，能够打出闪电战。为什么我们每个人都可能成为科技企业家？因为你虽然不懂技术的原理，但你懂得技术可以带来的效果，懂得如何使用技术，尤其是复旦EMBA的同学，有很多的产业经验，产业经验和先进科技相结合，这是最佳的机会。任何一个产业被颠覆，往往不是外部的技术将其颠覆了，而是产业内部的人，产业内部的反叛者、革新者用外部技术作为辅助，颠覆了自己本行业。

所以如果正好有一个你熟悉的产业，那你就需要好好去了解前沿科技，已经成熟的前沿科技都在哪里？风口已经来了，你借助这个风口，颠覆你的产业里既有的势力，成为新的冠军、新的霸主，这是科技产业的本质规律。

未来成功者的特征是什么？以前说，成功者的特征是智商高，后来也有人认为情商高的人更易成功。现在你会发现，新的首富们，比尔·盖茨、贝索斯、乔布斯，他们情商都不高，但是为什么他们能成为首富？他们懂得利用智能机器为自己赚钱，我们称其为"机器智商高"。未来大量的智能化社区、智能化城市，包括机器人和人工智能，会变成我们的底层操作系统。

 中国未来要发展，要有一个适应科技创新的文化

在数字化大的背景之下，几轮的科技创新已经形成了一个大的潮流，将会以不可阻挡的势头改变整个社会，改变各行各业。现在我们还处在潮流蓄积的动荡期，水还在蓄积，我们既要了解现在的动荡，更重要的是要了解动荡之后的恢复，这样你才能把自己变成"恢复的一部分"。产业和资本现在是高度相关的。在科技企业1.0时代，像福特这样的公司是以投行作为支持，把别人的钱募集起来建厂。科技企业2.0时代是把研发引入科技企业，研发周期显著变长，但是数字式的研发生产不需要建厂，是利用风险投资商（VC）来支持研发的，持续给小企业提供动力。

现在，难度叠加到了一起。前期既需要很长的研发周期，后面又需要建厂，产品要固化到服务里，要有大量的数字化研究，也要有硬件作为服务的承载平台，前面要长期的投入，后面又要有一轮大投入，那"投行+VC"模式就不够了。所以现在我们在做这样的尝试，就是做产业资本，采用SPAC上市融资方式。过去是金融专家帮企业做上市，现在是产业专家帮企业做上市，他们能够挑出最好的科技企业，说它未来是赢家，以他们的信用做背书，大家愿意去投资它，这个投资是长期投资，不是拿了钱就走的，这样才能够使得科技企业最终实现成功。

科技产业发展的大格局，从导入期，经过振荡期，到展开期，会形成一个大变局。导入期的时候，主要是金融资本的投入；展开期的时候，产业资本投入。金融资本、产业资本的区别在哪？金融资本的核心就是：你拿钱投入，然后拿钱走人。但是，产业资本是不退出的，最后的价值的核算不是看清盘了以后兑换成多少现金，而是看拥有多少股份，股份值多少钱，关心的是企业价值。最典型的金融资本是巴菲特的伯克希尔·哈撒韦公司，当然他是用一种公司方式来操作的，但是这个公司长期持有别的公司，他没有别的经营，就是投资别的公司，而且是长期持有。伯克希尔·哈撒韦公司的市值怎么计算？拥有所有公司的份额，占有的市值是多少的加总，所以他投资的公司市值越大，他自己的市值就越大。

为什么人类在进化过程中超越了所有其他物种？大部分物种在进化中都无法极大地超越环境，狮子一定会和羚羊跑的速度差不多，如果说狮子的奔跑速度比羚羊快10倍，那羚羊就灭绝了，反之亦然，大家都会共同进化。但是，只有人类的进化比所有的物种都高很多，为什么？这里有一个文化的问题。文化是科技的蓄水池，同时也是科技的选择者。科技会选择更支持科技的文化，文化会选择更能让文化发挥作用的科技，双向选择，而且都能不断叠加，这种进步让人类超越了自然界所有其他物种。我们的进化由自己来主宰，文化、科技正好都有叠加的特性，所以造成人类的未来发展是无止境的。

我们从更大的尺度看，整个科技进步实际上是科技和文化协同进步，对我们来说意义在哪里？我们要开始关注什么？关注的是能够使得科技生根发芽、发展壮大的文化，所以我认为，中国未来要发展，要有一个适应科技创新的文化。西方过去的发展，就是有适应商业发展的文化，所以西方有个提法："Pro business"。今天以创新为主导的商业，是一个复杂的生态协作，所以我认为，中国未来要发展出一种文化来，叫"Pro innovation"，"亲创新"的文化，这与国外的"亲商业"文化不同，那只是一个冷冰冰的基于法律的协作，深度协作的问题靠律师是解决不了的。

珠三角、长三角开始慢慢形成了独特的文化，以能力为组织，以行业为组织，同一个行业里，大家协作形成一定的半紧密合作关系。这样半紧密的合作关系，特别能对复杂产品的生产、研发形成支持，这就是为什么中国连续成为世界制造第一大国的原因。我们也很相信，未来的科技还会从中国发展起来，你要知道未来将是一个什么样的季节，这个季节有什么样的规律，在这个规律基础之上，找到属于你的"闪电战"机会，利用先进科技打出你的闪电战，你就是下一个成功的企业家，甚至可能是下一个世界首富。我希望在未来30年黄金期里，下一批世界首富是从中国诞生的，希望是从我们复旦EMBA的学生当中诞生的。

● 教育为本

俞立中

我们要给孩子怎样的教育，才能让TA适应未来世界

上海纽约大学创校校长
原华东师范大学校长
上海师范大学校长

教育的改革和发展应该往哪个方向走，这是世界各国都在考虑的问题。我觉得教育变革一定要关注时代的特征和发展趋势，探索可以引领时代发展的教育模式，这是迫不及待的责任。

 在变革时代，什么是孩子的王牌竞争力？

说到竞争力，我们有三个主要的思考维度：时代的需求、学生个体的需求和社会的需求。

我们今天身处快速变化的世界，学生要有这样的思想准备：走出校门时，要从事到现在根本不存在的工作；使用还没有发明出来的技术；以解决我们从未想到过的问题。二十年前，我们有没有想到数字经济？有没有想过它会产生什么样的问题？我们所学的知识是滞后于时代发展所需要的知识、技能和素养的。

学生的个体千差万别，没有一种教育模式可以放诸四海皆准。教育只有提供更多的选择，才能让每个学生找到适合自己的学习模式，满足不同个体的发展需求。同样，社会对于人才的需求也是多样化的，要求培养模式的多样化。

今天我们处于一个什么样的时代，每个人都有自己的理解。我想从三个方面归纳一下当今时代发展的特征。

第一，全球化时代。

这个世界的联系越来越紧密了，也许当下有很多逆全球化的现象，特别是全球

疫情让世界的连接在很多地方出现了断裂。但是我相信全球化的进程是不会停下来的，经济、贸易、文化、教育的联系、政治上的联系等等，不会因为社会上面出现了这样那样的问题，全球化的进程就到此为止。在疫情过后，我们会继续往前走。

在全球化背景下，当我们的孩子走出校门，会和不同文化背景、不同教育背景的人在一起工作，这就涉及非常重要的核心能力：全球胜任力。如何来培养自己跨文化的沟通、交流、合作的能力，面对今天所遇到全球性的问题，如何能够积极地参与到这些问题的解决过程中，全球胜任力正在被越来越多地关注。

第二，信息化时代。

计算机、网络、移动通信技术的发展，从根本上改变了我们工作、生活，也改变了教育环境。人工智能、大数据越来越多地介入到生活的方方面面，数据、信息处理、理解、获取、分析等信息技术和信息素养，对于孩子来讲变得越来越重要。

第三，知识经济时代。

我们需要有终身学习的能力，不断发展知识、技能和素养；面对海量信息和各种机会需要有选择的能力；同时，需要有独立工作和合作工作的能力，后者在当下更为重要。

大家可以很清晰地看到当今时代对我们提出了新的要求，传统的教育观念受到挑战，传统的学习方法需要进行变革，人才培养的模式也需要有所创新，这就是培养核心竞争力的时代背景。

 教育观念的挑战

不知道有没有同学看过《终身成长：重新定义成功的思维模式》这本书，里面谈到两种不同的思维模式——"固定型思维模式"和"成长型思维模式"。一个人如果认为自己的智力和能力是一成不变的，而整个世界就是由一个个为了考察智商和能力的测试组成的，他拥有的就是"固定型思维模式"；如果一个人认为所有的事情都离不开个人的努力，这个世界充满了帮助自己学习、成长的有趣挑战，那他拥有的就是"成长型思维模式"。我们可以看到，应试教育实际上是在培养"固定型思维模式"。

如果我们把这两种思维模式面对挑战、面对变化、面对机会所持的不同态度和价值取向放在一起的话，可以清晰地看到这两种思维模式对于孩子的成长、对于一个人在职场上的表现会产生怎样的影响。

固定型思维模式（Fixed mindset）	成长型思维模式（Growth mindset）
规避挑战	欢迎挑战
痛恨变化	拥抱变化
老是关注限制	总是寻找机会
改变现状上无能为力	凡是皆有可能
不接受批评	珍视反馈、主动学习
喜欢呆在舒适区中	喜欢探索新事物
有时觉得努力无用	每次失败都是一堂课
认为毕业后无需过多学习	认为学习是终身的事业

拥有固定型思维模式的人是规避挑战，不希望有变化，认为很多现象是无能为力的，不愿意接受批评，喜欢在舒适区里面。而拥有成长型思维模式的人欢迎挑战、拥抱变化，总是在寻找机会，关注什么是可能的，要去改变那些"不可能"。拥有成长型思维模式的人珍视反馈、主动学习，喜欢探索新事物，以乐观的态度面对挑战，认为每次失败是一堂课，而且认为学习是终生的事业。

可想而知，今天职场一定喜欢拥有成长型思维模式的人。如果我们对孩子的教育能够建立在这样的观念上，努力培养学生的成长型思维，今天的教育会有很大的变化。

我一直认为考试本身没有问题，考试是检验教学效果的一种手段。但如果学习就是为了应对考试，学生把大量的时间精力放在记忆、背诵上的话，他怎么去发展成长型思维？而只是把自己的思维固化起来。没有思维能力，这是最可怕的教育效果。

这里我特别想用上海纽约大学常务副校长雷蒙（美方校长）在欢迎首届新生时说的一段话：

创造者、发明者和领导者不可能靠背诵和记忆别人的答案来创造、发明和领导。他们必须掌握为旧问题给出新的、更好答案的能力，必须掌握能及时发现旧答案已经不合时宜的能力，因为世界是不停变化的。

大学教育不只是给你们前人的智慧，不只是要给你们已有的知识，也不只是要告诉你们某个正确答案。大学应该把学生培养成出色的学习者，对事物充满好奇，并且懂得如何去加深自己对事物的认识。为了实现这个目标应该不断向学生提出非常难的问题，这些问题没有标准答案；应该教学生怎样发表精深独到的见解，同时也看到别人用同样精深、同样独到的方式给出完全不同的答案。

我认为这段话很好地反映了当今时代背景下我们应该如何实施教育，教育目的和手段应该怎么去适合这种教育理念的变化。

对于家长来说，如何通过家庭教育来帮助孩子确立成长型的思维？知识、技能、态度、价值观这几个教育维度，都是孩子在发展过程中必须要关注的。而最具长期支撑力的是孩子的世界观、人生态度和价值取向。所以在孩子的培养上千万不要急功近利，要更多地看到在孩子价值观的养成过程中，家庭教育所能发挥的作用。实际上我认为价值观、人生态度和价值取向并不是教出来的，而是一种养成，家长一定是第一任教师，无时无刻不在以自己的言行影响自己的孩子。

如果把人生看成是一场马拉松比赛的话，家长陪伴孩子的可能只有前三分之一，能起到的就是助推器的作用。当孩子走上社会，开始自己的发展，后面的路需要自己去跑，而他的人生观、价值观，是他后三分之二路程的前进动力，是决定他能走多远、多高的关键因素。

学习方法的变革

刚才讲到我们处在数字化时代，数字科技的发展深刻影响着我们的生活、工作和学习。我们希望构建一个课堂教学、在线学习、文化体验、社会观察、研究实践相结合的综合学习平台，来实现学习的变革。

这次疫情的发生，使得很多面对面的教学停滞下来了。但是学习并没有停下来，课堂是有限的，但是在线学习、社会实践是无限的。如果能拥有这样的学习观念，我们就给自己拓展了一个很大的空间。

培养模式的创新

关于创新，我一直讲创新人才并不是教出来的，但创新的素养是可以通过教和学来实现的。创新的素养我认为大概有这么几个方面：

① 科学视野、好奇心，这是一个最原始的动力。

② 学习兴趣，只有在兴趣的驱动下才能保持、探索主动学习的方法。

③ 实践、探索、试错。我个人认为实践是最高境界的学习，课堂上的教学实际上是教师通过自己的努力，把他已经消化过的知识再喂给学生，而实践则完全是第一手的。如果一个人能够在实践过程当中学到很多东西，那他是真正有学习能力的。我看到很多成功人士是在实践过程中慢慢提升他对事物的认知，在这个过程当

中不断地总结经验和教训，成就他的一番事业。

④ 批判性思维。批判性思维不是"吐槽""愤青"，重要的是不迷信权威。即使是一个权威的论述，放到不同时代背景、文化背景下，也许就有"瑕疵"，不那么完美。批判性思维永远会从质疑的角度面对问题，勇于挑战已有的认识，在这个过程中才会不断地创新、发展。

⑤ 人文素养。人文素养可以让孩子更好地提升社会责任感、对于人类社会未来发展的使命感。

⑥ 跨学科基础。能够把不同学科知识很好地交叉融合以解决问题，特别对于当前面对的全球性的问题，这是非常重要和非常必要的。

⑦ 全球视野和跨文化沟通合作能力。所有这些都是帮助孩子培养创新意识和创新能力可以做的事情。

基础教育如何和高等教育做好衔接

关于基础教育和高等教育如何做好衔接，我想从四个方面谈一下自己的认识。

第一，我们要保护好孩子的好奇心和学习兴趣。

如果家长能给孩子提供各种各样的机会，能够很仔细、认真观察孩子的兴趣、爱好、特长并让它得到发挥，我想这是家庭教育很重要的一个方面。如果让孩子在很小的时候就失去了学习兴趣，孩子未来发展是很痛苦的，家长也是很纠结的。

有一次做节目时美国考试中心的一个负责人讲了一件有趣的事：有家长问：我孩子4岁，学了2000个英文单词够不够？答：在美国是够了，在北京海淀区是不够的。孩子在学习方面起步得更早，是为了不输在起跑线上。

为此，不少家长喜欢和别人家的孩子去比较，让孩子参加很多特长班。现在很多孩子在学钢琴，但有多少孩子将来能够成为朗朗、李云迪这样的钢琴家？学钢琴的孩子千千万万，目的是什么？如果是为了成为钢琴家，大多是失望的。如果出发点只是通过学钢琴培养孩子的艺术素养，音乐兴趣，训练脑手联动，观察孩子的天分和兴趣的话，我想最后的结果无论对家长和孩子都会很不一样。

孩子的天性、天赋差别很大，学校是按照这个年龄段孩子的一般情况来实施教育的，不可能根据每个孩子的特性去设计。如果你把孩子个性发展全部寄托在学校身上，最后很可能是失望的。孩子的个性发展更需要的是学校教育、家庭教育、社会教育之间的互动和结合，而家庭教育就是孩子个性发展的重要基础。

第二,重新审视成功的定义。

在我和家长的沟通中,感受到了"焦虑"是家长很普遍的心态。我们一直在说"竞争",孩子是和谁去竞争?和自己竞争、和时代竞争,还是和周边的孩子竞争?很遗憾,今天竞争的对象往往是同代人,和隔壁人家的孩子竞争。适度的竞争对孩子的发展是有帮助的,有一个榜样能让孩子看到自己的不足,激励自己前进。但是,过度的竞争是拔苗助长,害了孩子。

今天,对"成功"的理解太趋同了,千军万马过独木桥。什么是成功?很多家长把"成功"定义为让孩子进一所"好"的小学,"好"的中学,"好"的大学,能进985或211大学,毕业后找到一份"好"的工作,就是成功了。如果大多数家长都是这么定义"成功"的,认为孩子只要进"好"的学校,找到一份赚钱比较多的、社会影响比较大的工作就是"成功"的话,那肯定是千军万马走独木桥,不是你挤我,就是我挤你,总有人被挤下独木桥。

如果不是以固定型思维模式,而是以成长型思维模式看待"成功"的话,实际上"条条大道通罗马"。在不同的学习道路上,在不同的工作岗位上,都可以得到我们认为的成功。实际上这就是价值取向多元化的问题。

今天一说到教育的问题,人们往往想到的是学校教育的失败,把责任都推到学校教育上。但是我一直认为,今天教育的问题是社会问题,是我们的价值取向出现了问题,价值取向太单一了。如果所有人都认为成功就是上一个好学校,找一份好工作的话,那么必定只有一小部分孩子有"成功"的获得感。其他孩子没有成功吗?"成功"取决于孩子和家庭对人生幸福的理解,对个人价值实现的理解,与获得感密切相关。所以在基础教育和高等教育的衔接过程中,怎么定义"成功"的概念,对于孩子的发展非常重要,对于家庭幸福也是非常重要的。

第三,尊重教育规律,循序渐进,培养好的学习习惯和学习方法。

教育应该遵循每个年龄段孩子的认知规律和成长规律。我觉得如果按照这样的规律走,就是我们所认为的慢节奏的话,我们不妨慢一些。家长对孩子应该更多地观察,因势利导,能够让孩子发挥自己的优势,走得更加顺畅一点,这样也许就会走得更快一点。作为家长,不应该给孩子设定太高的目标,设定很苛刻的标准,而要注重培养学习习惯和学习方式,千万不要养成拖拖拉拉,思想不能集中的习惯,会影响他一辈子。学习方法如果只是死记硬背,也会影响孩子未来的发展。

实际上,孩子成年后会自己做选择,家长应该尊重孩子的选择。如果家长心平气和地思考孩子未来幸福的话,重在底线思维。首先是身心健康,我想这是一条底线。今天不少大学生在身体上或心理上出现了问题,这是孩子的痛苦,也是全家的痛苦。第二是诚信正派,孩子应该为人正派,有积极的人生态度和价值取向,不欺骗,不犯法,做一个正直的社会人,我觉得这也是家长所期待的。第三自食其力,能够养家糊口。如果孩子能够在身心健康、诚信正派、自食其力方面都做到的话,我想作为父母责任都尽到了。至于孩子能走多远、多高取决于他的天分和努力,也取决于各种机会,以及他能不能把握好机会。

第四,重在培养孩子成长型思维模式。

鼓励孩子逐步明白自己的人生追求,并为实现目标而努力,不要随大流,有自己的判断力。我们要在孩子的成长过程中培养他们沟通、交流、表达、合作的能力,包括同理心、团队合作能力等等。

讲到这里我有四句话送给我们的家长,希望大家能够理解:

第一句话,适合的教育才是最好的教育,不要简单地去跟别人家的孩子比较。

第二句话,学习不只是发生在课堂里面。文化体验、社会实践、在线教育都是学习的过程。要把视野放宽。

第三句话,大学不是学习的终点。人要不断学习。

第四句话,专业未必是终身职业。很多家长会跟我讨论,孩子要考大学了,选什么专业?如果学哲学了将来找什么工作?其实,专业对口是体现了大学教育在精英化阶段时社会对人才的需求。今天高等教育已进入普及化阶段,高等教育更重要的是人的培养,然后才是专业的培养,所以专业未必是终身的职业。

 留学不再能完成阶层跃升,为什么还要规划国际化教育?

首先强调一点,国际化教育不等同于欧美教育。很多人一听到国际化教育就想到欧美,因为现代教育体系是从欧美发展起来的。显而易见,欧美的一流学校比我们走得更早、更快。对于如何规划好学生国际化教育的路线,可以有不同的思考。出国学习是一种方式,在国内高校学习,通过交换去国外学习一段时间也是一种选择,中外合作办学也是国际化教育的一种方式。

我们首先要思考为什么要让孩子去接受这样一种类型的教育?有的家长会说,我的孩子不适应或不喜欢应试教育模式;也有的家长希望孩子通过出国留学留在国外发展。我的体会是,国际化教育首先是文化理解、文化融合。我们要理解这个世界是由多元文化构成的，文化、教育背景不一样的人对同样的事物可能会产生不同的看法。能理解这种不同，并且求同存异，在不同文化之间找到共同点，并且很好地融合起来，认识一个完整的世界，这是人类社会未来发展的重要基础。国际化教育是在提升跨文化沟通、交流、合作能力的基础上，面对和处理人类社会遇到的各种复杂问题。我们要教育年轻一代，让他们能够看到完整的世界，这是国际化教育的价值之一。

我在上海纽约大学工作了8年，实际上我也是学习者。学生选择了上海纽约大学，在某种程度上是选择了不一样的人生道路和学习方式，充满挑战，但也有很多惊喜。主动学习会有更多的自我选择，对一个人的成长有着意外的效果。国际化教育帮助学生在更宽的视野下思辨，在比较、思辨的基础上构建积极的世界观、人生态度和价值取向。国际化教育强调的是兴趣驱动下的学习模式、重视实践，培养批判性思维能力、人文精神，创新能力和创新意识，重视信息技术的应用等等，这些都是国际化教育在努力探索的方面。

如果家庭条件允许的话，家长应该支持孩子在不同阶段出国看看，学习一段时间，能够在不同的文化环境里学习成长，对孩子的眼界、处事的能力、成熟度都有一定的好处，前提是孩子要喜欢，要愿意，千万不要逼着他们去做。

也有家长会问我，什么时候孩子出去是最合适的？每个孩子成长的过程不一样，禀赋也不一样。我个人认为当孩子扎下了中国文化的根，再选择出国学习可能更合适。面对多元文化，心里有了本土文化的根基，才会有比较的基础，能够更好地认识世界的发展。

在全球疫情不确定因素的影响下，加上中美之间政治和贸易的摩擦，家长们对留学前景有很多顾虑。我个人认为，目前到国外去学习会受到比较大的影响，但是学生的跨国流动、出国留学的趋势在相当一段时间里不会改变。如果发生大的改变，一定有某种根本性的变化，如中国教育有了重大的变化，或者国外环境发生了重大变化。

我的判断基于以下三方面的考虑。

首先，学生有需求。美国考试中心的负责人告诉我，每年准备出国留学的学生有几十万。这个数量很惊人的。有些孩子从幼儿园、小学就走了不同的道路，就是在双语环境里培养起来的。这些家庭做了这样的选择，是因为对目前国内教育体制的不适应、不喜欢，现在要改变方向是比较困难的。

其次，学校有需求。在欧美的一些学校里，中国留学生所占比例是很高的，对学校预算收入的贡献也很可观。很多一流大学已经明确表态，欢迎中国留学生。

最后，美国大学，特别是世界一流大学有自己的办学理念和价值取向，会积极捍卫办学自主权，不会轻易受政府影响。

如果中美对抗持续多年，留学情况会发生怎么样的变化？从地缘政治角度考虑，中美摩擦会长期存在。无论中方如何努力，试图建立新型大国关系，减少摩擦，美国当政者对当代中国发展仍然是有警惕性和恐惧感的，无论美国政府是谁上台，中美摩擦只是程度问题，策略问题。理性分析，中美两国关系很难回到改革开放之初，但也不会完全脱钩。

我不是地缘政治学方面的专家，只是觉得当下中美教育的合作越来越重要了。如果两国政治、外交上发生对抗，经济、贸易上出现摩擦，那么人文交流这条底线就越来越重要。而人文交流的两个主要方面是文化和教育。我们应该让两国青年学子有更理性的认识，应该有更多的交往，相互理解和尊重，求同存异，这是未来世界和平的希望。从出国留学来看，我认为，本科生和硕士研究生的影响不会很大，博士生的研究领域可能会受到一定的影响。相对而言，公费留学的影响会更大一点。这个看法是建立在目前美国政府不断变化的态度和政令之上的。

至于留学国别的变化，是否越来越多的学生选择不出国等问题取决于内因（留学目的、经济状况、国内教育改革和教育质量等）和外因（各国留学政策、地缘政治形势、国家稳定安全等），我们需要拭目以待。目前申请国外大学的高中学生会遇到一些变数，除了全球疫情的影响，地缘政治的影响，家长的心态也发生了变化。我想说的是，还有一段时间可以观察、可以考虑，不要过于焦虑。今天这个世界，"变"是绝对的，"不变"是相对的，审时度势，再做出理性的决定。

至于怎么理解出国留学的"溢价"？如果没有"溢价"了，为什么还要去规划孩子的国际化教育道路？我认为，光从经济上的投入和产出看"溢价"，这种可能性越来越小。如果指望孩子出国留学，可以在国外找个理想的工作，或者回国得到一个高回报的职业，获得更多的经济利益，不是在每位留学生身上都能体现的。但出国留学的目的远远不止于此，如：拓宽视野、提升跨文化交流合作的能力，增强人的幸福感；又如，对国内教育体制的不适应或不满意等。因为收获的目标不同，所以收获的价值也不同。这是价值取向的问题。

熊易寒

为什么中国的中产阶层更焦虑？

复旦大学国际关系与公共事务学院副院长
复旦大学—上海市公安局平安建设与社会治理研究基地主任

中产的焦虑是一个全球现象，这跟充满不确定性的世界里人们对于职业的不安全感有关。美国和法国的经济学家做过研究，经济不平等程度越高的社会，越会"鸡娃"，"鸡娃"带来的经济回报更高。中国的"鸡娃指数"要高于国际水平，在中国收入高的地方，教育回报比较高，这和人力资本回报有关，一旦教育投入收到的回报比较高，家长就会更加"鸡血"，喜欢灌输给孩子"出人头地"的理念。在中国，"佛系"的、会放任孩子、让孩子做自我管理的家长相对比较少。威权的、专断的、不太回应孩子需求，而会强势灌输自己理念的家长更多见。这种模式在经济不平等的社会里，占比显著高于比较平等的社会。看起来是文化的现象，其实有更深的经济根源。

中产阶层数量超过美国总人口一半规模，我们变强了，也变"焦"了

中国人口规模这么大，在这种情况下，容易给人带来非常强的被碾压的恐惧。中国的中产阶层按照比例来讲是比较低的，乐观估计大概是2亿人，保守一点大概为1亿人，占总人口比例不算高，比欧美社会低很多；但是从规模上说，全世界人口超过1亿的国家总共只有13个，中国中产群体的绝对数量已经超过全世界绝大多数国家的人口，美国总人口3.24亿人，日本总人口1.27亿人。我国的有钱人已经超过美国总人口的一半规模，高于日本的总人口规模，这种情况下带来的碾压感，对人的心态，对大家的生存状态，会造成很大的影响。

中国人的焦虑感比其他国家更强一些，但不意味着其他国家的人不焦虑。在美

国,"鸡娃"指数也很高,所谓的"快乐教育"是工人阶层的。我认识一个美国名校的教授,他孩子上的是精英学校,初中就已经在读《利维坦》。工人阶层家庭讲快乐教育,因为他们基本已经放弃了,再怎么努力学习,也很难与精英子弟竞争,精英阶层教育强度也很大,跟我们国家是相似的。著名的"虎妈"蔡美儿,就是耶鲁大学法学院的教授。大家关注她的华裔身份,却忽略了她的美国身份,老觉得她是华人代表,而忽视了她生活在美国社会,美国中产阶层也有"鸡娃"的文化。

社会走向精细分层,"凤凰男"就不吃香了?

为什么中国的中产阶层更焦虑?我提出个概念"精细分层社会",精细分层社会是在1998年形成的,1949—1998年,我们是一个扁平社会,没有那么细的分层,表现在以下几个方面:

1. 收入差距小,家庭财产少。当时的大学校长工资几百块钱一个月,普通工人的工资也有几十块钱一个月,差距不大,大家都没有私人的财产,大家都依靠单位分房。

2. 阶层混居。当时的住房通常由单位提供,像复旦老校长陈望道的故居,是变成纪念馆以后才单独围起来的,以前是跟其他教工宿舍连在一起的。校领导跟后勤员工住在一个小区,除了上下级关系还是邻里关系,现在很难想象。

3. 中低消费为主。当时的社会恩格尔系数高,收入的大部分用来吃,维持生计,消费商品都是消费它的使用价值。

1994年以后,我们开启了全面的市场化改革,企业改制、住房市场化改革,对财富分配产生了巨大影响。特别是1998年以后住房商品化改革。1998年以前,所有的房子都是国家提供、单位分配,听起来很美好,其实并不美好,分配要论资排辈,要长时间等待,住房面积很小。住房商品化改革之后,中国的社会阶层变得越来越复杂:收入和财产差距扩大。居民收入基尼系数基本维持在0.5的水平,更高的是财产基尼系数,收入基尼系数已经比不上财产基尼系数,因为收入差距虽然比过去大很多,但是财产对社会结构产生了更大的影响,这一点非常重要。两个大学教师,一个人在10年前买了房,一个人相信房价会下跌。后者现在可能有300万元的存款,但是他没有房子;前者花了300万元买房子,贷款210万元,房子现在可能变成价值1000万元。有房一族的财富增值速度显然更快,财产的重要性越来越彰显。

有一个概念叫"凤凰男",就是指来自农村或小城镇,接受过高等教育,留在大城市的人。他们受欢迎吗？在当下的婚姻市场上并不受欢迎，但是在20世纪80、90年代，这个群体非常受欢迎。那时来自农村的大学生很抢手，有一份体面的体制内工作，在外界看来，农村来的男生，说明能吃苦，能考上大学的，说明脑子聪明。因此"凤凰男"找的女方家庭条件都不差的。最重要的原因是什么？那个时候的社会分层取决于工作单位，取决于工资收入，而工资收入由什么决定？主要是人力资本。个人才能就是人力资本，人力资本决定收入，家庭没有那么重要。大家都没有太多财产，只要有一个好单位，就有发展前景的保证，很快就可以在城里置业，获得向上的流动机会，实现弯道超车，可以说"凤凰男"是潜力股。

现在"凤凰男"不那么受欢迎，最重要的原因是什么？因为在现在的社会分层里，工资收入的重要性越来越降低了，更重要的是家庭的背景，家庭财产很重要。譬如"拆二代"，家里有多套房产，工资收入对于他来说微不足道，他只是需要一个工作，对工资的依赖度非常低。这个时候"凤凰男"的受欢迎程度就大大降低了。

衡量社会经济地位最精准的指标：看居住小区

第一个表现是，在精细分层社会中，人们的财产性收入差距变得比较大。国家的统计数据对于财产性收入有低估，因为收入透明度很高，财产性收入透明度不高。对于一个特定职业，你虽然不知道其具体的收入数字，但你大概知道他的收入区间。但是现在财产透明度极低，房子越多的人越不告诉你他有多少套房子。

第二个表现是阶层的居住隔离。现在这个社会，如果按照一个人的职业和受教育程度来衡量他的社会经济地位，有时候并不一定完全准确。更加准确的是什么？你住在哪儿。一说你住在什么样的小区，大家就能判断出你大概属于什么样的社会地位。小区居民的社会经济地位往往差不多，越趋同的小区，邻里关系越融洽，跨阶层的居住相对来说比较少。

第三个表现是消费社会与消费区隔。中国人已经"拯救"了许多奢侈品牌，在它们即将破产的时候。你到奢侈品商店去看，都是中国人在排队，老外也形成了中国人都是"土豪"的印象，因为我们人太多了。2亿富人只要每年有10%出国消费，就会给全世界带来特别大的冲击力。奢侈品消费不是在消费使用价值，而是消费象征价值。

我们现在财产基尼系数这么大，最重要的贡献就是房价。炒房的主力军是谁？超级富豪炒不炒房？炒房对于福布斯富豪这样的人来说是"羞辱"。虽然他们的房子比我们贵，比我们大，比我们多，但是它占总资产的比重是很小的，而普通人呢？一般人房产可能占我们总资产的99%，甚至200%。

我们的社会分层越来越细了，同时它又是一种典型的中产阶层想象。奔驰车车主可能认为自己跟奥迪车车主有很大差别，甚至宝马530车的车主也觉得自己跟宝马525车的车主不一样。但是在社会更上一层的人来看，这些车都是入门级的；在底层人看起来则都是富人的车。社会上层的人和下层的人对于这些没有特别高的敏感度，但是中产阶层特别敏感，他们会把社会建构成一个"吐司"形状，会分得特别细。

中产阶层对社会分层的想象，主要关注在自己的阶层。他们也许会关注精英阶层的奇闻轶事，但不会与之比较，他们喜欢跟自己身边的人进行比较。这就逐渐形成中国独特的"鄙视链文化"：穿什么衣服，开什么车；看动画片也必须是英语原声的，你们家孩子看熊大熊二，我们的孩子怎么能跟你们的孩子一起玩呢？会把我们家小孩带坏的。

最优质的教育资源并没有随着中产阶层数量增加而增加，只是趋于集中化

中产阶层对孩子教育的投资很多。我过去研究农民工，农民工的家庭也很注重教育，他们会说：只要我的孩子能考上大学，哪怕念到博士倾家荡产、贷款借钱也会让他念书。中国的穷人对于教育的认识，肯定超过其他任何国家的穷人对于教育的认识。但是穷人对于教育的投资有限。

中产阶层不一样，他们有一些文化，受过比较好的教育，有一定的闲钱和时间可以在孩子身上进行投入，就会出现"抢跑游戏"。我们现在的基础教育有一个悖论，一方面学校体系在不断减负，小学三年级之前没有书面作业，没有考试……另外一方面，孩子的课外时间越来越多地投入到教育机构，现在的孩子学习强度很大，每天要"跑场"补课，周末基本没有休息。

农民工子女基本上下午4点钟左右可以放学，放学以后也没有什么事情可做，因为作业少，他们也不参加任何培训机构的补课学习。

但是，如果你是马化腾的儿子，爸妈还会"鸡"你吗？"鸡"不"鸡"都一样，没有任何产出。最辛苦的就是中产阶层的孩子，他们基本没有童年。

中产阶层家长的集体焦虑在哪儿？中产阶层的规模在迅速扩大，有2亿中产阶层，就意味着有2亿人在跟你竞争。但是实际上最优质的教育资源并没有扩张，这种情况在我们国家特别明显，中国优质的教育资源，比如上海，一直集中在徐汇、

杨浦等区，公办名校很稳定，不太变的，高中资源也一直在趋于集中化。上海现在什么格局？"四大名校＋七宝"就是所谓的"超级中学"。我是湖南人，湖南在过去有很多很好的县级中学，有的学校每年能有不少学生考上清华北大；现在不行了，本地但凡家里有点条件的孩子都到长沙上学，整个地级市都没有特别好的中学，长沙四大名校基本上把湖南的好生源垄断了，清华北大的名额在各省"超级中学"高度集中。家长当然焦虑了，以前在上海能考排名前20的中学都是很好的中学，现在必须进前5，才感觉这是好学校，这个给家长带来心理刺激还是非常大的。

一方面，教育资源越来越集中，另一方面，学校会强调减负，这就带来一个问题：学校教的内容太简单，按照这个教学难度，学生是没有办法进入"超级中学"的，因为"超级中学"如果按照这个教学难度去招收学生的话，是没有办法把最聪明、最优秀、最拔尖的学生选拔出来的。课业一定要有难度，才有可能把优秀的学生选出来。过去的很多"杯赛"就是为名校提供相对廉价又靠谱的信号的。

"超级中学"在很多方面已经跟其他中学有非常大的差别。精英的子弟和底层的子弟从很小就不一样，这造成了一个新的焦虑。大学里尽管还有小镇青年，但他们进入大学以后，容易觉得自己缺乏才艺、眼界，有些孩子就会产生自卑感。

为什么中产阶层更倾向于相信阶层固化？

"阶层固化"是非常流行的概念，谁最关注？中产阶层最关注。中产阶层对于阶层固化有一种执念，网络上关于阶层固化的文章转发得最多的就是中产阶层，农民工压根不关心这些。其实这个概念从学术角度上是没有办法度量的。

所谓阶层固化，是不是阶层完全不流动？肯定不是，除非禁止阶层之间通婚，禁止通过个人的努力改变自己的生活、改变阶层。确实现在社会流动速度在变慢，这是不是阶层固化呢？很难说。按照这个标准，全世界都处于阶层固化，只要这个社会是趋于稳定的，它一定是社会流动性减速。稳定的社会里，父母的优势在一定程度上被传递，包括智商，包括个人的素养、社会资源、财产、社会关系网络，这些东西都会被子女继承。所有的社会流动都在趋缓，美国人讲"美国梦"处于危机当中，也是这个意思。

社会的流动方式有两种，一是短程社会流动，一是长程社会流动。长程的社会流动大家很关注，这虽然很令人瞩目，但是因为人数太少，对于社会结构的影响是很小的。另外一个就是短程的社会流动，从农民变成一个工人，从工人变成科长、车间主任,这种流动距离比较短,大家一般不关注,但是对于社会结构有很大影响。一个社会要从金字塔的结构变成橄榄型的社会,变成中产为主的社会,就需要有更多的蓝领变成白领、工人变成中产,虽然它的距离不是很远,但因为规模巨大,所以它对于社会结构的影响是非常大的,可以重塑我们的社会结构。

我们讲阶层固化的时候往往忽略了短程的流动,为什么中产作为一个既得利益者,对于阶层固化特别敏感?一个是地位错觉,就是主观和客观上,对于自己处在什么样的社会阶层位置有认知偏差。农民工对于自己的地位感知会偏高,因为他比照的对象是自己村里的那些亲戚朋友;中产则倾向于低估,他们比较的对象是城市的朋友或者研究生的同学,或者自己的直接上司,低估使得他对于所谓的阶层固化特别敏感。

在观念层面,中产认同社会流动;在现实层面,又担心自己成为社会流动的受损者。他们对于社会流动有一种抽象的认同,认为社会流动代表着社会充满活力、向上、积极。但你一旦问他们愿不愿意农民工子女和自己的子女同校、同班,成为自己子女的同桌,他们的回答都是趋于否定的。一方面大家认同社会流动,另一方面又担心自己孩子可能会被社会流动冲击,所以认为还是应该有些门槛,应该禁止一些可能对于我们社会阶层地位产生冲击的因素。

中国人对于平等的偏好:更强还是更弱?

对待平等问题,中国人的心态其实是非常复杂的。和欧美人相比,我们对于平等的偏好是更强还是更弱?

一个有趣的例子:在美国感恩节期间,由于品牌销售的折扣很大,顶级品牌价格和二线的品牌价格差会缩得很小,价差最小的时候可能仅仅是100美元的差距。那时候你会发现,这个折扣力度对于中国人和美国人的刺激作用是不一样的。中国人纷纷去买一线品牌,多花100美元消费升级,这等好事上哪儿找,中国人非常积极地购买。

但是美国很多白人中产不为所动。难道是因为他们数学不好?我跟他们聊,美国人会说:不是买不起,而是我买了以后同事会认为我升职了。在他们看来,你的服装如果和你的老板是一样的,这是逾矩的、不可接受的,但是中国人不然,最基层的员工都可以穿名牌服装,自己开心就行了。

中国人其实有非常强的平等主义倾向的,我们很早就没有贵族社会了。但是与此同时,我们的特权观念也很强。一方面对于平等有非常强的诉求,但同时特别能够容忍特权，所以我们是一个矛盾的综合体，渴望平等也渴望特权。

中国的中产阶层有非常复杂的心态，我称其为"三副面孔"：日常世界里的中产阶层，公共舆论里的中产阶层，集体行动中的中产阶层。日常生活里中产最关注的就是"房子、孩子"，能够投资并且确保收益的就是房子，缺乏其他的渠道。在公共舆论中，有两股力量很强，一是愤青，另一个就是中产阶层。中产阶层特别希望中国体制保持稳定，他们是主流媒体的主要受众，他们的价值观和社会态度基本上主导了整个舆论，主流媒体就是为中产阶层生产新闻。

中产阶层对于很多涉及自身财产安全的事，行动是很积极的。意识形态上中产阶层整体偏保守，会跟国家共享很多意识形态，他们对待钉子户的态度比政府还要不友好，因为这些人不拆迁影响了整个片区的生活品质、档次和房产升值。但是中产阶层也经常把自己的利益放在神圣不可侵犯的地位，杨浦区某个小区里面曾经有一个闲置的物业，后来被养老院盘下来了，但是小区居民表示反对这种做法，因为养老院里经常会有老人过世，晦气，会影响小区的房价。这种对于养老院极度不友好的态度在全世界都很难看到。

打破中产阶层的焦虑，需要营造多元的价值观

中国的中产阶层焦虑症跟中国社会结构的变化密切相关，主要因为我们的社会阶层的"梯子"越来越长了。原来梯子短，你就不那么焦虑；梯子长了就有焦虑，会患得患失：孩子究竟应该在家门口的学校上学呢，还是送到顶尖的民办学校去呢？穷人生活很苦，但是不会很焦虑，因为他们的自由度相对较低，别无选择。当面临两个或者两个以上选择的时候才会焦虑。

中产阶层在社会结构当中的重要性越来越突出，但是他们的价值体系和能力体系并没有建立起来，处于物质主义价值观和后物质主义价值观的交锋、更迭地带，他们有拜金、攀比的一面，崇尚竞争与世俗意义上的成功，也有追求个性和解放的一面，渴望从无休止的社会比较和同侪竞赛中解脱出来。

后物质主义追求个性，认为不需要跟别人比较，只要自己幸福开心就可以了，不需要把别人作为参照系，这个心态中国人还没有完全形成。"北大屠夫"陆步轩，当年被报道出来特别轰动，大家觉得北大毕业怎么能去杀猪呢？我们孩子还没有进北大呢，你就把我们的梦想摧毁了！后来有个北大校友很聪明，在中国有名气就是有流量啊，流量就是财富啊，于是给陆投资，合作创立了一个品牌叫"壹号土猪"。

这个创业果然很成功，之后陆步轩回北大演讲，第一句话还是：对不起，给母校丢脸了。

其实就算他没有成为老总，只是一个屠夫，他也是一个值得尊敬的人，他用自己的双手养活他的家人，这是很有尊严的事情。而在我们的价值观看来，认为一旦接受好的教育就必须成功，不能接受失败；而"成功"只能用物质衡量，不能用其他的衡量。这说明我们的价值观还是属于矛盾、重叠、尚未成型的状态。

社会快速的变迁，社会结构不断精确化，有失败感的人越来越多，如果没有办法给他们一些出口和干预机制，很容易出现极端情绪。这种极端情绪从个体意义上说有个人因素存在，实际上还是跟社会结构有一定关系的。失业和投资失败的概率提高，有些人一旦到了一定年龄，很难再重新开始，所以针对失败者，相应的救助和干预机制很重要。

我觉得，以中国庞大的人口基数，要使焦虑消失不太可能，但是可以缓解。首先要解决社会福利问题，缩小社会不平等；其次是重塑后物质主义价值观，强调个人幸福感而非成就感、个人心态的平和、个人的幸福、个人对于价值的自我定义等。

刘京海

重返教育——让每个孩子成为负责任的成功者

上海市特级校长
上海市首届教育功臣
全国"五一"劳动奖章获得者

现在这个时代做父母真是太难了。"少数人鸡娃提升成绩,一代人鸡娃提升分数线。"我们不想让孩子这么累,但是又希望孩子能够发展成才,于是就产生了父母们一边怨声载道,一边乐此不疲的怪圈。而"双减"政策利刃出鞘,切断了这个怪圈,但是似乎没有办法从源头上切断家长们的焦虑。

上海市特级校长、原闸北八中校长刘京海一直致力于提倡"重返教育,让每个孩子成为负责任的成功者",何谓重返教育?

Q1:教育是把傻的人教聪明吗?

有很多人说"没有教不会的学生,只有不会教的老师"。希望把每一个孩子教好,这是一个理念,我们追求教会每个孩子,并不是说已经教会了每个孩子。

我们提出希望把每一个孩子教好,背景是在当年闸北八中成为对应全上海最差生源学校的情况下。当时闸北八中招收的学生,100个里有37个在小学期间留过级,对口的社区是上海120多个街道当中人均教育年限最短、犯罪率最高的社区,几乎家家户户都有人在监狱里。100多个学生的家庭,只有一半挂着无毒家庭的牌子。针对这种情况,我们提出了"三个相信"的教育理念,即:相信每个孩子都有成功的愿望，相信每个孩子都有成功的潜能，相信每个孩子都可以取得多方面的成功。

当老师再见到毕业后的学生，发现原来你就是瓦特，他就是爱因斯坦……陶行知说，这样的老师都是傻的老师。聪明的老师在教学生的时候，就发现其中有瓦特，有爱因斯坦。如果用这个标准去衡量我们现在的教师，绝大多数老师都是傻的。好学生一个都没看出来，坏学生看出来一批又一批，谁应该要留级，谁应该要被开除，谁3年以后、5年以后、10年以后就是劳改犯……所以说，我们的教育一定要有"相信"的理念。

我太太养过一条泰迪狗，她说这种狗很聪明，我说再聪明你教它说话能教会吗？教育一定是以遗传为前提的，一定是把潜在的聪明、遗传的聪明变为现实的聪明。

所以我们现在强调教育的零起点，母亲生下孩子的那一秒钟，起点就产生了，聪明就是聪明，超常聪明就是超常聪明。不要离开孩子的实际遗传条件来讲教育。遗传当然不是万能的，教育也不是万能的。不要以为你是教授，你的孩子一定当教授；你是科学家，你的孩子一定是科学家；你是大老板，你的孩子一定是大老板。

Q2：教育是满足孩子的需要吗？

"教育就是满足学生的需要"是比较流行的说法，我觉得这个提法是可以讨论的。教育首先是有目的的行为，不是讲个性，而是强调共性。离开共性、离开集体去讲个性、讲特长，就在害孩子。教育是有计划、有目的的行为，教育追求的是个性与社会性的统一，在集体的条件下再去强调个性，才会有发展，这是中国传统道德标准中就强调的。发展个性，但不要离开国家的需求、社会的需求去讲个性，那一定是成功不了的。

Q3：只有教的教育是错的，只有学的自我教育就是对的吗？

另一个流行的说法是，"教育让学生实现自我教育"。只有教的教育是错的，那么只有学的教育就是对的吗？大量贪腐的案例都显示，这些人只有自我管理，而缺乏组织对他的管理。只有自我管理要出事情的。

所以教育一定是教育与自我教育的结合，通过这样的教育才能实现社会化。教育是有限的，它要走向无限的学习。有人问我怎么能够培养孩子自己学习，这跟两个方面有关，一是跟家庭培养孩子学习习惯有关，二是跟学校的教育怎么引导学生自己去学有关。全世界的教育专家都在研究怎么从以教为主转向以学为主。

Q4:"超前、超难"是教育成功之道吗?

教培机构、民办学校的教学都存在一个最大的问题,就是"超前、超难",由此给专业学校基础教育带来了一系列问题。古有"伤仲永"的例子,早慧的儿童后来发展好的很少。为什么?因为教育是与成熟度有关的,大器早成是个案,大器晚成是规律。在西方的教育理念里有一个领域叫特殊教育,在中国,特殊教育主要是研究智力缺陷的残疾儿童;而在西方,除了把智力缺陷的儿童、自闭症儿童作为特殊教育的目标之外,把天才儿童也纳入了特殊教育范围。在我们国家目前没有把天才儿童放到特殊教育范畴里。家里有智力缺陷的儿童会很痛苦,但是有个天才儿童会更痛苦,孩子过目不忘、一目十行,也很难教育的。

为什么教育不要超前也不要超难?大家可以看一个双生子爬楼梯的例子。一对双胞胎,A 从 46 周开始训练,5 周以后爬 5 级楼梯只用 26 秒;B 没有经过任何训练,在 52 周爬楼梯需要 45 秒,这时对 B 进行训练,到 55 周爬上楼梯只需 10 秒。但是 3 岁以后再做测试,A 和 B 爬楼成绩完全一致。

新中国成立后,国家开展了扫盲教育工作,小学课程一般 2—3 年即可完成。人大了,接受能力强了,他很快就能学会。但是孩子没到那个成熟度,花了很多时间还是教不会、学不会,孩子付出了很多,家长也付出了很多,老师也付出了很多,不断地制造失败,有意义吗?

"不要输在起跑线上。"我认为这个口号是"最反动"的教育口号。我的口号是"只有输在起跑线上,才能赢在终点线上"。我们过去都很重视训练孩子的语言、思维,认为这是高层次的能力;其实针对小孩子应该重点训练他们的感统能力(感觉统合能力)、动作能力、小肌肉的平衡协调能力、大肌肉的掌控能力。上海市思南路幼儿园的院长郭宗莉,持续 10 年研究学生的动作能力发展,她的研究发现,感统能力差的孩子,长大了连中文都写不好。现在中国的大多数家长不让孩子做动作,不让孩子做家务,孩子整天玩玩具。实际上,一个人的自信不是源于别人对他的表扬,而是源于他对自己肢体产生的自信,一个人连自己的肢体都不能指挥,怎么会自信呢?

教育理念里有一句话叫"静待花开",有的孩子 5 岁就早慧了,有的人到了 30 岁智力才开始发展,我们不能说 30 岁智力才发展就是"傻子",5 岁的早慧儿童就是天才。我们办过很多天才儿童班,但是取得好成绩的孩子都很少。不同阶段的学生学习不同的东西是有道理的,多数学生都要尊重这个规律,适合的才是最好的。

Q5：面对单一成功的体制机制，家长应该怎么办？

不知道从什么时候开始，我们的教育功能在弱化，筛选的功能在强化。原因很复杂，其一是中国人太多了，其二是我们都希望快速出顶尖人才。这是对的，但是不要急功近利，把所有的孩子都当顶尖人才培养。

现在国内的教育出了一个大的问题，就是精英教育扩大化。精英教育没有错，精英教育扩大化错了。精英培养的基本力气都花在了对孩子的解题能力的培养上，现在选人标准靠的就是解题能力，解题能力强就成为精英了。这样一种筛选状况给孩子带来的伤害真的是很大的。须从课程教材改革、从评价体系改革入手，选判人的标准要发生变化。在这方面其实我们自己有经验，西方也有值得我们借鉴的经验，就是：不要统一标准，不要大家都往一个方向走，更不要家长把自己的想法强加给孩子。中国传统的说法叫"长善救失"，教书的人要发扬学生的长处，使学生优秀的方面更优秀，同时补救学生的短处。所以，我们要尊重教育规律，要能"发现"孩子，在发现的基础上教育，这个"发现"是基于教育过程中的发现，基于各种专业测量工具的发展，基于活动中的观察发现，最后要变成教育者发现，变成孩子的自我发现。

我们国家的整体体育水平提高很快，除了举国体制以外，很重要的因素就是有很多专业测量的工具。刘翔原来不是跨栏运动员，是跑 100 米的，教练发现他的条件更适合练跨栏，所以后来他成了亚洲的飞人。我最近才知道，在音乐学院，会有专门的技术测量唱歌的人是低音、中音还是高音。所以，我们的教育方向和方式，不应是仅仅依据孩子的爱好，更不应该是家长用自己的标准去要求孩子。

所以现在国家倡导要坚定不移地搞教学评价改革，我估计这应是一个比较长的过程，改革过程当中会面临很大的困难，但是至少我们现在知道问题出在哪里了，是需要进行改革的。2014 年国家发布高考改法方案前，来征求高考改革的意见，我说：取消文理分科是对的，但任何对的方案都是有边界的，基本要求是不可以分文科、理科，人人都要考；但是专业选拔时，是不可以不分文理科的，不是文理要分科，是文科当中要分科，理科当中要分科，工科当中还要分科。时间是个常数，如果学生多做数学题，就在英语、语文上花费的时间少了，所以每门课都好的是少数学生，多数人肯定是偏科的。我甚至说过一句比较极端的话：是人才肯定是偏科的，偏科才能出人才。文理兼修的人是有的，但第一，这样的人很少，第二，这样的人基本是先天聪慧的。我们的多数孩子都不是天才。

孩子考试成绩不理想，但在其他方面比较成功，这时我们要肯定孩子，把他的成功迁移到学习上来。当然，不是所有其他方面的成功都能迁移到学习上来的，迁移不成功怎么办？我们要给予肯定。孩子只要不变坏，长大后进入社会，发展的机会还是很多的，不能因为孩子一次考试不好，没有考进复旦大学，就判定这个人没有希望了。复旦大学的学生成才率比较高，但不等于人才都在复旦大学。

一个人的缺点很难改，扬长，才能避短。结婚以后，女同志老想改造自己的伴侣，但改造大都是失败的，还不如扬他的长处，如果有一天他的短处没有了，你会觉得：这是我老公吗？人不可能十全十美的，我们要"长善救失"。

Q6："读万卷书，行万里路"过时了吗？

现在中国的学校教育中，只有读书，很少行路。素质教育是对的，但是我们的相关的政策没有一条是支持素质教育的，都是支持应试教育的，素质教育很难落地。像我这样的老头子，可以不计较学生考试的分数，去探索学生素质提高的路径；但是你要让所有的校长都去研究怎么提高学生的素质，你一定要有政策制度、机制体制的支持。

我到欧美国家访问，发现欧美国家所谓先进的教育理念，没有一个是原生的，都是中国几千年前就有的。但是很可惜的是，我们把这些教育理念当成口号，而欧美教育界则将其变成了制度。欧美国家的学校里，孩子三分之二的时间在读书、解题；三分之一的时间是学习解决问题的能力，这两个学习加在一起，才是创新能力的基础。

我退休以后接了一个新的职务，"上海市教委素质化实践应用推广中心主任"，兼职不兼薪，干活不拿钱，但是我很开心，因为这个中心的研究真的对孩子很有帮助。我在一个小学、一个初中各做了100个素质化实验的案例，小学100个，初中100个，每一个实验案例加了一个二维码，扫二维码实验过程全部在手机上可以看到。这些案例和实验做了给谁看呢？第一，给老师看，因为我们很多老师不会做；第二，学生复习时可以再看，学生的动手实践能力得到强化。小学、初中、高中都要各做100个素质化实践，我们把这个叫作"上海数字化实践的300行动"。未来除了实验，中心还可以做大量项目学习的工作。

我曾经跟一个美国的老师讨论什么叫创新，我把我们学校的老师做的实验、学生做的实验给他看，问这是不是创新？他说这是创新。我说不对，没有新的发明创造，你为什么说是创新？他说你们的老师、学生用你们自己以往没有用过的方法去解决实际问题，这就是创新。我说我理解了，过程创新比结果创新更重要。

现在很多情况却是相反的。好多青少年大赛基本上不是老师的创意，就是家长的创意，而不是学生的创意。其实学生参赛不是追求发明创造，他是要用他自己新的方法去解决实际问题，其中要用到的是他的解题能力，而这两个能力正好是未来创新的基础。当一个孩子不断地在用自己没有用过的方法去解决问题，这个孩子总有一天会创新。我们的学习应该发生在多个领域，现在被窄化为一个领域，就是读书。学习应该是学知识、学做事、学做人。

 Q7：只有失败是成功之母吗？

我的成功教育课题第一次提出"成功是成功之母"。失败和成功在教育过程中是一定存在的。成功会导致自我概念积极，就是自信。失败会导致自卑，自卑了，主动性就下降，自信了，主动性就增强。中小学生的心理是很脆弱的，失败对他们的伤害是很大的，所以"超前、超难"教育的副作用是很大的。

当然，有的人说，不可能没有失败。确实如此，但要控制好成功与失败的比例，成功太多了，让他有点失败；失败太多了，让他有点成功，失败最后还是要指向成功的。有人说，通过挫折教育可以培养学生的耐受能力。那么，有哪一个老板是因为挫折受多了而成为老板的？没有的。在挫折面前能坚守的人，他的基本特点就是自信，而且是超常的自信。有两种可能，一个是遗传的，还有就是他在自己人生过程中形成了一种自信的人格。所以，所谓心理障碍、忧郁症，都是自卑造成的，这类患者绝大多数都是自卑的。狂妄的人有没有？也有的。所以我认为失败是成功之母，成功也是成功之母，对于学龄阶段的孩子，可能成功的积极意义更大。

所以，坚持教育过程中成功多于失败是教育的第一要义。极度的自卑就是忧郁了。为什么会自卑？因为失败多了。我认为，中国的孩子总体都是失败远远大于成功，所以中国孩子自信的较少。

 Q8：只有成绩好的学生是资优生吗？

上海闸北八中那时候招的都是挑剩下的学生，教师也是。我看中的教师，上面的学校肯定也看中了，所以我主张"三不抢"：不抢生源，不抢师资，不抢学生时间。有些校长讲：刘京海吹牛，他抢不到所以他不抢。我说：对的，我能力比较差，水平比较低，我们能做的就是，在原来基础上有所提高。

我认为，每个孩子都是资优生，有资优的一面，而且每个孩子的资优是不一样的。所以我们说的成功，是强调在原有基础上的提高，成功是多方面的。这也是我们中国古人讲的"有教无类"。资优教育，理念协同是前提，发现学生是突破口，路径方法是关键，人格培养是核心。

Q9：教育就是培养良好的习惯，在当下还适用吗？

我做过上万人的调查，100分考试中，得分在个位数的学生，调查下来他们没有傻的，没有智力低下的；智力低下的学生都是只能考十几分、二十几分，能考到个位数的学生大都是聪明的，人家"看破红尘"，不要分数。既然是聪明的人，怎么会考到这个分数呢？因为他们的学习习惯差。

美国当代著名的心理学家、教育家布鲁姆有一个关于掌握学习的定理，有效学习的时间决定了孩子掌握了还是不掌握学习内容，一个内容学了5个小时，有效学习时间有的人可能有3小时，有的人只有2小时。有效学习时间决定知识能不能被掌握，而好的习惯是决定有效学习时间的关键。要从小培养孩子的习惯。很多家长问我，怎么培养孩子习惯？第一是讲道理，第二是规定动作、顺序，要有检查的标准，然后就是"婆婆嘴"，天天讲、月月讲、时时讲。上课好好听课，回家好好写作业，预习、复习、提问，这都是在这两个习惯基础上产生的。我们的教育有一个最大的问题，就是前面的事情还没有做好，就做后面的事情，教育最大的规律是循序渐进。知识没有掌握，能力是不可能形成的，能力是以知识为前提的。

Q10：负责任是利他还是利己？

2015年高考改革，提出一个"立德树人"的问题，为谁培养人，培养什么样的人？我突然意识到，快乐也好，幸福也好，和谐也好，健康也好，必须讲定义，你可以为个人健康，也可以为家庭幸福。现在学习差的学生对自己不负责任，他们认为读书是为爸妈的，不是为自己；学习好的学生是利己主义者；学习成绩处于中间的学生，连对家庭负责的概念都没有。

所以我说，中国离婚率那么高，原因很复杂，离婚的理由千千万，归结起来就两句话，要么是男人对女人不负责任，要么女人对男人不负责任，男同志必须深深忏悔，多数是我们男人对女人不负责任。

责任心是什么？就是：利他，还是利己。我们的独生子女最大的问题都是"利己"。大家有没有听过盲人夜间行路打灯笼的故事？他自己看不见，打灯笼是让别人可以看见自己，也就不会被撞到了。所以"瞎子打灯笼"就是既利己又利他的事情。有人说，自然科学的很多原理在人文科学里面是同理可证，比如作用力和反作用力是守恒的，这是自然科学的规律；人文科学的解读就是，你对别人好，别人就对你好。在一个团体里，如果老是有利就上，有苦就推，周围所有的人就都知道了，这个人，不能跟他合作。反过来，如果一个人什么事情都谦让别人，时间长了，大家都觉得这个人是"模子"，值得交。平时不说，不等于看不懂。

利他目的不是为了利己，但是利他一定会有利己的结果。利他，是中国传统的思想，利他的核心就是负责任，负责任是利他和利己的统一。2000多年前我们的先哲说"修身齐家治国平天下"，"为人民服务"，不就是从中国传统思想来的吗？

负责任的成功者符合国家人才培养目标。我们在座的家长一定要教育我们的孩子修身齐家治国平天下，这不是讲大道理，实际上任何一个幸福的人，一个有成就的人，一个能够安稳生活的人，都需要这一点。培养负责任的成功者，是回归教育的本质，立德树人。

 Q11：如何确定孩子培养目标的关键？

我个人认为，家庭教育和学校教育最重要的是培养目标确定。要顺势而为，研究社会发展趋势和发现孩子。家长要回答三个问题：

1. 你的孩子在哪里？
2. 你想把他带到哪里？
3. 用什么样的教育可以带到那里？

我赞同一个观点，就是"田忌赛马"，宁做鸡头，不做凤尾。有一个学生跟我说，现在上海中学的升学情况是，50%的学生进普高，50%的学生进职高，所以很焦虑。我跟他说：其实，共同富裕的理念当中，一个重要的问题是什么？就是发展中国制造业。共同富裕，就要提高制造业工人的工资，提高体力劳动者的工资。你为什么一定要进前面的那个50%？不一定的。而且你有没有发现，制造业要发展，肯定是工程师、技工、高级技工的待遇要提高，实际上，现在这些人的待遇大都已经超过办公室白领了。

Q12："双减"之后怎么规划孩子的教育？国际学校还有前景吗？

有人问，补课到底对还是不对？我当校长这么多年，从教 46 年，有 36 年在做校长。我认为补课是一定要有的，学生有差异，补课补差是学校重要的工作，学校教育，下一步肯定是要加强补缺补差，要研究补缺补差的效果，要体现正规教育补缺补差的水平，另外还要研究有没有新的手段来进行补缺补差。

我现在专职做一件事情，就是信息化赋能教学，我们正在开发一整套学科的教学 App，来解决学生学习的问题。我的梦想是，相同的时空中，不同的孩子学不同的东西。我们的开发需要 5—10 年的时间完成，我去年在上海闸北八中跟老师们讲过一句话：我定一个 10 年的目标，我希望我能活过这 10 年，活不到开发成功，你们年轻人要接着去搞，因为我相信信息化的教育手段是有可能通过分层走向正规化的，现在的问题是，资源要跟上。

"双减"之后，我相信校外机构也不可能全部被消灭，因为是有需求的，但是如果其"太野蛮生长"了，正规教育将会受到影响，又使得资本冲击正常的教育。所以，学校教育要发挥主渠道专业的水平。

关于国际学校的问题，我觉得，首先投入未必是有回报的，其次，你的孩子以后出了国，可能就不回来了，等于把子女送给了外国人。如果你的孩子数学成绩不好，自我约束能力却比较强，你又不会担心他出国后不回来，可以考虑出国求学。关键是，一定要从自己孩子的角度出发，来判断这个孩子适宜在哪一种环境下成长。

● 布局发展

彭希哲

后疫情时代，重新审视中国社会的老龄化问题

复旦大学文科资深教授
复旦大学老龄研究院院长
复旦发展研究院常务副院长

截至 2022 年底，新冠疫情在全球累计确诊 6.6 亿，累计病亡 669 万。对于老年人和患有基础疾病的人来说，感染新冠和转为重症的风险较高。理论上老龄化程度较高的国家，新冠感染率、死亡率相对会更高。当然这也受到国家的卫生防疫系统、政府的行为、当地的文化，包括人们对隔离的基本态度等影响而产生很大差异。在这个时候讨论人口老龄化有一些特别的意义。

疫情冲击养老服务产业

应对老龄化是一个很大的题目，老龄社会形态的影响涉及一个国家经济、政治、文化的各个方面。我今天讲的主要聚焦在老年服务体系。

老年人的免疫系统比较弱，新冠病毒在这个过程中更容易通过肺部造成感染，攻击呼吸道的黏膜细胞，总体来说新冠最主要还是影响老年人。这次新冠疫情也暴露出社会对老年群体的忽视。

当人们面临公共安全危机，或者说面临紧缺资源在不同人群当中分配的时候，常常会看到对老年人的年龄歧视。国外曾经有个调查，当两个人都要做心脏手术，一个人 30 岁、一个人 70 岁，你觉得应当给谁先做？答案中有很高的比例认为，不应当有年龄歧视；但还是有近一半的人觉得应当先保证年轻人，老年人可以往后拖一拖。这实际上就反映了社会对不同年龄段人的心理预期和价值观，这直接影响到老年人的地位，以及有关老年人的公共政策、公共服务等领域的发展。

新冠疫情造成经济下挫，对养老产业有很大冲击。养老机构存在巨大的病毒感染风险，据《华盛顿邮报》报道，在美国，长期护理场所人口只占总人口的1%，但新冠导致的死亡占了死亡人数40%以上。隔离、消毒等使得养老机构的运营成本加大，资金链发生问题，甚至断裂，居家养老服务也由于社会拒绝隔离的事实陷入了困境。

疫情对于老年人也有其他的影响，比如说发生在家庭场景、护理机构的针对老年人的暴力行为增长，网上针对老年人的诈骗激增。原来很多线下的场景转到线上了，而老年人一定程度上存在着数字化发展的认知鸿沟，这个鸿沟就会造成老年人被欺诈的个案不断增加。还有社会孤独、年龄歧视、性别不平等问题，老年妇女在这个过程中受到的伤害，会比一般其他的老年男性更严重。

新冠疫情对所有人、所有的企业都有影响，但对老年人的影响会更大一点，老年人在社会中总体来说是弱势群体，和这个群体相关的服务机构总体来说是比较薄利的企业，相对来说，为老服务的企业运营模式也是比较脆弱的。针对老年群体怎样提供更好的公共服务，或者是商业的市场服务，相关的企业机构、社会团体怎样共同发展，这是国家治理现代化的重要内容。疫情也给很多以网络为基础的为老服务机构一定的拓展空间，为未来养老产业发展带来了非常好的建设基础，比如健康码就可能是最非常重要的数据基础。

老龄化是社会经济发展的必然结果

人口老龄化是怎么形成的？两个原因，生育率下降、寿命延长。以65岁为标准，当人口中老年人的比重超过7%，社会就进入老龄化。当然，在某一个具体区

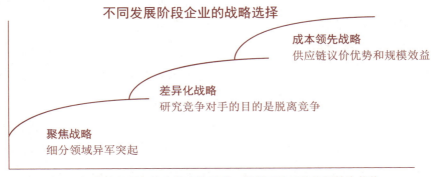

不同发展阶段企业的战略选择

成本领先战略
供应链议价优势和规模效益

差异化战略
研究竞争对手的目的是脱离竞争

聚焦战略
细分领域异军突起

正确处理好战略积累与战略进攻的矛盾，增长不能以价值牺牲为代价

域也可能和人口迁移有关，比如说上海，如果按照户籍人口，老年人口已经超过35%，但如果是把所有的上海常住人口都算里面，老龄化程度比重庆、安徽还低，因为上海除了1400多万的户籍人口，另外有近1000万外来人口，其中超过85%都是劳动年龄人口，一下就把上海老龄化的整体程度冲淡了。

有些人觉得中国是从实行独生子女政策开始，生育水平下降，实际上不是。20世纪70年代提倡的生育政策叫做"晚稀少"，晚婚晚育，少生优生，从那时开始生育水平就开始下降，到1980年9月25日，中共中央发布公开信，全面鼓励大家只生一个，但整个80年代生育水平一直在波动，直到1992年、1993年前后，生育水平才进一步下降，并很快就处于超低生育的状态。

除了生育水平在不断下降，预期寿命也在不断延长。从1840年到2020年，人类的寿命一直在持续增长。到底人类的寿命有没有增长极限？科学家还没有定论。未来如果把基因治疗、基因编辑技术等应用起来，就很难说我们的寿命增长会有极限了。

到2015年，已经有60多个国家和地区进入人口老龄化，按照联合国的预测，到2050年会有157个国家和地区进入人口老龄化。这是一个人口变化必然的过程，也是社会经济发展的过程。社会经济越发达，人就越不想生孩子，或者生得少，寿命则会延长。全世界各个国家和地区或迟或早都要进入人口老龄化。

中国是在2000年在全国范围内进入人口老龄化的，但是上海1979年就进入老龄化了，而像青海这样的地区，到现在还没有进入老龄化，这说明中国不同地区间的差异是非常大的。

中国老龄化的特点，第一是老年人口数量特别巨大。中国现在有2.6亿老年人口，这两年老年人口增长会出现一个平台期，到2023年后又开始出现快速的增长。出现这个平台期是因为在"三年困难时期"，中国少出生2000万人口，接着在1963年出现一个生育高峰。所以从2023年到2040年前后，差不多20年的时间里，中国老年人口将急剧增长，这个状况一直要持续到2050年前后达到顶峰，之后由于存量减少，增量也减少，整个中国老年人口的规模会逐渐减少。

第二就是老龄化的发展速度特别快。我国65岁及以上老人占总人口的比重从7%到14%再到21%，翻两番的时间，只用了30多年左右。到7%是进入老龄化，到14%已经是老龄社会，到21%就是进入深度老龄化。在法国、瑞典、英国，差不多用了100年的时间才完成这个变化过程；但是像日本、泰国、韩国和中国，只用了30多年时间就完成了发达国家要100年时间完成的老龄化进程。

这里最主要的问题是,发达国家可以用100年的时间慢慢适应老龄化的进程,慢慢调整各种社会政策,包括劳动力市场、养老金平衡、公共医疗等,但是对于中国来说,要在30多年的时间里,把对老年人的社会保障、公共医疗服务等从无到有建起来,而且在这个过程中已经在面临老龄化的挑战,面临老年人口的快速增长,因此人们感觉到的老龄化的负面影响也会特别大。随着人们对健康和生活质量的要求不断提高,会给养老金、医疗保健、照料服务等形成越来越多的压力。

原来说独生子女家庭是"421"模式,再往前发展,两个独生子女结婚了,上面有父母,有小老人,有老老人,下面有1—2个小孩,这就变成新的家庭结构模式,家庭养老模式整体能力就不够了。所以我们经常说,为什么要有社会养老和养老服务,因为纯粹靠家庭没有办法支撑这么大群体的老年人,必须要有社会化的养老服务部分替代我们原来传统家庭的养老。

老龄化过程中,给公共卫生造成的压力无疑是巨大的。我们希望通过"健康老龄化",通过预防而不是扩大医疗来缓解这种压力。如果还是跟原来的医疗模式一样,不注重预防的话,看病难、看病贵的问题永远解决不了。因为老年人越来越多,对公共医疗的需求越来越大。若能保证老人的退行性疾病能够尽量发展得慢一点,通过合理的饮食,良好的生活习惯,能够让老人健康良好的身体状况尽可能延长一点,公共医疗体系的压力才会大大地减少。预防的钱比起治疗的钱,绝对是少得多。以美国为例,美国3%—5%重疾病的人要用掉美国公共医疗资源的50%,实际上在中国的医疗体系中也是一样的,都是最少数的人用掉最多的钱。

我们研究老龄化,强调不仅要"优生",还要"优死"。有研究表明,在发达国家,一个人去世前卧床不起的时间大概是3个月,而中国人平均是3年。这和东西方对死亡的不同态度有关。中国人的传统观念是"好死不如赖活着",西方人觉得我走了就去天堂了。中国人在生命的最后阶段,生存质量、死亡质量是很低的。英国《经济学人》智库发布过一个死亡质量测评,中国在80个国家中排名71位。中国老人到死的时候常常是没有尊严、没有健康,把家里的财产全部消耗掉,孩子也弄得筋疲力尽。这牵涉到一个伦理和死亡哲学的问题,是一个非常重要的社会问题。

 应对老龄化,首先要改变对"老"的观念

从老龄化本身来说,主要影响的是人口的结构,劳动力减少,劳动力人口老化。

在 2012 年，整个中国潜在的劳动力（即劳动年龄人口）供给已经开始到达顶点，过去 8 年中，劳动力供应总量在下降。但对于我们并不都是坏消息，劳动力的数量在下降，但是劳动力质量在提高，最主要的表现是人口受教育年限在提高。1997 年一年招收大学新生是 100 万，2017 年后每年招收的大学生有 800 万甚至更多。在 20 年的时间里，大学入学人数增长了 7 倍。按照人口比例，大学入学率已经超过 50%，所以农民工越来越少是必然的。因此劳动就业市场会出现问题，大学生的就业每年都将会是一个难题，而简单劳动力、农民工的短缺也会是长期的现象。这又涉及科学技术的发展对劳动力供求平衡的影响。曾经有研究认为，随着人工智能的发展，未来 10 年会对中国 60% 的行业、职业产生影响，60% 的工作会被人工智能替代。按照中国职业分类来看，大概有 2800 多种职业会被替代，包括律师、记者，都有可能会被替代。AI 和互联网技术的发展，会造成对劳动力需求的降低，也会使得未来劳动力的劳动生产率提高，这两个因素在一定程度上能够部分地弥补因为老龄化造成的劳动力资源短缺，抵消部分因此而产生的经济增长负面影响。

大家经常会讨论到一个问题，应对老龄化挑战要不要延长退休年龄？网上 95% 左右的人和企业都反对延长退休年龄。但是从整个国家的发展、经济可持续角度来说，不延长退休年龄，整个经济没有办法维持下去。这里有一个生命周期的收入与消费问题。

中国人目前花在孩子教育上的费用非常高，但到老了以后消费水平严重降低，这和其他国家不一样。不同的社会经济发展时期、生命周期不同阶段的消费模式，对经济发展会产生不同的影响，消费引导的产业格局也是不一样的。以往认为老年人自己不舍得花钱、却愿意在孩子身上花钱这种状况正在逐渐改变，特别对老年服务产业来说影响巨大。新的老人群体尽管可能不会马上像西方国家的老年人那样有大量的消费，但是不会像过去的老年人一样，挣的钱舍不得花，房子要给小孩，钱也要留给小孩。研究发现，老年人群体有很大的异质性，他们的消费模式、社会参与的行为都是不一样的。

社会要有再生产，前提是总的收入要大于消费，有储蓄才能转化为投资。就是说，你一辈子生产出来的东西要超过你消费的东西，然后有剩余，这个剩余转化为投资，才会有扩大再生产。这是最基本的经济学原理。现在由于教育的普及，一个人读完硕士、博士差不多就要到快 30 岁才开始工作，如果还是在原有规定的年龄退休，他实际的工作年份是大大缩短了。那么，如何在缩短的时间内，保证创造出足够自己一辈子用的那部分收入呢？如果你工作时间大大缩短，收入的增长又没有超过、覆盖你前面因接受高等教育而推迟就业期间应当获得的收入，那么你这一辈子的收入就难以覆盖一辈子的支出。上海的女性平均可以活到86岁，她前面20多年都在读书，工作到55岁，退休后还有30年要活，前面25年父母在养她，后面的30年是养老金在养她，等于人生中只有三分之一的时间是在工作。这种状况下，任何一个国家都没有办法能够保证每一代人之间都是公平的，保证养老金系统能够平衡，经济增长能够维持。因此延长退休年龄就成为世界各国应对老龄化挑战的最重要的措施之一。

和延长退休年龄有关的就是，怎么定义老年人。如果从身体状况来说，我们现在的能力和体能，60岁的人相当于过去50岁的人，70岁相当于过去60岁，因此有很多医学研究和社会科学研究来论证为什么老年定义要改变。奥地利国际应用系统分析研究所学者认为可以按照15年预期寿命来动态地定义老人，也就是，如果平均预期年龄是80岁，倒推15年，那65岁算老年人。按照15年领养老金，养老金制度精算是能够平衡的。另外有一些学者，包括复旦大学的学者认为可以把人的一生分成几个阶段：20%的时间是老年人，20%的时间是孩童，中间的60%就算是中年人、年轻人。这种区分方法的调整，也在一定程度上扩大了政策应对的空间，营造理性的社会氛围。过去说，年过半百就是一个老汉了，现在你50岁就说自己是老太或者老汉，大家觉得很奇怪，这就是观念的变化。

我们对老年人的尊重，并不是说从工具的角度来看他有没有价值，而是这个群体在他们年轻的时候，为我们后辈的成长，为我们国家的建设做出了贡献。所以在一定程度上，为老年人提供的社会服务，是对他们过去对国家、对家庭贡献的一种回报。

当然，老年人对自己的价值也可以更充分地发掘。如果50多岁就退休了，也没有去给家里带小孩，闲下来确实容易感觉对社会没有什么贡献。对于老年人的歧视，最主要的就是认为老年人不再生产，没有经济价值、社会价值，对他的投资也不会有更高的回报，在这个概念下产生很多对老年人的歧视。应当在社会中创造一种有利于老年人的氛围，让老年人能够受到终身的教育，能够保持就业的能力，始终能创造价值。

日本提出一个概念叫"没有退休的社会"，意思是说，人的能力在任何年龄阶段都可以发挥。日本开出租车的司机几乎没有年轻人，都是70岁左右的老人。发达国家没有像我们说的空姐、空少,都是空大妈、空奶奶这个年龄段的。退休实际上是工业化时代的事情,因为是工人,当你体力不行了就要退出。农耕时代其实没有退休的概念,现在到了信息化时代,可能退休的概念会越来越淡薄。

国家现在提出要实现"积极老龄化",我们的社会也要做好准备,让这部分中老年人的劳动力继续发挥作用。比如做志愿者,年轻的老人照顾年老的老人,或者是到学校里协助做一些针对孩子的教育,参与力所能及的经济活动……社会本身在帮助老年人价值发挥方面,还是有很多应当做的。老年人应当公平地分享社会发展的成果,也应当有权利继续参与社会经济活动。

政府支持,企业助力,推动老年服务体系建设

前面我讲的是从学术研究角度,如何应对老龄化的挑战。下面我再跟大家讲讲国家应对老龄化的一些基本的思路。

2019年11月21日,中共中央国务院印发了《国家积极应对人口老龄化中长期规划》,提示了未来10—15年时间政府大概要做的事。国家希望在快速老龄化到来之前的这两三年里,能够把制度安排、产业体系、老龄事业的框架搭好。多部委相继发了很多关于推进老年服务体系建设的文件。这些文件聚焦一下这几点:

第一,这个规划的一个重要出发点就是全社会都要为应对老龄化做好准备,夯实应对人口老龄化的社会财富储备。个人要做好准备,家庭要做好准备,国家也要做好准备。这里有一个全生命周期的概念。

第二,要改善人口老龄化背景下的劳动力有效供给。教育体系要分流,一部分是大学体制,另一部分是职业教育,还要发展终身教育等。就业中介公司要更好地发挥作用,让劳动力的供求之间实现有效的连接。

第三,打造高质量的为老服务和产品供应体系。中国的老年产品、服务和相关产业会成为中国未来经济增长的一个重要引擎,甚至有的学者是把它跟中国的城镇化放在同一高度来看的。

第四,加强应对人口老龄化的科技创新能力。人脑的功能已经通过科学技术得到延伸和扩展,我们过去读书的时候要记住所有的知识点,现在不需要,只要会用网络,一搜索就可以找到。未来人脑的功能将可以通过科技创新得到进一步拓展。

第五,构建养老、孝老、敬老的社会环境。老年人要公平地分享社会发展的成果,也要能够积极地参与社会经济的发展。我们过去只强调老年人要公平地分享成

果,但是我们对老年人的社会经济参与方面,是基本不提及的。老年人能够尽可能地自食其力,当他们需要照料,需要经济的支持、社会的支持和心理支持的时候,社会能够给他提供,这两者实际上是平衡的关系。

关于放开生育的问题,从目前的趋势来说,我们是希望未来应当让每个家庭都能够自主地决定生育,选择少生或者多生。从全社会来说,最好一个家庭平均生育(总和生育率)1.8个,这样相对来说人口变动比较稳定,劳动力下降也不会那么严重。

对于养老服务体系来说,要将其纳入法治化、多元化,重心下移有一些新的趋势。养老服务基本上是三种模式,一种是居家养老,一种是社区养老,还有一种是机构养老。居家养老,就是在家庭中养老,可以是不需要别人任何帮助的,也可以是住在家里,但是有专业的社区为老服务机构来提供服务。社区养老包括日托中心、老年综合服务中心等,老年人可以寄住,有服务,这些我们把它叫社区养老。机构养老我们比较好理解,就是养老院或者是护理院。这三种主要模式实际上都是有利有弊,适应不同人群。我们过去一般强调"9073",90%的人是居家养老,7%是社区养老,3%是住在机构里面养老,操作上是需要根据实际情况划分的。老人丧失生活自理能力的时候,需要大量的照料,光靠子女、一般的钟点工也没有办法解决,需要专业的护理服务,包括医疗机构长期的照料。过去我们有五险一金,很快在十四五期间,我们还会推出长期护理险。长期护理险2016年开始试点推行,现在在做第二轮的试点,这说明实际上我们还没有找到最好的方案。也可能不会有统一的全国性标准,这个还在研究和发展中。

在长期照护中,最大的难点是认知障碍,通俗的说法是"痴呆"。阿尔茨海默症是认知障碍中最主要的病因。按照世界阿尔茨海默症机构的相关统计,中国有近900万人有比较严重的认知障碍,到2035年会达到1600万人。到现在为止,世界各国都还没有研制出能够治疗老年认知障碍的药物,老年认知障碍的进程也是不可逆的。过去养老机构一般是不收这类老年患者的,要送到精神病院去。上海的长期护理险试点已经开始将认知障碍纳入保险的范畴,未来老年认知障碍将是对老年服务最大的挑战。

人口老龄化挑战严峻,但可使用的资源更多

上海现在60岁以上的户籍老人有518万人,占户籍人口的35%,比重已经非常高了。整个上海人口老龄化的速度要比全国快很多,未来每年大概会增长25万—30

万的老年人，最高的时候上海的老人会到达到 680 万人。上海在推进养老服务方面，除了前面说到的基本养老模式外，还有医养和康养相结合。医养是在养老院中设医疗机构，或者老人就医有绿色通道，有什么疾病马上到医院去看。另外推进 15 分钟服务圈，建立综合服务中心，提倡嵌入式养老，老人不离家、不离亲、不离群，让老人在熟悉的环境中、在亲情的陪伴下，在原居地养老，这个是比较理想的状态。康养实际上更多的是旅游养老。不管你是做的房地产，还是旅游、文化、养生，未来在这个领域会有很多的机会。不过到现在为止，在专业的养老服务机构领域，还没有找到特别理想的商业模式，大家都在摸索。国企、房企都在介入，一些新兴的创新企业、互联网企业也在加入，思考面对这么庞大的人群、巨量服务的需求，怎么找到商机。养老服务企业不可能成为暴利企业，做得好是可以持续的。

上海市政府对养老服务有足够的重视，也有足够的能力整合资源，通过政策的支持、保障的供给、需求的评估，还有监管、保障等五个系统"五位一体"共同来推进养老服务产业的发展。上海的民政系统在推进"六个提升"，就是养老服务设施提升、服务功能提升、行业质量提升、服务队伍水平提升、支付能力提升、市场活力提升。养老服务平台能够把养老的需求、养老的供给整合在一起。区块链技术、大数据、物联网、智能穿戴……这些和养老服务怎么匹配，有很多企业在做，也有一些成功的经验，但需要更多的探索和投入。

旅居养老近几年也成为旅游行业积极发展的一种新型的养老模式，作为居家养老和机构养老的补充，也是遵循健康养老的目标。还有就是异地养老。上海老人经常说在上海很方便，服务照顾很好，不愿意出去。但是在中心城区，比如静安区，常住人口 28 万人，将近 40% 都是老年人。这个寸土寸金的地方怎么建养老院？没有办法的。这时候若要让老年人获得良好的服务，又能够有支付得起的成本，异地养老就成为一个可能的选项。上海、江苏、浙江、安徽已经开展了深化长三角区域养老合作模式，老年人到外地那些被认可的养老机构居住，上海所有的待遇都能够享受，生活成本比较低，服务不一定差，因为是通过上海民政部门认证的养老机构，素质、资质都跟上海一样，包括医疗、医保异地看病都是能够认同的。这对国家、对上海、对外地，以及对有老人的家庭，都是有利的事情。

如果从我们企业的角度来说，目前主要的房企都布局养老地产，万科、绿地、恒大、复星、万达、泰禾、华润等都有养老地产的项目，业务逐渐从房地产转型到房地产、健康、养生、医疗的整合，越来越多元化，变成养老公寓、养老社区这样的模式。大企业可以做，中小型的房地产企业也能做，可以根据自己的特点在不同的地方开发。如果在上海拿地的价格太高，可以在上海周边找到一些地块，特别在长三角一体化过程中，在示范区、临港新片区等价格洼地，还是可以进入养老地产的。养老金融产业、养老产品这几年也有比较大的发展。国家因为在推进养老产业的发展，会给予一些政策优惠。与智慧养老相关的智能穿戴也有很多企业在做。可以做一个终端产品的生产者，也可以做一个平台的集成者，也可以做整个产品、整个体系的创造者，整个养老产业的发展，包括适老化改造等也需要很多的基础设施建设。除了硬件之外，还可以生产很多软件，未来养老产品应用科技会有很大的发展。

社区的养老服务中心可以给老人及其家庭提供很多基本的帮助。上海做的嵌入式养老服务以及15分钟的服务圈，老人待在家里，通过社区机构提供的各种各样嵌入式服务，不给老人以及家人带来太多的麻烦，这样的服务未来还有很大的空间。

跟发达国家相比，中国应对老龄化有一些特别的制度优势或者是文化优势，中国有强大而稳定的政府，养老事业和产业始终是政府在主导和推动的，西方国家则主要是市场主导的。我国政府有应对老龄化的长期战略和规划，会布局养老的事业，投资养老的机构，也会采用政府购买服务的形式，帮助小微企业提供养老服务。我国有规模巨大的国有资产，有强大的组织能力和资源配置能力。养老金不够了，将国有及国有控股大中型企业和金融机构的10%的国有股权，划转至社保基金会。因此，中国政府用来应对人口老龄化能使用的资源，没有一个发达国家能与之相比。虽然我们觉得老龄化的形势比较严峻，面临很多挑战，但是相对来说资源更多。

中国有悠久的养老、孝老、敬老的文化传统。不管社会怎么变迁，家庭总是社会的基本细胞，也始终是中国养老主体的中坚力量。所以习近平总书记特别重视家风、家训、家教，强调家庭建设。通过文化和传统把中华民族凝聚在一起，把家庭凝聚在一起，有效的家庭政策提升家庭的养老抚幼能力，使家庭成为国家发展、民族进步、社会和谐的重要基点。

我国在应对老龄化挑战时具有大国优势，宏观战略有广阔的施展舞台与资源配置的巨大灵活性。各区域发展水平和老龄化进程的差异也提供了政策腾挪的空间。在老龄化进程中还具有后发优势，可以借鉴学习先期老龄化国家的经验教训，特别要提到的是科学技术的不断发展和应用为中国应对老龄化创造了前所未有的创新环境和技术平台。我国的老龄化进程将伴随中国现代化和中华民族复兴的全过程，把握老龄化发展的趋势和特征，在国家总体发展战略的引导下，企业界是可以大有作为的。

吴心伯

大变局中,世界如何看待我们

复旦大学国际问题研究院院长
复旦发展研究院副院长
复旦大学美国研究中心主任

2021 年的人文盛典聚焦大变局下的中国与世界,我觉得这个题目比较好地概括了复旦的校园文化特点,我们的学生需要有人文素养,同时也需要有国际眼光。

我们今天都在讲这是一个百年未有之大变局,但是这个"变"到底体现在什么方面,这个"变"对我们产生了什么影响,这个"变"会给我们带来什么机会?

我今天给大家分享三个话题。

 新冠疫情对中国政治经济的影响

纵观历史,社会的进步由经济和科技进步推动,但是战争和危机会剧烈改变历史的进程。如同第一次世界大战、第二次世界大战,包括我们经历的新冠疫情,会在很大程度上改变国际政治经济的进程。

新冠疫情在某种程度上可以看作一种新的"世界大战",不是传统的以军事对抗为特征的,而是非传统的战争。"9·11"事件之后,我们意识到,今后有一种新形式的战争,就是非军事性质的威胁,同样可以给一个国家带来巨大的生命和财产损失。

我们看一下新冠疫情带来的冲击,几乎全世界所有的国家和地区都受到了波及。从时间范围来看,这就是一场"世界大战"。这样一场危机或者说是非传统战争给我们带来了什么考验?

第一，领导者的决断力和战略运筹能力。面对这样的挑战，领导者能够做出什么样的决定，并且把这个决定有效地付诸实施。

第二，国家与社会的动员能力。面对突如其来的重大灾情，一个国家、一个社会能不能有效地很快动员起来。

第三，民众的承受能力。新冠疫情差不多两年了，在种种防疫措施下，我们的生活和工作都受到了很大影响，能承受住吗？

第四，资源配置与供给能力。疫情之下还要过日子，还要工作，国家要发展，怎么样把资源进行很好的调动和分配？

第五，经济韧性。谁最先从疫情中恢复经济，谁最先实现稳健的增长。这就是疫情对经济韧性的考验。

第六，科技的保障能力。战胜疫情最终不是靠武器，而是靠科技。所以谁能够研发出最有效的疫苗，谁就能够在应对疫情方面走在最前面。

新冠疫情给我们带来的启示，从政治方面来讲，有两点非常重要。

第一点，治理可能比发展更重要。

作为发展中国家，我们注重经济的增长和国家的发展，但是疫情让我们知道，治理可能比发展更重要。就像拿一个桶装水，桶越大装的水越多，但是如果桶下面的底板出现了一个洞，桶再大也没用，因为水都漏光了。国家就算发展成就很大，如果治理能力跟不上，发展成果就会丧失。这就是我们今天面对的问题，从发展到治理，这也是国家治理体系和治理能力转型的一个核心点。

治理体系和治理能力现代化，至少要包括科学的理念和思维，合理的制度与体系的设计，还有专业的手段和方法，三位一体才能够构成治理能力现代化的核心框架。

第二点，制度的较量让位于治理能力的较量。

大家还记得冷战结束以后，美国有一位学者福山很骄傲地宣布历史终结了，因为东西方的竞争中，西方胜出了，苏联失败了。但是今天回头看一下，这个结论不仅狂妄，而且非常肤浅。新冠疫情突如其来的时候，制度并不能够自动给你应对能力，关键还是要靠治理能力。

这就牵涉到领导者的素质。拿拜登和特朗普做比较，两个人的素质不一样，应对新冠疫情的政策效果也不一样。还有就是制度的组织、动员和执行能力，经过这两年，我们对这一点有很深切的感受。当然，同样重要的是民众的素质，如纪律性、集体意识、互助精神，甚至牺牲精神等等。

 世界怎么看中国

在大变局下，世界怎么看中国？世界那么大，国家那么多，对中国的看法不可能是铁板一块，有各种观点，有正面的，也有负面的，这一点都不奇怪。

观点一：中国是一个发展和治理成功的国家。

1. 经济发展。跟很多发展中国家谈到中国，他们会把中国看成发展中国家里成功的案例。中国的经济增长，过去几十年做到了世界第二，这是成功的。

2. 国家治理。特别是经过新冠疫情的冲击，可以看出来中国的国家治理能力有显著提升。

3. 脱贫。用他们的话来讲，中国在40年里脱贫取得的成就可能超过有的国家几个世纪做到的，甚至还做不到。

4. 生态保护。绿色、低碳、新能源，可能是工业文明以来很重要的转折点，在这些领域，中国正走在世界前列。

所以，从以上这些方面来讲，中国不管在发展还是治理方面，都是成功的国家。

观点二：新冠疫情背景下，很多国家发现中国是一个可靠的伙伴。

为什么可靠？中国在疫情期间向150多个国家和14个国际组织提供医疗物资，并且为各国在华进行商业采购提供便利。

中国实现复工复产，其巨大产能为世界供应链做出重大贡献。

观点三：中国是一个很糟糕的国家。

为什么说糟糕？新冠疫情首先是在中国大爆发的，中国没有把疫情控制在国门之内，让其传到其他国家去了。

观点四：中国是一个可怕的对手。

为什么可怕？中国的经济总量上升太快了，跟美国的差距进一步缩小。预计在

2030年左右我们的总量会超过美国。

中国的制度优势更加突显，我们的决策力、执行力和动员力都更具优势。这个观点的结论是，新冠疫情没有打垮中国，反而使中国更强大、更自信。

西方对华的认知根源不是由单个事件驱动的，从根本上来讲：

第一，力量对比变化。中国力量的上升挑战了西方力量的主导地位，就是要改变过去500年来世界力量对比以西方主导的格局。这是西方国家接受不了的，所以感到不安、焦虑，甚至感到恐惧。

第二，政治制度和价值观的差异。中国采取的是跟西方不同的政治制度和价值观，仍然可以在发展和治理上取得这样的成绩，这在西方国家来说，心理上是接受不了的，不可能给中国以正面的承认。

第三，文化上的傲慢。西方世界认为其文化是领先东方的，所以不能接受东方会有一个对手赶上并且超越西方。背后还有种族歧视的因素，就是认为，黄种人怎么可以比白种人做得更好呢？

西方主流媒体的种种报道，表面上会提出这样那样的问题，更深层次的，就是这些原因。

其实，世界怎么看我们并不是最重要的，对中国来讲，最重要的是我们怎么跟外部世界打交道，我们怎么团结他们，怎么跟他们合作，这才是关键。

 ## 中国如何与世界互动

一个崛起的大国在特定历史阶段肯定会提出全局性、有道德制高点的愿景。习主席提出来的"人类命运共同体"立意高远，但是真正的人类命运共同体不能只有利益上的联系，还要有价值支撑。就像朋友之间一样，如果我们只是利益关系，那就是酒肉朋友，如果我们没有共同的爱好、共同的价值理念，这种朋友关系是脆弱的。我们的命运共同体也是这样，我们跟世界解释命运共同体的时候，首先要讲利益的关系，但是不要忘记，价值层面非常重要，如果你一天到晚告诉对方：我跟你是不同的，我跟你不一样，甚至我在很多方面是优越于你的，这样就很难取得别人的认同。所以在过去两年，特别是最近一段时间，我注意到，习近平主席在很多重要的场合，特别是建党100周年的纪念大会上强调要追求人类的共同价值，这个非常重要。人类的共同价值是什么？和平、发展、公平、正义、民主、自由。这是超越政治体制、超越意识形态、超越东西方的。

我们在讲这些价值的时候，在很多方面已经做得很不错。比如说和平与发展，过去40年，像中国这样一个大国在快速发展中，没有跟任何一个国家发生大规模战争，这在历史上是没有的。过去20年，我们充分发展自己，向世界提供发展的红利。所以在很多方面，我们不仅在讲，也在做。现在讲的共同富裕，就是要追求社会的公平和正义。中国还是在发展，中国还是要往前走，我们有做得不够的地方、不足的地方，但是我相信未来肯定是往更好的方向发展。

正如习主席所强调的，我们有必要"既开放自信也谦逊谦和，努力塑造可信、可爱、可敬的中国形象"。

中国发展很快，中国成就很大，但是不能骄傲、不能傲慢，还是要谦逊。我们面临的问题很多，还有很长的路要走，这就是我们跟外部讲好中国故事的基调。

当然，跟外部世界的互动，"说"是一方面，更重要的是怎么"做"。在历史上，像中国这样一个人口规模的国家，这样的快速崛起是没有过的。为什么很多国家感到焦虑，因为他们不知道你强大以后会做什么，那就要看中国怎么跟世界互动。

在经济上，我们要积极推动国际经济合作，抵制和弱化脱钩倾向。

政治上，强调人类共同的价值观，积极推动国际事务合作，弘扬多边主义，抵制集团化倾向。

历史上的大国崛起，在很多情况下会带来战争、大国冲突。所以对我们来讲，继续崛起的过程中怎么样减少大国冲突的风险也非常重要。

基于这三点判断，我个人的观点是：

第一，我们的对外经济战略，要充分发挥我们的经济体量和市场优势。中国现在经济的最大优势就是，10年之内我们将有可能成为世界上最大的经济体，中国将会成为世界最大的市场。在这种情况下，我们要更大程度地开放，只要开放，就能够给大家提供公共品，资本也好，商品也好，都会进来。一般情况下，上升的经济体都是主打开放政策。

第二，不仅要人家进来，我们要继续走出去。"一带一路"的倡议要更好地推进，而且新的形势下"一带一路"的合作有了新的内涵。

第三，推进区域和跨区域合作。要推动东亚合作、亚太合作、亚欧合作等等，做大格局，这样我们的平台就越来越大。

第四，积极参与国际规则制定。这是我们的弱项。"二战"之后，国际规则基本由美国主导，但是今天世界正在发生很大的变化，中国在很多领域的话语权和规则制定权正在上升，所以仅靠力量上升还不行，我们要参与制定规则，规则影响利益分配，影响国家之间竞争和合作方式。所以中国要学会更多地引导和制定国际规则。

我们的外交战略怎么调整？奋发有为、勇开新局。百年未有之大变局给我们提供了很好的机会。回头看2008年金融危机，这是我们外交的重要转折点，从那以后，我们变得更加进取，更加有信心。经过新冠疫情这场危机的冲击，我们的外交会更加奋发有为。

观察近年来我们的外交布局，至少可以看出来我们外交的基本思路。

拉住东盟和欧盟。对我们来讲，在亚洲层面，东南亚是关键，全球层面上欧盟是关键。

做好对美长期战略竞争准备。美国把中国确定为主要的战略竞争对手是从特朗普开始的，拜登上台以后，完全一字不差地继承了他对中国的定义：中国是美国最严峻的、最可怕的、近代以来从来没有碰到过的竞争对手。

要改善与南亚、中亚、中东、非洲、拉美之间的关系。中国一定要在阿富汗问题上发挥建设性作用，因为这是我们的邻国，对我们的影响太大了。阿富汗问题如果处理好了，对中亚、南亚，包括我国西北地区的安全，都是非常重要的。

在国际组织中发挥更加活跃的作用。联合国的四个直属组织中，领导人是中国人（联合国粮农组织、联合国工业发展组织、国际民航组织、国际电信联盟），我们的实力成长、我们的贡献，包括我们的话语和规则制造能力，决定了我们必须在国际组织中发挥更加活跃的作用。

欧盟、东盟在中美之间的基本态度，简单概括三句话：

1. 美国靠不住。这是从特朗普时期认识到的：美国第一、美国优先。

2. 中国离不开。在经济上已经高度依赖中国，现在东盟是中国最大的贸易伙伴，我们对东盟的投资也增加很快。疫情期间我们也为东盟国家提供了大量的援助。

3. 不想选边站。万一要选边的话，很可能选中国。世界变化很快，他们的眼光看得很清楚。

欧洲的形势更复杂一些，它现在对华关系的定位是三个词：

合作，主要是在经贸上，还有国际问题。竞争，既有经贸竞争，也有技术竞争。对手，我们的制度是不一样的，价值观是不一样的，所以欧盟对中国的态度可以讲是三分法。

对于中美关系，欧洲将采取怎样的策略？寻求战略自主。既不把牌压在美国，也不压在中国。欧盟要自主，要有一条独立的道路。特别是最近法国在经历了美国、澳大利亚在核潜艇交易上对其打压以后，已经看得很清楚，美国对欧盟也就"用一用"而已。

但是拜登上台以后，美国和欧盟之间在理念和价值观上的距离缩短了。现在双方在对华问题上的对话和协调在加强，比如说，最近搞了跨大西洋贸易和技术机制，大家一起商量在这些领域怎么样加强合作，应对中国。对欧洲和美国来讲，中国都是经济上的主要竞争对手。欧洲今后一定会在中美之间走一条自己的路。

我们最关心的就是中美关系的走向。拜登对华政策的基调：竞争为主，必要的时候毫不犹豫地跟中国对抗，在美国需要的时候合作。中美之间的竞争核心是科技，科技才能决定美国今后能不能维持其经济和军事地位。安全的竞争，价值观的竞争，在美国国内可以起到动员美国民众的作用，对外有拉动盟友的作用。

拜登的对华竞争方式与特朗普有所不同，特朗普的方式主要是打压中国，拜登更多的是考虑怎么样做强美国自己，增强美国的竞争力，包括科技、基础设施的投资等等，同时，积极拉拢盟友和伙伴形成对华统一战线，在这方面我们已经看到很多的例子，不管是搞一个去中国化产业链，还是在WTO改革里要搞针对中国的一个新的联盟，都是在利用多边机制排挤和制约中国。也包括直接打压或削弱中国，对中国进行制裁，包括施加军事上的压力。

今天的中美关系已经不仅仅由美国单方面塑造的，而是越来越多地取决于中美的互动。中国今后怎么做，在很大程度上决定了中美关系的走向。我们对美关系基调是：扩大合作、管控竞争、避免对抗。这与美国把竞争放在第一地位不同，中美之间还是要以合作为主，我们不否认中美之间有竞争，但是要管控好竞争，不能成为恶性竞争，尤其要避免直接对抗，特别是军事上的对抗，这是我们的基调。在实践中，拜登政府执政以后，基本上对中国是以打压为主，我们就坚决斗争。中美阿拉斯加高层会晤，中美之间的唇枪舌剑就是第一个交锋，这就是向美国传递一个信号，反对美方干涉中国内政，以及挑战中国的核心利益。

在南海，要坚决顶住美国的军事压力，中国坚决不会在南海问题上做出让步。

台海更不一样，我们看到的报道是中国的军机越来越多地进入台海空域，传递的信号是，今后台海的安全问题越来越多地由我们来塑造。

中美之间最根本的两个问题是：

第一，力量再分配。在中国力量上升的背景下，中美之间的力量格局将会怎样？历史上更多看到的是新的大国崛起如果成功了，取代旧的大国，获得了霸主地位。中美关系会这样吗？我觉得可能性不大。中美之间可能会有不完全的权力转移，就是在某些方面我们会赶上和超过美国，但是其他方面，科技也好，教育也好，军事也好，美国还是会保持领先地位。这实际上是一种交叉形式，某些领域我比你强，某些领域你比我强。

"二战"以后美国和英国的关系就是权力转移，但是在中美之间很可能不会出现这样的权力转移。

第二，利益再分配。中国发展了，我们对利益的诉求肯定会上升，最关键的是我们在西太平洋和亚洲的利益诉求。

我们的安全战略是什么？就是要成为国际和平的维护者和国际安全公共品的提供者。中国军事力量的发展不仅是为了自己的安全利益，也要为国际社会，为各地区提供安全公共品，比如说，我们积极参加联合国的维和行动；推动地区热点问题的管控和解决。伊朗问题也好，朝鲜半岛问题也好，甚至包括巴以冲突，我们都发挥了积极作用。这让其他国家感觉到，我们的崛起不仅带来经济上的利益，更是能够带来稳定、安全与和平。

我们怎么样和平解决与周边国家的争端？这是一些周边国家，特别是东南亚国家担心的问题——南海问题。南海问题涉及中国的外交布局，东盟非常重要，美国也就是利用南海问题想办法拉拢某些东盟国家。那我们有没有可能在解决周边的争端，包括涉及我们自己的争端方面，想一个办法，妥善解决问题，让其他国家和地区感觉到中国的崛起、中国的强大并不是以牺牲其他国家和地区的正当利益为代价，如果能够做到这一点，周边国家就不用担心中国。

这就是我要跟大家分享的主要内容，如果总结一下，实际上就是两句话：在百年未有之大变局的背景下，世界面临中国的崛起既不安，也有期待。中国在民族复兴的过程中，面对一个变化的世界，我们既面临巨大挑战的不确定性，也有前所未有的机遇，把握好这个机遇，这个世界对我们来讲，就会是一个越来越好的世界，我们一起努力。

鲍勇剑
新地缘政治之下,中国企业如何成为领先者?

加拿大莱桥大学迪隆商学院终身教授
复旦大学管理学院特聘教授

"当今全球产业链的主旋律不再是竞争,而是统治与被统治的关系。中国企业应该有从追赶者转变成领先者的意识,而领先企业和追随企业是两类不同性质的企业。做领先企业必须掌握全球格局的发展,以及全球地缘政治的变化。"

如果我们今天从全球变化的角度来看,可能需要了解两方面的内容:

第一,今天所有的关于商业方面的活动都离不开政治经济学,每个人都需要学一些国际政治和国际关系,从政治经济学的角度思考整个形势的变化。

第二,全球竞争的背景之下,不要忘记今天的主旋律不是竞争,而是统治与被统治的关系。当你不能理解"统治与被统治"的关系时,你就不知道如何竞争。

与很多中国企业交流下来,我有一个很深的感受:这些企业作为追赶者都非常卓越,但当要成为领先者时,普遍缺乏领先者的考量视角。我们需要从新地缘政治的角度来发掘、来思考:中国企业如何在全球格局中脱颖而出成为领先者。

 小国惊慌,大国对抗,没有乌托邦

如果不是统治的游戏,怎么有可能出现中兴和华为的危机?全球的产业链,上下游之间的关系,本来应该是商业、平等、互助的关系,然而,加上地缘政治因素之后,就成为一个统治与被统治的关系。在这个条件和前提之下,我们必须要理解这个关系的本质,是怎样受到地缘政治影响的。

2006 年,《世界是平的》一书作者,《纽约时报》专栏作家托马斯·弗里德曼随

IBM 总裁访问中国，推销 IBM 的"全球整合企业策略"。应一位媒体编辑的邀请，我写了一篇《世界是圆的》，来回应弗里德曼的"技术决定论"。文章中，我说明"表面看似平的世界，其实充满文化和地缘差异，暗含多种冲突的险滩"。15 年过去了，弗里德曼已经多次修改他的观点。我文章中表达的观点仍然有效。

同一时期，《历史的终结》的作者弗朗西斯·福山预测：自由、市场经济、民主的政治将会一直循环下去，所以历史终结了。今天，他也不得不修改他的观点，因为全球地缘政治的变化出现了很多没有预料到的新情况。

全球化本身正处于全面反思的过程之中，今天我们所看到的很多问题，都和我们对于全球化本身所做的进一步反思有关。当今的新地缘政治是怎么样的？用一句话概括：小国惊慌、大国对抗，没有乌托邦。乌托邦是理想国，理想国是大家共同追求的方向。有乌托邦，我们才能在可预计的未来中，大家和谐地相处。没有乌托邦，各国都受地缘政治的现实利益影响，国家之间就会出现各种各样的冲突。

如果我们简化驱动人类社会变化的力量，就剩下两股力量：意识形态的力量（思想力量）和地缘政治的力量（利益力量）。 乌托邦当然是属于思想力量范畴。

各位要是想了解当今几个大国之间冲突的来源，建议翻阅一下《文明的冲突》和《大国政治的悲剧》。两位功力深厚的作者，亨廷顿和米尔斯海默，用一句话概括美国的外交政策：高举理想主义（意识形态）的大旗，追求地缘政治的优势（利益）。特别是米尔斯海默，他的书被认为是研究中美关系必读书。他以现实主义态度看待地缘政治的变化：美国不会允许地区大国挑战它的全球霸主地位。美国的外交政策一定会对具有霸主倾向的国家采取遏制措施，以歼灭其所具有的潜在统治力量。过去是针对德国和日本，现在则是针对中国。

《世界是平的》作者托马斯·弗里德曼的另外一本书：《曾经的辉煌》写得很生动，从中大家可以理解今天看到的两个大国之间的种种冲突。一个大国不愿意失去曾经的辉煌。接受另一个大国的崛起是一个相当艰难的心理调整过程。

 "轮回"时态观下的矛盾和冲突

地缘政治不是新事物，早在 20 世纪初英国人就已经提出，中欧地区和东欧地区是全球的腹地，是非常重要的地区。如果要我对这么复杂的关系进行简单概括，那就是：**当今世界受到多重"三国演义"的关系影响。**美国、中国、俄罗斯之间的关系是大三角的关系，这个大三角关系又会受到一系列小三角关系变化的影响。它不是一成不变的。

最大的小三角关系是美国、欧盟和俄罗斯之间的关系。英国大选保守党大胜，这是一件大事。这对英国退欧的决定起到加码的作用。而英国退欧可能会出现以下情况：英国会加强与美国的历史联盟；或者，英国会加强和中国的联系。但是，前者，英国和美国的联系，具有历史惯性。美国、欧盟、俄罗斯的变化值得中国的关注。目前的关系是对抗的，不友好的。但是，它有很快发生变化的内在文化条件和地缘政治因素。如果在乌克兰问题上获得新共识，欧盟和俄罗斯的敌友关系变化往往就是一个关键事件的距离。

另外一个很重要的三角关系是英国、法国、德国，这三国永远在争执下一个对手是谁。"找敌对势力"的游戏一直在欧洲内部轮转。基辛格说：领导者的一个重要任务是，让不能发生的事情没有孕育的条件。鲍勇剑说：看到的早已经发生，能表达的一定是片面的。在中国与欧洲的关系上，这两个方面都非常重要。

另外一个重要的三角关系是在伊朗、沙特、以色列之间。这个三角关系的要点是在争取哪个"老大"来撑腰。伊朗想争取的支持大家应该很清楚了。沙特的目标是美国。以色列对"老大"的认识在摇摆之中。这就让我们与伊朗的关系变得很敏感。前面说了，小三角关系会影响到大三角关系变化。

在亚洲，重要三角关系是中国、印度、东盟。处理好这个关系，要呼唤东方的智慧。周恩来总理在万隆会议上的讲话可以反复阅读，反复朗诵，它提供了亚洲关系智慧的解决方案。

中国、韩国/朝鲜、日本，次优选择下选择相互依存。没有最优选择，它不是坏选择。因为历史、文化和地缘政治的因素，这对三角关系很难有最优选择。如果能够达到"纳什均衡"，即没有任何一方有想法去改变已经实现的均衡，那就很不错了。

土耳其、欧盟、阿拉伯国家之间是另外一个重要的三角关系。土耳其在其他两极中来回跑，暂时不会到达均衡的境界。一方面，土耳其非常想成为欧洲国家，但是欧洲国家只是想利用其能力，不愿意成为其战略盟友。土耳其抱怨最多的就是欧盟不会把它真正当成欧洲国家。另一方面，阿拉伯国家的问题需要土耳其去中和。这个关系也是土耳其撬动与大国关系的杠杆，这种三角关系会一直处于动态变化中。

面对当前复杂的国际关系,我们要学会"纲举目张",找到影响宏观秩序变化的秩序参数。上面的几对三角关系是值得始终关注的参数。

另一个提纲挈领的秩序参数是政治时态观。从上述各种三角关系的变化中,我们可以看到其背后是两种时态观的竞争。一种是"进步的"时态观,另一种是"轮回的"时态观。进步的时态观指的是,我们相信随着时间的推移,事情的发展趋势会越来越好,问题会越来越少,生活会越来越棒。别忘了,事情不一定真的是这样发生的,只是我们这样想而已。"轮回的"时态观是指,我们一定要让过去的美好再现。这不只是特指某几个国家,每个国家让它再次伟大起来的时候,逻辑和矛盾是一致的。今天绝大部分国家采取的都是"轮回的"时态观,矛盾和冲突跟这个想法有相当大的联系。社会治理的方式方法受到时态观的影响。我们可以看到,波兰、捷克、匈牙利、奥地利、德国、丹麦、法国,政治形式和思潮发生了很多变化。而重返地缘政治的背后,实际上是对于族国身份的恐慌政治。每一个国家、每一个民族都要保护自己的种族,客观上造成了矛盾和斗争。

"弱国安心,强国循规"——这是第二次世界大战结束时各国做出的均衡调整和安排。这个国际关系战略可以上溯到1648年。1618—1648年,欧洲发生"三十年战争",也是欧洲第一次大规模的战争。几乎每一个大公国(注意,那时候,国家的概念还没有完全建立)都参与了战争。结果,血流漂杵,百里无人烟。为了避免类似的相互摧毁再次发生,各大公国派出使节,在普鲁士的威斯特伐利亚缔结条约,接受国际关系中的"均衡"思想,即不能允许任何一方做大。当一方做大时,其他各国就相互结盟,制造再平衡。势力均衡的思想也奠定了后来400年的世界秩序。

第二次世界大战后,当各国缔结《北大西洋公约》时,美国已经毫无疑问成为世界超级大国。这与400年来的均衡传统发生矛盾。为解决这个现实的矛盾,美国时任总统杜鲁门承诺"美国要做仁慈的强国"。美国在《北大西洋公约》中表示,未来的国际秩序应该是弱国安心,强国循规。在我看来,这是美国与各国之间的一份社会心理合约。然而,这一约定却在2016年被美国总统特朗普彻底打破。这就是问题的症结:美国无法接受失去昔日的辉煌,且不愿遵守"弱国安心,强国循规"的"北大西洋公约"精神。今天,与美国的讨论都要回到这个"初心"上。要么回归初心,要么再均衡。回归初心,双方都会调动思想力量,动员意识形态力量,发挥世界秩序乌托邦的影响力。再均衡,那就是现实的地缘政治较量。双方都要有两手准备。

我们强调，世界秩序总是由意识形态和地缘政治两股力量交错影响而形成。那么，从这两股力量出发，未来秩序会是怎样的情境呢？运用情境规划的方法，我们大致可以想象出四种不同的情境：

第一种，"波卡·洪塔斯悲剧"。 波卡·洪塔斯代表16—17世纪印第安的土著人。外来的欧洲殖民主义者侵入的时候，他们借助自己的人高马大、先进的武器和技术，对当地的土著人展开杀戮的时候，对方是没有任何力量抵抗的。

就目前的国际形势看，会不会出现国际政治的一方凭借技术力量对另一方做降维打击？这是完全可能的。这一剧情，已经在芯片领域"剧透"过了。这是一种可能的情境，如果你处于弱势，要考虑如何防止这种可能发生。

第二种，"坦能堡壕沟战"。 1914年，第一次世界大战刚刚爆发时，双方都以为最多打几个星期。孰料，敌对双方陷入拉锯战。在坦能堡的壕沟两边，英德军队展开了拉锯战。这一打就是4年，死伤百万人。

以此做比喻，当前国际政治势力的对抗也许没有想要旷日持久。但是，对抗一旦发生，它往往以政治人物无法预料的速度和节奏演变为长期的壕沟战。这是第二种情境。

第三种，"辛格维利尔大裂谷"。 冰岛最著名的一个景点是辛格维利尔国家公园大裂谷。裂谷的两端每年以肉眼可以分辨的分离漂移。杞人忧天的游客甚至担心，冰岛人最后会不会掉到海里？

我们以大裂谷为象征做比喻，国际地缘政治受到撕裂，最后朝着两个完全不同的方向漂移。这也是一种可能的情境。世界可能形成两个阵营，围绕两条路线而斗争。

第四种，"音乐之声共同体"。 《音乐之声》是一部美国早期音乐片。电影中的人们和谐相处。

我们以此为比喻。如果世界上不同的力量都觉醒，都认识到对抗的严重后果和相互敌视的不成熟，都希冀出现"音乐之声"那样的命运共同体，那么，一个繁荣的"再国际化"也是可以想象的情境。这一可能性仍存在。不过，目前大家知道的可能性，更多的可能是"辛格维利尔大裂谷"和"坦能堡壕沟战"的情境。我们需要想象，想要改变逐步恶化的国际环境，从什么地方开始？我的建议是，从大家关心的问题开始，从相互避免互害活动和后果开始，比如环保、碳中和、反对恐怖主义、控制大规模传染病等。

没有完全竞争的关系,只有不完全的合同

当今世界范围内的产业竞争、产业发展,一方面求共生,另一方面不要忘记,事实上存在"统治与被统治"的关系。大企业占据垄断地位,左右行业发展的规则。值得关注的是,高科技技术很大程度上造成了"助纣为虐"的情势。平台经济的社会性被长期忽视。

网络企业、平台企业发挥社会效应,包括正效应和负效应。大的平台不是普通的竞争者,而是占据"隐性统治"优势的竞争者。具有垄断地位的平台企业和我们过去的传统企业有本质上的不同,所以应该承担起相应的社会责任。

如果要找一个理论解释,"不完全契约理论"就是合适的理论框架。2016年,哈佛大学教授奥利弗·哈特、麻省理工学院教授本特·霍姆斯特罗姆荣获了诺贝尔经济学奖,获奖理由是他们对契约理论的贡献。他们分析指出,所谓的市场竞争之中,根本没有完全竞争的关系,永远是不完全的合同,所谓不完全的合同,就是永远有另外一方利用自己的优势让合同本身有利于自己。这个不完全合同之间存在依赖与被依赖的关系、强和弱的关系。

在这样的竞争之中,一定会出现下面的做法,就是有些企业会利用这样的不完全合同的优势地位以强欺弱。有些企业会利用不完全合同"劫持"其他利益相关者。合同主导者知道:你不得不按照我规定的条件来办。你一旦进入跟我之间的合同关系,前期的投资是拿不走的,只能如此。婚姻冲突中,一方以孩子来胁迫另一方,这是现实生活中的不完全契约的例子。因此我们必须把这个关系讲清楚,才能在斗争中争取如何合作。在国际交易中,企业不妨明言:我知道不完全契约这回事,我知道你可能利用优势地位进行欺诈和劫持,我必须要用一些做法来对冲这些风险。同时,以合作的形式增强相互的关系,创造更多的价值。这是两位经济学家揭示潜在的合约劫持现象的终结原因:暴露可能的合约欺诈、掩盖、劫持关系,从而找到消除它们的治理方法,鼓励合作。

理解竞争与统治的关系,理解不完全契约现象之后,我们就比较容易理解国际经济合作中的博弈是一个动态的过程。它可能不断重复回到对立斗争区域,从那儿出发,寻找双方可以接受的条件。其间危机不断,这是必然的现象。它也不是简单的治理结构选择,是多种治理结构的选择。因此,不要指望一劳永逸的解决方案。相反,我们要看到,矛盾和斗争有红利,即通过相互斗争刷新认识,对于双方能够接受的合同条件进行理解。未来如何?未来是未定稿,我们看到未来全球的环境将有不同的版本，现实主义的版本、技术版本、气候限制的版本等。无论哪一个版本，上述分析的规律都适用。

 应对慌乱世界，危机管理先行

二战之后，地缘政治经济再次兴起。轮回的时态观，构建社会心理格式，推广政治意识形态，经济、贸易、文化的发展与合作在这样一个地缘政治的大背景下展开。"轮回"是主旋律，我们看到很多冲撞和冲突与时间形态有直接的关系。技术的进步太快，人的演化太慢，二者之间经常会出现矛盾和冲突。在目前局势之下，我们能够做什么呢？

1）对异域文化富有好奇心，避免用自己的好奇心解释现象。

2）避免用自己的政治、经济、文化情景去思考所有问题。

3）可以接受暂时没有定论的决策讨论。

4）不排斥多样化的商业行为，让自己的模式能够多样化。

5）具有全球思想力，承认并容纳必要的复杂性和不确定性。

6）保持国际市场扩展的倾向和策略目标。

7）放眼5—10年，甚至更长远的时态观。

8）储备具国际化能力的人才。

9）每家公司要有国际事务意识和组织安排，每家公司进行不同业务的时候面对的环境不一样，要有自己的外事部门。

10）有具体的联盟策略和在地企业共同发展的方法。东印度公司为什么能够在那么长时间里在亚洲存在，和当地公司建立什么样的联系才能共同存在，值得我们研究。

11）能够看到全球社会问题与商业机会和挑战之间的直接联系。

12）利用情境分析的方法，展示可能会出现的各种情况，在思维领域做战略预演。

关于地缘政治的影响，下面我请我的两位学术研究伙伴做一些补充说明。

 Oleksiy Osiyevskyy：1%的全球人才决定了世界经济命脉

麦肯锡咨询公司的一份研究报告显示，21世纪的全球化是多极的，所以当今的时代特征，和过去那种发展中国家和发达国家两个阵营对垒的情形有巨大不同。

21世纪全球化的背景下,另外一个很重要的变化,就是贸易不仅仅是货物之间的交易,更多的是信息纵横交错的交流,这直接影响了商业机会。

首先,对全球文化的影响表现为,不分地域和国界,文化消费都受到类似品牌的营销或者是营销机构的影响。不管生活在世界哪个角落,你看的电影或者是听的音乐都是类似的。不仅是文化方面,其他方面也是如此,我在上海所看到,在乌克兰所看到的,和在柏林市场所看到的东西非常类似,所以全球文化的影响,在各地都可以看得到。随之而来的是全球中产阶层的兴起,尤其是从越来越年轻的消费者角度看,他们肤色可能不同,但是他们的偏好、消费倾向几乎越来越相似。这意味着我们必须同步进行全球市场营销。过去的思维是,我们先在当地的市场做好经营,然后再向国外延伸。如果不同步进行市场营销,只是在稳定市场取得成功,再赢取全球市场,其他的竞争者就会模仿你的策略,抢先占领你的市场。

其次,21世纪全球化背景下,值得我们关注的是全球人才市场。可以说约1%的人才对全球经济产生了巨大的影响,这1%的人才,在全球总数大概也就8000万人左右。过去,这些人才都在不同的国家,受地域的限制。但是今天,这1%的顶尖人才可以到处生活,同时影响所在国家的经济命运。换言之,哪个国家能够利用好这1%的人才,哪个国家就能获得全球竞争的优势。所以,成为"天生的全球公司"吧,即公司的策略自诞生起就具有全球观。

从国际政策来说,第一,全球之间的合作越来越弱,取而代之的是两个国家,或者说少数国家相互之间进行"勾兑"。第二,因为全球的紧密联系性,所以使得风险极其容易从某一个国家蔓延到全球,蔓延到全球每个国家的内部市场。第三,国家地区间相互的信任在国际关系之中不断下降。所以将出现经济的民族主义、保护主义政策,这些都是负面的态势和趋势。

在这一大背景下,商业企业可以做什么呢?可以采取积极主动的态度来承担责任。在促进全球合作的过程中,我并不完全赞同商业就只是赚钱为目的,尽管我关于企业的社会责任讨论有些保留意见,但我认为商业应该扮演很重要的社会角色。所以从这个立场上来说,我非常赞同和支持全球共同体。

 Galina V.Shirokova:文化心理影响创新创业者的期待值

关于文化的分类和全球多元的文化,过去就有一些专业的研究。我们是在这些专业研究的基础之上做了进一步探索。如果把传统和世俗的维度作为纵向坐标，把生存和表现作为横向坐标，我们可以把全球文化分成不同的板块，是五颜六色、多元文化的存在。

我们对荷兰和俄罗斯这两个国家文化做了比较研究，特别是对创新创业者进行了对比，明显看到俄罗斯在生存意识上更强，荷兰在自我表现意识上更强；俄罗斯在被动自由上更强，荷兰在主动自由上更强。被动自由，是指不被政府的规定束缚，不被家庭束缚；主动自由，是指追求自己的时间，追求更多自己能够作主的事情。即使是在全球化背景之下，这两种自由观在两种不同文化背景之下也是有很大差别的。在俄罗斯，对被动自由的追求就是挣脱各种束缚，所以俄罗斯的创新创业者是非常强壮和坚韧的；而荷兰的创新创业者是天真无邪的，像我们说的挣脱束缚的形象，两种不同的文化也有很大的差别。

在这样的文化心理背景之下，俄罗斯创新创业者们的期望值不是那么高，他们更多是关注在短期回报上，而不是看长远的创造性。俄罗斯中小型企业的数量非常少，这和文化心理特征有关。我的结论就是，提高经济的自由度，有利于从心理角度上提高创新创业者对于自我实现程度的期待值。

李迅雷

如何面对全球经济的滞胀与分化：中国经济新特征与投资机会

中国首席经济学家论坛副理事长
中泰证券首席经济学家

近年来，世界形势变得愈加复杂，全球经济放缓，疫情的暴发和持续，导致全球产业链和供应链不畅。在世界主要经济体的通胀居高不下的情况下，世界经济发展会呈现怎样的趋势？中国又面临哪些机遇和挑战？要如何应对呢？

现今，全球经济形势和政治形势日趋复杂，我们正遇到一个百年未见之大变局。人类在经历了较长的和平时期之后，很多问题在累积，世界的历史就是由和平的历史与战争的历史构成的。战争时间越长，世界改变得越多；和平时间越长，世界固化得越深。

存量经济主导时代，经济增速放缓

2017年，中国经济便已进入存量经济主导的时代。在增量经济时代，经济总量相对较小，同样的增量会得到更高的增长率，比如在改革开放之初，我国GDP占全球的份额只有2%，从2%提高到4%用了很短的时间。到了经济体量足够大的时候，增量对存量的影响降低了，经济增速就会放缓，我国现在所面临的就是这样一种现状。这在全球是一个普遍现象，我们把它称为"K型经济"，K向上倾斜是机会，代表成长；K向下倾斜是风险，代表衰退和老化。

当然，如今的经济放缓也不仅仅是由于经济体量的改变。受疫情影响，人口流动性在减弱，物流受阻，资金流也在减少。银行资金贷不出去，居民更倾向于储蓄和提前还贷。即使M2超过12%，与经济增速的剪刀差仍然在加大。不过，无论是疫情，还是俄乌战争，都是影响经济的中短期因素。长期来看，影响最大的还是人口的持续老龄化。2021 年，我们迈入深度老龄化（65 岁以上人口占总人口的比重超过 14%）社会，预计只需要 8 年的时间，中国便会进入到超级老龄化（超过 20%）时代。

虽然面临着经济减速的压力，但是中国还是有很强的竞争力。我国劳动人口的劳动参与率始终处于全球领先地位，而充满进取心的文化传统始终激励着我们。

二战胜利至今，社会分化加剧

二战结束至今，全球拥有了将近 70 余载的和平时期，社会的各种分化也在日益加剧。想要理解如今的经济，就须理解这些年正在进行中的各种分化。

第一，人口的分化。

不少人在过去甚至现在仍然认为，我们的房地产未来发展的空间很大，因为中国的城镇化率相较发达国家还有相当大的差距，故房地产会继续繁荣。而我认为，中国以农业人口迁移为特征城市化进程基本结束了。农村人口往城里转移，这是真正的城市化；行政区域由农村变更为市区的变化，不是真正意义上的城市化。因此，我们不能简单地和西方国家进行比较。

那么，为什么我们城市化率水平开始放缓了呢？因为我们未富先老，过早进入了老龄化社会。中国现在正在经历的，主要是大城市化，而不是城市化。大城市化方兴未艾，人口在横向流动，不是农村到城市的流动，而是城市到城市的流动，是从中小城市往大城市的流动。北上广深一线城市人口净流入，二线省会城市人口也在净流入，新一线城市人口也在净流入，整个人口是从中小城市往大城市流动。

第二，经济的分化。

根据许多发达国家的发展经验，人口集中度的提高，必然会导致经济集中度的提高。目前来看，中国的经济体量最大的增长集有两个：一个是长三角，另一个是珠三角，这两个区域是创造中国大部分 GDP 的地方，其他地方可能都会慢慢衰退。再过 20 年以后，第二次婴儿潮中出生的人口会依次迈向预期寿命的平均线，预计 2032 年以后中国人口每隔 5 年内会减少 1 个亿左右。到那时，中国社会人口格局和经济格局将会发生巨变。

第三，产业的分化。

国内资本大都倾向于挑选"全新赛道"，并为此掘地三尺，往往一个赛道还没有形成盈利模式，股价却已经炒到天上去了，股市的提前量被打得越来越早。但新陈代谢的大趋势肯定是成立的，新的产业崛起，传统产业衰退，所以产业也是在不断分化。行业内也是同理，各产业内巨头集中度不断提高，资本市场也在由散户市场转向机构市场，所以分化是个大趋势。

第四，居民收入的分化。

为什么2022年1—7月份社会消费品零售总额是负增长的？这还是跟我们居民收入结构有关系。即使游戏规则是公平公正的，大家的起点都在同一个起跑线上面，最终的结果还是分化且差距不断扩大，这叫帕累托分布。从二战到现在以来，全球财富游戏的规则不公平、不透明，更何况大家的起跑线也不一样，所以导致了全球性的问题、全社会的问题。

《21世纪资本论》的作者所曾说过，由于资本的回报率高于薪资的增长率，所以贫富差距扩大，这可以解释消费比较弱的原因，因为消费的主力是中低社会阶层，但是社会大部分的财富被10%的人所拥有，或者1%的人所拥有。因为大部分人没有机会，所以"躺平"便会成为普遍情况。疫情更是将缩小收入差距的难度加大，这一现象就是阶层固化。中国代际传承的弹性偏大，基尼系数虽然有回落，但也不低，这是我们需要面对和优化的。而这些才能很好地解释为什么我国消费对GDP的贡献偏低。

困难重重，全球经济步入下行

首先，世界经济发展至今，当下缺乏一个强有力的"领跑者"。二战之后，世界经济的发展进入了一场接力赛，不同国家交替着引领世界经济前进的脚步。

美国是第一棒，借着此前积累的工业基础和战争中的资本积累领跑全球。20世纪80年代后日本是第二棒，大量的海外投资，大量的出口，导致美国想方设法打压日本，以稳固自身老大地位。90年代开始，中国接过了第三棒，从90年代初的大量引进外资，到2000年以后大规模发展重化工业，到后来的房地产大开发。

然而到了2022年，中国开始面临人口老龄化的压力，房地产步入下行周期后，投资拉动的模式很难再继续，没有国家接棒了。印度显然不能担当重任，因为其经济体量太小，而且制造业偏弱。这就是全球经济面临的大问题。二战结束之后，全球人口数量从26亿提高到现在的80亿，翻了两倍多，也产生了一系列问题。

其次，国与国之间冲突增加，国际关系暗流涌动。以前，西方世界能维持高福利，无非依赖资源出口型国家如俄罗斯提供的原油、天然气，中国提供廉价的商品，美国提供廉价国防，这样欧洲人就可以相安无事，维持高福利。现在，世界格局不一样了，俄罗斯不给欧洲提供天然气和原油了；中国愿意继续提供便宜商品，但美国却希望"去中国化"，"去中国化"必然带来成本上升，进而导致通胀。再加上疫情使得供应链、产业链受阻，各种矛盾出现。

因此，从原本的互补到竞争，是必然的，各种积蓄已久的问题阻碍着经济的增长。我们正处在这样一个时代，就国内而言，我们面临人口老龄化压力；就国际而言，超级老龄化下的欧盟问题更大，美国也存在诸多问题，期望通过改革来解决。然而改革的成本是很大的，所以靠举债来维持成为主流举措。代价就是，全球结构性问题越来越严重，矛盾越来越大，却无法解决。过去的不平衡往往通过战争推倒重来，但如今进入核武器时代，大国间发生战争一定是两败俱伤的，故发生战争的概率不大。久而久之，战争的方式就变成了贸易战、科技战、金融战。所以，我认为，这一轮的通胀还没结束，虽然美国的通胀有所见底、有所回落，但是到了冬季，欧洲的原油库存下降，必然会带来新一轮上涨。如此往复，各类成本急剧上升。如今，虽然美国加息，导致人民币贬值，但人民币汇率相较于其他货币，还是相对坚挺的。

世界开始动荡，且动荡会越来越多。我们可能要跟病毒共处，要跟战争共处，要跟通胀共处，要跟社会关系的紧张共处。世界局势的严峻性不容忽略，全球进入"比烂"的时代。如今的我们，可能早已习惯于和平，习惯于岁月静好，习惯于人口不断增加。但是，未来可能会发生的许多场景我们没有见识过，比如，没有见识过房价全线大跌，没有见识过总人口数量降低。故看待问题不能按照自己的意愿判断，面对如今的国际形势，我们必须树立起危机意识。

身处经济转型路口，中国制造须挑大梁

如今许多风险并未凸显，原因是，许多风险的出现往往存在时滞。以房地产为例，美国上一轮房地产牛市中，房价下跌是在2006年，2008年发生次贷危机，而美国建筑业周期的峰值是在2002年，这之间存在一个五年的时滞期。研究经济的时候，一定要考虑关注的指标是领先指标还是滞后指标。我做过一个计算，我国基建投资的总额加上房地产投资总额占GDP的比重，在2017年就已经出现下行了；城市化率乘以年轻人占总人口的比重，也是在2017年出现了拐点。那为什么2017

年及之后房价还涨那么多呢？因为它有一个滞后效应，不是说一旦出现拐点，房价马上就下来了，房地产的回落往往伴随着人口结构的长周期。由此，你可以发现和判断这一行业的大趋势。

关于制造业层面，虽然目前大家对制造业的看法十分悲观，但制造业大的趋势还是好的。我认为，中国制造的地位不会被撼动，纵使印度、越南、印度尼西亚在崛起，中国制造业面临部分产业转移，但全球三大产业链——美国产业链、德国产业链和中国产业链中，中国产业链的规模最大。因此，对于中国经济而言，虽然房地产的下行必然会带来经济的下行，但也不用太悲观。首先是，中国的土地是管控的；其次是，中国与房地产相关的金融衍生品并不多。

当然，我们也必须正视现实问题，制造业存在一些问题，尤其是制造业企业的现金流普遍出现问题，整体市场需求在萎缩。

在内部，中国制造业的问题还是在于需求端，我们需要面对如何扩大消费这一难题。前几年我写过文章提出，我们有十亿人没坐过飞机，有6亿人没用过抽水式马桶。前些年我们通过大量出口的方式消化了这些产能，但是数量如此庞大的出口十分依赖外需。如今伴随着全球经济回落，我们不得不重新审视中国制造业如何走出困局。同样的，如果中国与美国及其他西方国家的合作关系出现裂痕甚至破裂，将对我们出口的打击更大。

过去中国经济增长，主要靠投资拉动。2008—2021年我国GDP的占比当中，投资贡献占44%，约为全球平均水平的2倍。为什么中国经济那么依赖于投资呢？首先一点，国人偏好储蓄；第二，是我们经济发展的模式决定的。在西方，调节往往依赖无形之手，更多依赖于市场。而我们则更多的依赖于政策，尤其是逆周期政策。未来，中国要稳住经济大盘，关键便在于消费，而不是继续依靠投资拉动经济增长。

中小企业困难重重，却是经济发展的重要一环

如今，我国的中小企业在资金以及市场层面还面临着各式各样的问题。在资金层面，政策上，银行应对资产不良率提高容忍度，要给中小企业更多贷款，但现实情况多是银行对其的婉拒；在企业互助层面，国家政策上，大企业要帮助中小企业，但企业之间都存在着利益关系，这在操作层面也很难实现。

从全球来讲，中小企业占比极高，"特专精新"的企业也不少。一大批中小企业在制造业中做着"隐形冠军"，甚至许多发达国家的工业体系都是由大量中小企

业构成的。中小企业并不意味着能力小，只要给予其合适的发展空间和政策支持，中小企业还是能担重任的。考虑到中小企业对国家发展的各方面能做出巨大的贡献，这一类企业目前面临的问题也非常值得深思。

环境巨变，投资方向需做调整

在种种因素影响下，目前我们需要做的，更多的是审视投资方向如何顺应时代潮流。这个世界没有能够一劳永逸持续下去的商业模式，变化是必然的。

在政府投资层面，从目前大趋势来讲，投资集中于房地产的现象要开始改变，目前主要是靠基建投资拉动来弥补房地产投资的下滑，但这很难持续。需要进一步加大民间投资的比例。

与此同时，居民的资产配置也需要重新审视。目前来看，市中心跟郊区的房价差过小，未来的价差扩大是必然。与此同时，城市核心区住房的价格却并不会有较大波动。至于房地产在中国居民资产当中总体的配置比例，在未来应该要进一步下降。当然这个过程不会那么快，现在居民受信心与环境的影响，投资意愿普遍较弱，面临着资产负债表的收缩趋势，但未来经过调整之后，大家的心态定会走稳，届时资产配置情况就需要相应调整，即增加金融资产配置比例，降低房地产的配置比例，增加海外资产的配置比例。

胡赛雄
在大变局的不确定性中找寻确定性

原华为全球技术服务部干部部长
后备干部系主任
华为总裁办顾问

在不确定性的时代，很多是不可知的。有谁会知道新冠疫情给全世界的政治、经济环境带来如此大的变化？这就是不确定性。但正是这种不确定性，给很多企业创造了大量的机会。所以机会是孕育在不确定性当中的，如果你想不到这些是机会，可能这个机会就跟你无缘。所以很多企业在经营过程中经常讲：我要抓住机会。可是机会不是抓住的，机会是创造出来的，如果这个机会是抓住的，那就说明你永远是跟随者，别人已经在做这个事情了。当规律广为人知的时候，实际上价格已经等于成本了。你怎么赚钱呢？

我们要把不确定性当成一件好事来看（不确定性才是利润的来源，今天的利润源于我们昨天的认知），怎么在过程中找到驾驭这种不确定性的方法非常重要。到底应该怎么样找到这个方法呢？想来想去，我觉得还是用《道德经》第一章的这句话来表达最精准，"玄之又玄，众妙之门"。"玄"有"缠绕"的意思，从象形和会意角度，可以理解为理论（无）和实践（有）相互促进的关系。现在来说，就是实践和理论要相结合，理论指导实践，实践要发展理论，也就是我们说的实事求是。实事求是，是我们统御事物最有效的方法，那我们在经济活动当中，我们到底应该怎么实事求是呢？

 聚焦战略，警惕过早多元化

我们从几个层面对这个问题来做一些展开讨论。比如说一个小企业，刚开始创业，在这种情况下，企业的能量、资源是非常有限的，在有限的资源下，要在行业里创造机会，就必须要活在竞争对手的认知范围之外，如果别人想到了，那小企业基本上很难赚钱，所以要在市场的细分领域里才有存活的空间。这就是初创企业的特点，聚焦战略，非常重要。

我们中国很多企业，做着做着就把自己做死了，什么原因呢？就是不聚焦。很小的企业就开始搞多元化，能量分散了。一个企业要成功，无外乎两个方面，一个是力量，第二个是力量的运用。你本来就没有力量，你再怎么会力量运用也没用。

差异化战略，给客户创造价值

企业再往前发展，做大了以后，就是差异化战略。我们要分析我们的竞争对手，但我们是要跟竞争对手血拼吗？很多企业在竞争中"杀敌一千，自损八百"，这不是自杀吗？分析竞争对手是为了了解市场的价值流向，我们怎么换一个赛道，怎么绕开竞争、脱离竞争，我们用差异化的方式吸引客户，给客户创造价值，而不是打击竞争对手。比如说，采用降价的方式，企业本来就不大，还采用降价的方式，那请问企业怎么样进行战略积累呢？

成本领先战略，规模效益

做到了行业领导者的位置的时候，就是采取成本领先的战略了。所以一个企业只有做到行业老大，才有资格说"成本领先"。因为有了规模，就有规模效益，有了规模，就可以对供应链有议价能力。没有规模，哪来的低成本战略。很多企业没有掌握这个规律。

华为的历程

华为在它"小的时候"，城市市场都被"西方列强"给瓜分了，华为只能走到广阔的农村市场求生存，这就是聚焦，找一个细分领域发展壮大自己。1996年，华为开始反攻城市，人家做交换机，华为也做交换机，人家已经市场占领了，华为要怎么赢？怎么让华为的交换机做得比西方国家的更有优势呢？西方国家的交换机更多的是To C 的，两个人之间打电话，点对点的呼叫；但是To B 没有。华为就搞了差异化，在交换机平台上做了一个业务平台，像你们经常打的800电话，就是To B

的，这就是差异化，华为称其为"商业网"。通过差异化，华为用几年的时间就做到了中国市场的第一。

现在华为在通信领域是行业老大，就可以展开成本领先战略了，就会产生规模优势，华为的毛利率是很高的，去年华为20万人，平均年薪70万元，为什么它有这么高的收益呢？因为华为是行业领导者，华为的产品成本低，但华为的价格不一定低，产品毛利就高了，利润就丰厚了。大家以为华为规模这么大，好像是资产非常庞大的公司，实际上，如果利润高了可能会加速华为固定资产折旧，其实华为是个轻资产公司，不是重资产公司。所以一个企业发展过程中要把困难留给现在，而不是留给未来。资产加速折旧，将来的负担不就轻了吗？所以，企业在发展过程中一定要实事求是，正确处理好战略积累与战略进攻的关系。

创新驱动的系统性思维

一个企业的事业到底应该怎么发展呢？一般来说，华为的事业可以分为三个阶段。第一个阶段一定是创新驱动，在中国的企业应该没有哪一家像华为那么执着地投资创新——每年营业收入的10%以上，这几年更是做到了14%。要孵化未来的新产业，围绕着这个机会曲线，这就是创新驱动。在这个阶段，不确定性是非常大的，怎么解决在非常大的不确定性的情况下战略定力的问题，我们要有一套系统的思考方法，我认为有几点非常重要：

不要做什么事情都烧自己的钱。

在创新驱动阶段，如果老是烧自己的钱，最后就会烧不下去。我能不能利用风险资本的力量，有钱一起赚，有风险一起担，所以，烧别人的钱才烧得下去。

因为敢赢的前提一定是敢输，输不起怎么能赢？你烧别人的钱才敢输。

决策错了可以再决策，对以前错误的决策应该选择性遗忘。

很多人在不确定性面前不敢决策，总觉得有风险，但是你们知不知道，一个企业最大的风险就是不决策，停在某个地方，什么事情也不会发生。但是，未来又不确定，你又不决策，那怎么办？老是担心怎么办？华为发明了一个"鸟理论"：先开一枪，看有没有鸟出来；有鸟出来再轰一炮，看有没有一群鸟出来，如果有一群鸟，则上升为一个战略决策。

很多老板问我：决策错了怎么办？没有哪个人天生能够预知将来，决策错了就再决策啊！所以当老板的，不要有心理负担，你必须具备一个能力，叫"选择性遗忘"，我昨天错了，今天发现错了，那我赶紧提出一个新的决策，压根儿想不起昨天曾经有个决策。华为有些领导甚至说：我签字，就代表我同意了吗？

如果当老板的有要面子的观念，那你会输得很惨。你到底要面子还是要里子？华为的任总说，面子是掉在地上踩两脚的东西。

市场驱动与非线性增长

创新阶段出来了成果，接下来怎么办？赶紧进入第二个阶段：市场驱动。市场驱动这个阶段一定是非线性增长的，否则就是"起了一个大早，赶了一个晚集"。

比如一些小公司搞出一些新东西，慢慢增长，极可能便会人财两空。人家大公司出几倍的工资，就把你的人才给招走了。所以大公司经常是后来居上的。

第二个阶段也不能轻松，市场投入阶段，还要加大投入。在前面两个阶段，都不要太指望有利润产生，如果追求利润，那就错了，我们在战略机会面前应该是规模资源投入，但是很多老板和企业是"不见兔子不撒鹰"的，所以就很难把市场做起来。

华为有一个竞争对手，每年的市场目标增长定在10%、20%、30%的规模，华为在这个阶段是100%、200%、300%的增长，那这个竞争对手怎么干得过华为？这里有一句话非常重要：企业发展慢，不是因为能力低，而是因为目标低。目标定得很低就不存在能力的问题，只有把目标定得很高才会面对能力的问题。把能力问题解决了，目标也就实现了。所以，企业的能力建设和目标实现实际上是事物的一体两面。

这个阶段大家一定要注意的是，一定要把目标拉高，快速占领市场，跑马圈地，不给别人留机会。

长期主义和同心圆战略

第三个阶段，做到行业老大了，接下来当然就是规模收益了。所以，我们经常讲长期主义，大家不要以为我们坚持得最久，就一定有收益。长期主义指的是前面两个阶段都在投入，第三个阶段是收割，一定要坚持到第三个阶段。

资源的投入在前面两个阶段是较大的，到了第三个阶段是较小的。所以，资源投入和事业发展走的路线是不一样的。机会是一个函数，即资源在时间上的不均匀分布。我们一定要知道资源在哪个阶段要大量投入，哪个阶段是少量投入。对于一些企业来说，怎么考核自己的事业和团队？比如，第一个阶段有业绩吗？有些企业经常考核创业团队、考核业绩,哪来的业绩?所以这个阶段不是用业绩进行管理的,是用里程碑进行管理的。

第二个阶段也不应该考核利润,应该考核市场规模、市场占有率,第三个阶段再考核利润。所以,一个时期,抓一个重点。能量不聚焦的话,怎么能有击穿的力量?要特别警惕多元化。

华为把事业发展定义为同心圆发展战略,围绕自己的核心能力来发展业务,哪个方面是最擅长的,要用自己的长处跟别人的短处竞争,不要用自己的短处跟别人的长处竞争。但是很多企业是"有钱就任性",把以前靠运气赚来的钱,最后靠实力都输光了。

华为在这方面定力特别强。华为专注做通信这个领域,花了20年时间做运营商网络,树干长出之后,再长出其他的枝。比如说,华为的手机、企业业务、数字能源,其实核心能力都是一样的,就是ICT,IT就是信息技术、CT即核心技术。这样形成多产业的发展,能力就会拷贝到不同的事业单元去。任何一个产业的发展从没有能力到变成有能力,即使像华为这样的企业,也基本上是十年磨一剑。1988—1998年,华为交换机做到国内第一名;1997年华为开拓海外市场,2007年华为才开始在海外盈利;1999年华为开始做3G,到2009年国家推出"4万亿计划",工信部发了3张3G的牌照。即使像华为这样的公司都是十年磨一剑,你有钱投资一个新产业,就以为今年可以赚钱?没有那么容易的事,所以一定要紧靠自己的核心能力,这样走得稳健、长久。

在一个领域里不断地深耕,总是能创造各种机会出来。总是这山看着那山高,你的钱就输光了。我现在辅导的有些企业就是这样的,企业不大,但几十家分公司占据了各个大赛道,但是企业的能量不够,每个领域都做不起来,最后就可能把自己给做死了。

走出内卷与"规模不经济"

我们还要区分一下,比如说有些过时的业务,果断一点,该切掉就切掉,比如说教培,中央政策已经发文了,企业如果还在这个赛道上苦苦哀嚎,就是反其道而行,所以,该撤退就撤退。如果是内卷化业务,必须通过创新实现业务升级,如果是利润比较高的领域,就要加大资源投入。我们不要打早就应该打的仗、别人早就打过的仗,你在后面打,有意义吗?全部都是价值牺牲,不是价值创造。

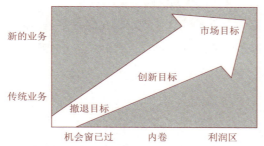

走出内卷和"规模不经济"

旧目标未必导向新成功，不断变化的市场，需要开展以价值为目标的企业设计，不要打一场"早就应该打的仗"

我们到底应该怎么样给客户创造价值呢？我认为下面这张图应该能够说清楚。我们给客户创造价值无外乎三个维度，第一个是商业价值，你能不能降低客户的 Capex（投资成本）或者 Opex（运营成本），你能给用户带来商业价值，人家才会买你的东西。

华为在 2004 年就进入了欧洲市场，在荷兰签下了一个大单，为什么在爱立信的家门口能够站稳脚跟呢？因为华为可以降低客户的 Capex 50%。

技术不是越先进越好。能够给客户带来价值，技术落后也不是问题。比如 1999 年中国电信推广的小灵通，就是落后技术，因为电信没有移动牌照，他要发展移动业务，就要跟移动运营商竞争，有这个需求，满足这个需求不就可以了。技术太领先，以至于没有人去消费它，那就变成"先烈"了。华为有个理念：领先半步叫先进，领先三步叫先烈。

在一些关键的核心技术，如果影响到公司的战略深层，一定要控制好，比如芯片、半导体。华为在 2012 年就开始布局，重在芯片设计而不是芯片制造，布局了美国、欧洲、日本、中国台湾地区、韩国，你打压我这个地方，其他地方还可以供货，但是没想到美国这么狠，这也是不确定性。华为很坚强，还是挺过来了。

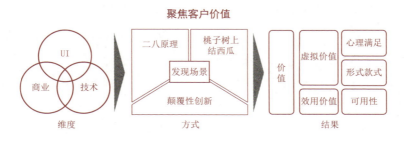

聚焦客户价值

"二八原理"与迭代思维

关于实现方式，第一个就是二八原理，迭代的思维。千万别梦想去追求卓越，去搞一个非常完美的东西出来，企业能力的积累有一个过程。你怎么能一开始就搞出很好的产品呢？能把很烂的东西卖出去叫本事，好多企业经常讲追求卓越，却从来没卓越过。

华为从来不追求卓越，早年的产品烂成什么样子，我们叫"买一送一"，买一个华为的设备，要送一个工程师给他，搞不清楚问题出在哪里，那就让工程师守在设备旁边，死机了，就用牙签戳一下。不也这么过来了吗？工程师快速解决这些问题，迭代前进，走到今天，反而成了大家学习的榜样。

拳头要先打出去，老是追求卓越，你的拳就是打不出去，东西卖不出去有什么用。大家说产品重要还是商品重要？商品才是最重要的，产品只是实现价值交换的手段。

任何一个产品，如果有很多的问题，你一定要抓主要矛盾和矛盾的主要方面，这次抓最主要的问题，解决了，找最关键的价值点，这就叫"二八原理"，做到了，你的投入产出才会大。你什么都想做，请问谁来买单呢？你要考虑客户的价值选择。

原来创造了这样的网络、这样的客户关系，你能不能在这个基础上再产生其他的增值服务？像华为做了几十年网络通信业务，设备遍布全球各地，企业就要想办法在这个基础上做一些增值服务。你们可能不知道，华为每年的利润有大约1/3来源于售后和增值服务，就是在客户的网络上给他做增值服务，然后去创造价值。往往卖设备不一定很赚钱，但是后面的增值服务是非常赚钱的。

颠覆性创新是可遇不可求的，长久以来，华为没有一样东西是颠覆性创新，更多的是扮演跟随的角色。所以在红海里，如果能够快速迭代，一样可以想办法超过竞争对手。如果你有从0到1的技术，确实能够带来商机，我认为也未尝不可，但是我认为不是那么容易的。三种创新最核心的一点是什么？一定要找到客户的场景，因为客户永远是为特定的场景选择买单。在场景中有什么样的风险？这个风险就是我们的机会。所以，我们经常讲从客户中来，到客户中去。但是从客户的哪里来，到客户的哪里去，很少有人知道。其实就是从客户的价值链中来，到客户的价值链中去，找到他价值链里面某个场景的痛点，因为这个痛点就是他的需求。

我们到底给客户提供什么价值？

很多企业把自己定义为制造企业，制造企业就是性价比，制造企业就是效用价值。这个世界上，凡是给别人提供效用价值的都是辛苦的，因为效用价值是锚定在成本上，所以定价很多都是在成本上加一点价。那怎么赚大钱？要想办法把价格锚定在客户的心理感知上，这是一种没有上限的价值。

如果我是心理定位很高的，那我就会买高价钱的产品。世界上有品牌的东西一定是用价格进行加持的。价格低的东西有品牌吗？没有，有品牌的东西都是有虚拟价值的，但是很多企业不习惯搞这种虚拟价值。不知道大家有没有发现，很多企业的手机价格是越卖越低的，华为手机是价格越卖越高的，这就是虚拟价值。

怎么让客户接受呢？我们初中的时候学过物理，一个东西是运动的还是静止的，凭什么？得选择参照物。同样的道理，判断一个东西是价值大还是价值小，要选择参照物。如果你选择的参照物很差，价值就低了；你选择高大上的东西，价值就高起来了。所以华为选择什么？保时捷，秒杀苹果。不断这样营销，人家就觉得华为的手机确实牛，就变成奢侈品了，价格就上去了。所以，一定要找到一些大家公认的高价格的东西，让顾客去比较，来加持你的产品。

基于人性的制度设计

最后讲一下管理。很多企业家参加了五六个工商管理课程的学习，还是不会管理，因为他没有搞懂管理的底层逻辑。如果让你学一条管理规律，那就是能量和能量运动的规律。

比如说，有的高管批评下属，他纯粹是为了批评。比如有家上市公司老板每年把经营数据拿来给下属们分享，经营数据这么烂，你们还不努力？我说：你为啥把数据给他们看？他说：传递压力；我说：下面人看到这种数据怎么想？都烂成这样了，赶紧找工作吧。所以，你当老板的永远应该给下属传递信心，而不是贩卖焦虑。很多老板直接把焦虑传递下去，那下面的人谁愿意一天到晚给充满焦虑的老板干活？所以说，这是违背了能量规律，我们不要做这种傻事情。

前两天有个老板在群里说要赏罚分明。赏罚分明最大的弊端就是大家不愿意干那些挑战性的事情，因为那种事情不确定性大，犯错误概率就大。我做容易的事情那就是最安全的，所以企业里不能建立这种赏罚分明的制度，一定要包容试错，因为所有的成功都是以失败为起点的，不给大家失败的机会就不可能成功。

别看华为这么大，特别是我们的研发创新团队，犯错误是非常正常的，人才是浪费出来的。

能量在人类社会的表现是什么？就是人性，所以如果你还想掌握第二个定律，希望大家基于人性来管理。很多人做制度不考虑人性，想当然地做一些机制和制度设计。那你的业绩怎么可能产生？我们一定要搞清楚两个概念，一个是人性化管理，另一个是基于人性的管理。

人性化管理什么意思？让下属们工作氛围宽松一点、舒服一点。比如，我在华为讲课，讲了四个选择题，过程很舒服，结果很理想，但效率是零，这是想要的结果吗？过程很舒服，结果不爽，这是想要的结果吗？都不想要吧。过程不舒服，结果也不爽，更不是想要的结果吧？所以，我们只有一个选择，过程不舒服，结果理想。

再比如说，企业的一把手跟副职不团结，如果一把手没干好，副职心里是这样想的：这可是千年等一回的机会啊！你怎么可能有团结的团队呢？所以你要想办法规避人性的弱点，弘扬人性的光辉。华为就有个规定，一把手没干好，副职不允许接班。一把手干好了，副职可以到其他部门转正。所以，一把手再烂你也要扶持着：你不能倒啊，你倒了我也没有机会了。

还有人说，要发展团队的接班人，这样的机会会发生吗？几乎不会发生。如果让你提名你的接班人，你一般不会提名最好的，因为太危险；也不会提名最差的，因为太露骨。所以，一般会提名中间的，这样更安全。所以华为很干脆，你们不要培养你们的接班人，但是你们要培养你们下级的接班人，隔级提名，总裁提名总监的接班人，总监提名经理的接班人，他一定会提名最好的，因为他的下级不好好干，他得找人把他换掉，但不是换你自己。这就是基于人性的管理，根据人性的特点设计我们的机制和制度，让机制和制度变得有效。

能量要好，人性要好，必须要用利益进行衡量。很多老板老跟大家谈情怀，就不谈钱，那下属们怎么会有干劲。优秀的企业都有个特点，就是谈钱不伤感情。你就是不给钱，老跟别人谈情怀，你以为别人是"傻子"？

怎么能获得更多的利益呢？

有能力才会赚更多的钱，但是在这里我们一定要澄清一点，真正的能力不是个人多么有能力，而是组织能力、结构力。金刚石跟石墨的元素都是碳，但为什么石墨只能拿来做铅笔，金刚石会拿来切割钢板，因为它们的结构力不一样，所以华为是把能力建在组织层面上，而不是建在个人层面上。

我们很多企业希望把能力建在个人身上，但是"铁打的营盘流水的兵"。能力强了，这个人就可能会跑了。在你这里得不到发展，他就到其他地方发展。能干的人基本不忠诚，忠诚的人基本不能干。只有把能力建在组织层面上，这才是长治久安之计，这样我们就可以适当降低对人的要求，而不是提高对人的要求。当一个企业遍地是英雄的时候，那可能就是一个企业的灾难。

怎么能够构筑强大的能力？

关键是借力。

什么是市场经济？市场经济就是我们有机会集成外部的分工，资源不求所有，但求所用。所以我非常反对垂直整合的思维，要开放整合。华为请那么多顾问公司来协助建立管理体系，任总怎么说？给我们时间，我们也可以摸索出来，但是一个企业最大的成本是机会成本、时间成本，还不如多花些钱请优秀的人过来帮你把这套体系建起来。所以，大家在管理上一定要有开放思维。

怎么能借到力呢？

非常重要的一点是价值观，必须是利他的价值观，你对别人没好处，人家为啥要帮你。利他不是单纯的付出，利他其实是投资思维。

这就是今天给大家分享的企业经营的一些底层逻辑，帮助大家应对不确定性。不确定性很难预测，但是我们可以建立一定的规则，用规则的确定去应对结果的不确定。

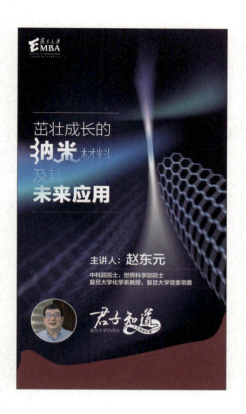

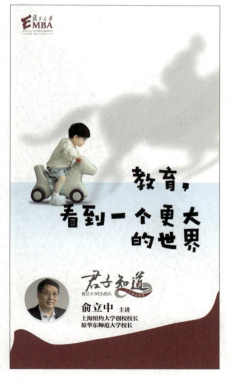

第三篇 无用之用

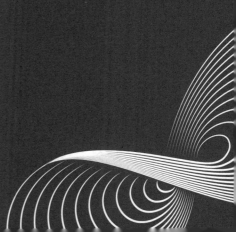

种德守心

葛剑雄
科学、人文、人生

复旦大学文科资深教授

今天我讲的题目是《科学、人文、人生》，为什么开学之际，要跟大家讲这门课呢？其实所有的课程都包含了科学、人文这两个方面。如果我们仅仅把课程看成知识概念而忽略了它的人文因素，那学到的知识不可能得到有效的运用，有时候甚至会适得其反。

我们的人生，特别是身处当今社会的每一个人，都离不开"科学"和"人文"。那么，什么是科学，什么是人文呢？今天的人们持有的某些理解，其实是不甚完整的。

人文是学科，而不是科学

"人文"这两个字，在中国最早出现在《易经》中，"文明以止，人文也。观乎天文以察时变，观乎人文以化成天下"。意思是说，文明的最高境界就是人文，看天文可以了解自然的变化；而观察人文、掌握人文可以化成天下，达到天下大治。所以在中国，"人文"就泛指中国古代儒家文化的精华：诗书礼乐，也包含了各种文化现象，这个词在西方现在称为"humanities"，来自希腊文的"humanitias"，泛指人性、人的教养。相关的学科，我们称为"人文学科"，注意，不是"人文科学"，那种表达是错误的。哲学、历史学、法学、美学、文艺学、伦理学、语言学、经济学、政治学等，都属于人文学科。

并不是说人文学科就不包含科学，比如说历史学，历史研究的对象一部分或者说大部分是人文，但是其中一部分就是科学。比如一个历史人物，哪一天出生、哪一天去世、做过什么事、讲过什么话,这不是人文,而是科学。但是怎么评价他,怎么认识他,这就是人文了。所以,并不是说人文学科里面全部是人文,而是说以人文为主。

什么是科学呢?科学是指运用范畴、定理、定律等思维方式,反映现实世界各种现象的本质和规律的知识体系。科学反映的,既包括自然现象,也包括社会现象的本质和规律。文学作品是通过艺术形象来反映世界的,科学则须将思想归纳成范畴、定理、定律。一旦作为定律存在,就会限定在某一特定的范围里,所以,科学也是社会意识形态的一种类型。

科学又分为自然科学、社会科学和思维科学,能贯穿这三个领域的,是哲学和数学。一切科学都是要受哲学影响的,不管是自然科学还是社会科学,人文是贯穿在所有的科学中间的。数学也是如此,一讲到量化、讲到定量,都离不开数学。

科学按照与实践的不同联系,又可以分为理论科学、技术科学和应用科学。研究基本理论认识的是理论科学,它不一定与实际联系;技术科学是把科学的概念变成一种技术;应用科学则是研究科学原理怎么应用。

那么人文和科学这两者之间,有哪些具体的区别,又有哪些一致性呢?

人文	科学
• 以人为基础	• 以物为基础
• 精神的	• 物质的
• 强调个体、主观性	• 强调群体、客观性
• 不可量化	• 可量化
• 无法验证	• 可验证
• 不可重复、复制	• 可重复、复制
• 无标准答案	• 有标准答案
• 不可怀疑	• 怀疑精神
• 非理性(价值理性)	• 理性(工具理性)
• 以信仰为最高境界	• 追求客观规律

人文是以人为基础的,这个"人",可能是指一个人,也可能是指人的群体;科学是讲物质的,认识人的身体,比如说脑科学,是把脑子作为一种物质来研究的,研究脑里面有多少个神经元,神经元如何活动等等。但如果讲人的思维、精神,就是从人文的角度思考问题,人文是强调个体、强调人的主观性的,但科学是

强调群体、强调客观性的。

正因为这样，人文是不可量化的，而科学是可量化的，也是必须量化的。讲管理，从科学角度来讲什么都要量化，但如果讲到管理思想，讲到人际关系，这些都是人文领域的概念，是不可量化的。再比如说文学研究，一个唐朝诗人写了多少诗，这一类型有多少诗作，这些都可以量化；但是如果是说怎么评价一首诗，这就没有办法量化了。

科学有标准、可量化、可验证，人文则相反

人文领域的概念好多无法验证，但是科学必须是可以验证的。正因为这样，人文的很多成果、很多内容是不可重复、不可复制的；但科学恰恰相反，必须是可以重复、可以复制的，否则就不叫科学了。

前几年，河北有一个年轻的学者在国际顶尖的刊物上发表了一篇关于基因编辑的论文，当时在媒体上引起了极大的关注，被认为是可以拿诺贝尔奖的重大突破。但不久他就被质疑了，因为其他学者根本无法重复他的实验，后来这篇文章只能被撤销了。他是不是一定弄虚作假？不一定。但结果不可重复就没有人承认你是科学。

人文则不是这样。有很多过去提出的概念，到现在，也许直到将来都无法被验证。而且，人文是没有办法重复的。人类历史上很多天才、杰出人物，也许今后不会再有人超过他们，这就是人文；但科学永远会被新的发现超越。人文是没有标准答案的，但科学必须要有标准答案。

人文的最高境界就是信仰，不同的信仰对同一件事情有同样答案吗？不可能，甚至同一个信仰里，对同一个人物的认识也是不同的，所以人文没有一定的标准答案。人文是不可怀疑的，不是说不让你怀疑，而是你怀疑也没有用，而科学是提倡怀疑精神的。牛顿看到苹果落地，对这种自然现象产生了疑惑，于是有了对物体运动规律的总结和创新。但是他一辈子怀疑过上帝吗？不会的。为什么现在有些人会觉得困惑，有时候提倡怀疑精神，有的东西却又不容置疑。其实，怀疑精神主要是引导你要具备问题意识，这是从科学角度讲的。不怀疑，科学无从进步。我们每次科技上的重大突破就是在纠正原来的错误，或者弥补原来的不足，或者打破原来的界限。相对论提出的很多原理，最近才能被验证。但是任何国家、任何人类群体都不会允许你怀疑它的基本价值观念。所以这两者一定要区分开。人文是非理性的，或者说是只讲价值理性；而科学必须是理性的，或者说它要讲工具理性。

我们歌颂崇高的爱情，真正的爱情能不能完全讲工具理性呢？如果完全讲工具理性，首先要比较两个人是不是有钱，是不是能够对双方的今后发展有利，门当户对与否，等等，但是现在人类社会中长期作为典范歌颂的爱情，往往是不理性的，甚至是完全不可能实现的。

人生追求的是价值理性，而不是工具理性

人生很多最高境界，不一定是最合理的，或者是最科学的，或者是最理性的，它追求的是一种价值理性，而不是一种工具理性，简单来说，它恰恰是非理性的。这与人文、与科学又很不同。人文的最高境界就是信仰。信仰的境界是什么？对自己的理念、对自己的崇拜对象，对自己的追求目标毫不怀疑，为了它可以献出一切。在国外一般认为只有宗教信仰才可以达到这一点。科学的最高目标是追求客观规律。信仰不需要讲为什么，但是科学规律必须要讲理由。

今天一些被认为是人类文明最高的艺术成果，往往是信仰的结果。米开朗基罗在西斯廷教堂的创作堪称是艺术境界和人的体力的极限。一个画家画成这样幅画，不要说技巧、表达方式，仅仅是画成，已经超越了常人。他为什么能成功呢？因为他已经把绘画当成了一种奉献和信仰，在这种情况下，人的体力才会得到超常的发挥。音乐也是这样，很多音乐在创作过程中其实就是信仰的表达和结合。

科学和人文各有不同的标准。科学往往会有结果，而人文也许不会有什么具体的结果。那么我们为什么还要重视人文呢？因为人生是离不开人文的。人生的一切都不是简单的物质，或者说，如果只有物质，你得不到真正的幸福，得不到真正的成果，甚至不可能有完美的人生。

梁武帝的儿子、昭明太子萧统编的《昭明文选》序言里有这样一段话："式观元始，眇觌玄风，冬穴夏巢之时，茹毛饮血之世，世质民淳，斯文未作。逮乎伏羲氏之王天下也，始画八卦，造书契，以代结绳之政，由是文籍生焉。"远古的时代，生活非常原始，人冬天住在洞里面，夏天住在树上面。那时候民风很淳朴，生活很简单，就是"斯文未作"。等到了伏羲统治天下的时候，他制定了八卦，创造了文字，用文字记录带代替以前简单的结绳管理方式。因为以前没有文字实施管理的时候，怕忘记，就会用结绳子的方式记录事件，一件事情打一个结，有的事情可能结打大一点，到时会想起是什么事。有了文字以后，就不需要这样做了。因为有了文字，从此有了文字的记录，有了书籍，有了人文基础。

所以在古代，我们的学者就已经认识到，一个社会的进步离不开人文。而人文以什么为标志呢？文字。有了文字，就有了记录。为什么说没有文字、没有记录不行呢？实际上也就是说，人本身只记录物质的功能，但是要想提升到人文境界，则离不开学习，离不开这些人文的活动。

人文与生俱来，人生与人文同在

人文是与生俱来的，人生与人文同在。比如我们的衣食住行，难道就是简单的物质吗？如果饮食只是满足生存和健康的需要，完全不用那么复杂。像美国人早上喝的药，测算一下你需要多少氨基酸、蛋白质，把这些给你做成压缩饼干吃，或者缺少维生素就给你补充药剂，所需营养都保障了。但这样的生活有幸福感吗？我就开玩笑说，如果一辈子都这样生活的话，就像动物需要高级饲料一样。

其实只要稍微能够摆脱温饱问题，我们对饮食的追求就不单单是物质层面的，更多的是人文层面的。更不要说，我们在饮食中形成的那些规范、礼仪、进食方式、饮食方式，这些都是人文。人类进食时选择用刀叉或筷子，是根据当时的需要，都是由生活方式决定的。有些地方进食是拿手抓的，因为他们觉得用手抓最干净、最对得起真主。一个穷人，如果刚吃饱了饭，肯定下一步想吃好，这个"吃好"的标准是不是科学的呢？更多的应该是人文层面的。

所以，发展到了现如今的社会，我们如果只讲物质的话，那么要解决人的生存，是非常容易的。但是实际上现在的衣食住行，更多的就是为了满足人们对"人文"的需求。奢侈品的包为什么要卖那么高的价格呢？不是卖材料，而是卖它的品牌，实际上这件产品卖的更多的，是人文、是精神。提一个路易·威登的包，跟提一个普通的包，有什么不同的感觉吗？物质上是没有的，是一样的，一样的重量，假货也能做到看不出来，为什么提真的包会有一种愉悦感呢？这就是人文层面的感受，而不是物质层面的。所以，衣食住行如果离开了人文，那人的幸福感、荣誉感就都消失了。

从这一点来说，我们要明白，从物质上讲人类总是在不断进步，我们今天的衣食住行，连一个普通人，在很多方面已经远远超出了过去的帝王、富豪、贵族的生活水平，而且已经早早超过了。但是你们的幸福感、人文享受是不是一定超过古代的人了呢？那就不见得了。

价值观与生活方式一致，是人生幸福的基础

个人和家庭的幸福也是离不开人文的。有些企业家问我，我的孩子什么时候送出国最好？我说，看你要追求什么目标，这离不开人文追求和人文趋向。如果希望他今后在国外生活，不回来了，那就越早越好。但如果从价值观念出发，希望有一个和谐的家庭，那你就得考虑，如果过早将孩子送出国去，今后与你没有共同语言、共同的生活方式，你会觉得幸福吗？如果孩子真的信了某种宗教，要按他的信仰办事，如把你的财产全部捐给教会，你说不行，这是真正的幸福吗？如果行，你真的接受吗？所以这不是钱的问题，这是人文。如果你也是真心诚意信了教，觉得捐掉很好，这才是幸福。为内心信仰的事业做出自己的牺牲，是会有幸福感的。

中国的富人是最忙的。你说他们有真正的幸福？胡润全球富豪排行榜曾经在中国年轻的企事业家中做过一个调查：希望自己能够赚到多少财富？结果出乎意料，很多人的回答是：看我这辈子能挣多少。这是无限的。这些人是不是就真正拥有幸福了呢？回过头去看，有的人早就破产甚至锒铛入狱了。

中国人老是仇富，为什么欧美人一般不仇富呢？因为他们中的很多人死后都把财富捐了出去，有的人生前已经把财富捐了。而中国富豪没有多少人会愿意这样做。西方的企业家大多数都是有宗教信仰的。资本主义兴起，好像与上帝信仰格格不入，但是新教伦理和资本主义精神可以结合，合法发财致富是荣耀上帝，与信仰是不矛盾的。致富之后也要回馈社会，这也是上帝的期望，这个理念才是最重要的，造就了富人，财富都捐献了出来，还有什么仇富？这些都是人文影响的，而不是物质。

我曾经带了一批企业家去访问高盛的总部，有一个高管为我们介绍了一个小时，结果对方都在讲价值观念；后来我们又去了普华永道，他们讲的也都是价值观念。我们的企业家其实都想听怎么挣钱，但大企业首先突出的是价值观念。当然，他们的话未必全部是真的，肯定有一些见得不人的事没有讲出来，但那至少证明他们认识到价值观念的力量，证明他们对品牌效应的理解不是出于有多少财富、多少营业额、多少利润，而是背后的价值观念。美国早期的这几个财团，被今天的人们记住的，不仅仅是他们的财富，或者当初不太光彩的发家史，而是他们做的贡献。

人文体现在价值观念上。历史学表面看来是人文的，其实也是分为两个部分，也包含了科学。正因为这样，我们要认识到，人类社会的和谐与进步，不是取决于物质、取决于武器，而是取决于人文。我们国家提出来的发展目标，要建设人类命运共

同体，如果大家没有共同的人文基础，命运共同体能建设起来吗？这是不可能的。

我们现在倡议建"一带一路"，要知道，互通，其中最重要的是人心相通，做不到人心相通，就不可能有共同结果。人类未来的基础和谐取决于人文，大家要明白这一点。要在观念上找到一个最大公约数。

有些人说，人类之间不可能有普世的价值观念，怎么可能和谐呢？其实是有的。我很赞赏费孝通先生的说法，就是人类之间应该是"各美其美，美人之美，美美与共，天下大同"，大家都要对自己的文化有自信，就像讲爱国主义，就是人文，文化自信不是说自己文化最先进，天下第一，这是"各美其美"；光有这个不够，还需要"美人之美"，真心实意地欣赏、赞美人家的文明，这样"美美与共"，有自信也赞美人家，才可以达到"天下大同"，人类和谐相处。

习主席在联合国教科文组织总部做过演讲，提出了一个观念："文明互鉴"，前提是什么呢？承认世界上现存的主要文明，都有值得我们借鉴学习的地方，应该包括美国文明、西方文明、穆斯林文明。那么我们有没有真正去了解过这些文明中有哪些可以借鉴的东西？如果不弄清这个问题，人类命运共同体又怎么建成？人文学科本身是需要学习的，但是光学习价值观念是不够的，需要去感悟、去实践，对某种信仰，不在于把道理讲得头头是道，而是要注重行动。

希望大家在未来的学习中，在自己的人生中，一方面认真学习科学知识，进行科学研究；同时也要认真学习人文学科，不断感悟人文精神，不断地去实践这样的理念，最后达到信仰的成功，才能够取得最大的收获，这样我们才能够拥有幸福的人生，才能够给后人留下宝贵的财富。

骆玉明
在何处可以安静

复旦大学中文系教授
《辞海》中国古典文学分科主编

我今天讲的题目是"在何处可以安静"。

为什么会有这个题目呢？因为最近很多人都感觉到内心不太安宁，不安的感觉特别强烈。而且这个感觉是会议的主办方先传达给我的，主办方发给我的文档，开始一段是这样："在时代的浪潮下，个人的命运是如此的不受控制，全球疫情的爆发更是向我们揭示了人类生命的脆弱，或许世界并不在我们把握之中，美好的生命可以随时消失，个人的命运只能随时代而沉浮。"这是主办方传达的一种不安，或者说，他们希望找到克服不安的方法。

前两天在朋友圈里看到有人转发许纪霖的访谈，那个访谈也是从不安开始的。记者的导语是："近几年经济放缓，创新低迷，贫富差距增大，世界局势变幻莫测，大变局、不确定性成为时代症候，如何在不确定中生存发展成为重要命题。我们经历中美贸易战和世界性疫情，担忧经济冲击与政策变动，忍受封锁隔离与消费降级，参与民粹主义与逆全球化浪潮，微观偶像幻灭与精英坠落，身陷虚拟世界与精神危机。"

随之而来的，就是不安。所以，我就想说说，我们如何能够找到一个安静的地方。

❋ 有多少不安

根据上面两段材料，我们来罗列一下"不安"的原因：第一个是疫情，然后是冲突，中美之间的冲突，乃至于中西之间的冲突。这冲突里包含着贸易战，也包含孟晚舟1000多天的受折磨的过程。

台海形势也非常让人担忧，这个地方一旦爆发战事，对中国人来说是很大的灾难。再有，在知识分子圈里经常被提起的民粹主义，是精英很反感的东西。民粹主义是具有巨大危险性的力量，因为它的特点就是盲目。引动它的人也许不盲目，但是一旦被引动，它就变得很盲目了，它会变成一种什么样的破坏力量，我们事先没办法知道。

诸如此类，我们可以罗列很多。还有一个东西也是令人非常担忧的，就是技术的发展，现在技术的发展会往什么地方走。

✻ 精确计算的世界并不遥远

今年（2021年）研究生的讨论课上，我跟学生讨论一个问题，《世说新语》中提到的魏晋玄学的一个话题，就是"四本论"中"才性同异"的问题。这差不多就是智慧和德行的关系，智慧和德行是相合的，还是相分离的，两者是不是可以合为一体？

这个古老的命题跟我们现在的生活什么关系呢？如果你认为智慧和德行是一体的，并且如果一体是以才为主，而不是以德为主的，那么会出现一个什么样的结果？以才为主的世界是数字化的世界，是一个精确计算的世界，一切都仅仅是精确计算，道德也是精确计算，道德是一种获得利益的技巧。这并不很遥远，如果这个世界以机器人的方式来统治的话，这个世界就是数字化的世界。

并且，这样一种看待人生、看待社会的方法，在我们身边其实是存在的。尽管极端的例子比较少，但是极端的例子的存在，表明这样一种生活态度、这样一种生存方式正在形成。

精确计算的生活方式如果成为态势，这对我们来说是一个很大的困惑，是一个很大的威胁。

✻ 我们的不安来自哪里？

把上面提及的种种不安加以归纳，大概可以笼统地分成两类，一类不安，是由于社会在不断地重新分层导致的，是中国近几十年来正在发生的一件事。这个社会正在重新分化成各种阶层，而且这种阶层区分正在逐渐固化，底层人群向上流动的机会在不断减少。

在社会分层的过程里，人们惊慌恐惧，想尽办法使自己不要被划分到较低的社会阶层里。这样的一种担忧更直接地体现在孩子身上，家长拼命让孩子从一个补习班到另外一个补习班，补习到天昏地暗，补习到小孩子得抑郁症，一直补习到国家出手让补习班停下来。

还有一类不安，跟读书人关系更大，现在很多人比较大的迷惑是，不知道我是谁、不知道我能干什么，甚至不知道我想干什么。

其实，读书人的这种不安由来已久。我们也许可以说，首先我们是不安的，然后才出现了不安的事情。我们把我们的不安附着在事情上，然后说，因为这些事情我们不安。其实你的不安跟中美贸易战没有关系，跟孟晚舟回来不回来也没有关系，只跟你有关系，因为你不知道在何处可以安静。

❋ 找寻内心坚定的力量

我们先绕个弯子，说到一个很远的地方去。

启蒙运动时代出现了一股无神论热潮，也出现了伏尔泰那样的机智滑头的有神论者。伏尔泰的名言是，即使没有上帝，人们也要创造一个上帝出来。有了上帝是好的，有了上帝，生意合伙人不会随意欺骗我们，我的老婆也不会随便背叛我。

卢梭是反对基督教的，但是他仍然坚持说神是存在的。卢梭的神学观念初看起来会让人感到很奇怪，他反对基督教对上帝的解释，严格地说他也否定了《圣经》的价值。但是在这样的情况下，他仍然肯定神的存在。他说，我们只是不知道神以什么样的方式存在。那如何体会神的存在吗？他说有两个途径。一个是大自然，当我们看到了自然的宏大、有序、壮观的时候，我们知道在自然的背后有一个力量，那就是神的证明。

上帝的存在还有一个证明，是我们内心的善。我们内心永有一种向往善的力量，这是神内置于我们生命中的神性。大家很熟悉的两句话，就是康德墓碑上的话：有两种事物是值得我们崇敬的，一是我们头顶的星空，另一个是我们内心中的道德律。这两句话的原义来自卢梭。

从卢梭的思想中，我们感受到对宗教的一种特殊理解。我们不需要证明神的存在，我们只需要确认自己的善。善是一种神性，它足以支持人性所要求的高贵。

当我们试图摆脱自己不安的时候，我们需要有一种根本性的自信。我知道我是谁，我也知道我要做什么，我顶多不知道我能做成什么而已。

我们再谈到儒家学说。《论语》里有四个字，"士志于道"，这是最能体现儒家的责任和人生观的。"士"作为一个个体在社会中生活，当然也要面临养家糊口、传宗接代的问题，要面临奶粉和尿布的问题，需要获取社会成功、生活资源。在这一切之上还有一个更高的东西，那就是"道"。儒者的生命意义归根到底不是体现在如何安顿生活，而是体现在显扬和维护价值上。确认自己有这样的责任，儒者就确认了"我是谁、我要做什么"的答案。

儒学曾经作为长久的国家意识形态存在，难免需要跟政权合作，儒者虽然可以跟政权合作，但是他仍然是独立的思想者，仍然是一个有能力确认和显扬中正价值的人。

譬如王阳明，他可以在跟皇帝打交道的时候从容不迫。

王阳明遇到的明武宗，你不能简单说他是坏皇帝还是好皇帝，他就是一个胡闹的皇帝。举个例子，宁王叛乱了，王阳明一面打报告上去，一面组织兵力把宁王拿下了。这边仗打完了，那边皇帝的批复还没下来。皇帝这时忽发奇想，要王阳明把宁王放回去，让他这个皇帝，同时也是皇帝自封的大将军重新打一次。他把打仗当成当游戏了。

王阳明拒绝了皇帝的荒唐念头。打仗要死人的，而士兵大多数不知道自己为什么打仗和为什么死，所以决定士兵命运的人要爱护士兵的生命。游戏里倒下的士兵都是虚拟的，战场上倒下的士兵是别人的儿子。

儒学尽管是国家形态，体现统治者的意志，但是儒学始终包含这类东西，我叫它"儒者大气象"，就是儒者是有能力确认价值和显扬价值的人，他们知道自己是谁，他们知道要做什么。

❋ 对人善的本源力量的信心

如果我们需要自信的话，我们需要对人善的本源力量的信心。

我们如果把中国文化和西方文化做一个粗线条的比较的话，可以这样说，中国文化是非宗教类型的文化，而西方文化是宗教类型的文化。不是说中国没有宗教，而是说宗教在中国文化当中的影响力很有限，远远不像在信奉基督教、犹太教、伊斯兰教的文化中那么重要、那么强烈。

这跟中国文化发展过程中的很多因素有关。我们读《诗经》的时候会发现，那里面说到"上帝"，有时候也说"天"，他拥有至高权力。从这个意义上说，这个

"上帝"和基督教文化里的"上帝"是一样的。

但是我们在《诗经》里所看到的"上帝"有个问题,他的脑子不大灵,有时候干一些好事,有时候也干一些坏事。干坏事是因为他脑子糊里糊涂,他会犯病。犯病最明显的表现是无缘无故地降下灾祸,而这种灾祸又常常降落在无辜的人身上,那些善良无辜的人会遭遇灾祸,而那些该倒霉的坏人反而活得轻松愉快、得意扬扬。这个世界是不公道的,这样的理解,几乎每个人都能够体会到,世界是不公正的,常常善良的人遭遇不幸,而邪恶的人反而收获很多。

有一位英国科学家的解释是这样的,人类之所以进化到现在,就是因为人类邪恶的天性发挥了作用,按这种特殊进化论的解释,现在活在世界上的人都是邪恶的,好人早就死尽了,能活下来的全是坏人。

总而言之,我们很容易体会到这一点,这个世界充满着罪恶与不幸,说得更具体一点,就是充满着他人的罪恶和我们的不幸。原因很简单,因为我们对自己的罪恶意识能力比较差,我们对别人的罪恶比较敏感。反过来,我们对自己的不幸非常敏感,对别人的不幸没有那么敏感。

如果拥有至高的权力和至高的意志的上帝有完美的德行,那这个世界不应该发生这样的事情。可是我们要知道,在神学理论中有一个"神义论"的观念,就是你必须无条件相信神是全能、全德的,这关系到对神的无条件信仰能否确立。但是在中国文化里,神可能是全能的,但是神不是全德的,神的德性存在很多疑问。

如果神不是全德的,那么世间合理的秩序由谁来保障?这是一个非常大的问题。在这个问题的解答上显示出了中国文化和西方文化最大的不同,中国传统文化认为这个世界完美的德行是由人来建立的,是人保证了世间完美的秩序,而人保证的世间完美的秩序首先体现在圣人身上,继而体现在每一个人身上。

这种思想在孔子学说里得到更系统的表述。孔子学说有一个核心的概念就是"仁",而"仁"在孔子学说里有两重性。在一重意义上说,"仁"是具体的德行。孔子有个学生叫司马牛,他问孔子什么是"仁",孔子回答说,说话很慢就是仁。司马牛说话很快,所以他觉得孔子在挖苦他。孔子说:"为之难,言之得无切乎?"你如果说话说得很快,就会急躁,就会轻浮,而轻浮就会导致言而无信。

仁还有另外一重意义是全德,是德性的完成。孔子通过仁的概念建立了一个非宗教的道德理念,并且用非宗教道德理念来奠定世界的秩序,来确定世界的合理性。世界的合理性基于人具有一种向善的可能。

这个思想在孟子那里得到进一步发展。孔子说到了仁，但是他没有说人的本性是什么样的，人为什么可以成为仁者。那么就存在一个问题，需要给"仁"找到理由。孟子就提出了性善论，他说在人的本性中就包含着完美道德的萌芽，这种萌芽经过很好的培育以后就会成长为美好的德行。如果每个人持续不断地努力，每个人都可以成为圣人。这是孟子对孔子的拓展，这个拓展让每个人都无所逃避，你不能成为圣人是因为你没有好好做。沿着这个方向，我们知道儒者试图逐渐通过人的德行来建立美好秩序，并且由此赋予人一种生命的意义。

✤ 我们有能力决定自己是善的

罗素说过一句话，人类如果不设定上帝的存在，那么人无从谈论生命意义的问题。而儒家学说实际上是通过非宗教形式给定了一个关于人类生命意义的解释。如果说孔子关于的"仁"的依据没有明确，那么孟子给出的明确依据就是"性本善"，但是性本善的依据是什么？仍然存在疑问。所以到了宋明理学，进一步推导到"天理"上。有一个高于万物的力量，它包含着世界完整的合理性。

所有的宗教都有一个设定：人具有完美的本源。基督教说人是上帝创造的，所以人可以得到救赎，如果没有完美的本源，那么救赎是不存在的。从道家的立场来说，人化为元气，既然生命源于道，那也意味着生命具有完美本源。如果从佛教来说，在佛教的观念当中，世界的本源是世界的真如法性，这也意味着生命具有完美本源。

儒家不是宗教，但是儒家具有一种宗教性质，儒家从孔子讲仁，到孟子讲性善，周敦颐讲天道之诚，朱熹讲天理，王阳明讲良知，都包含着这样的逻辑系统。人性包含着完美本源，如果我们能够意识到这种完美本源，我们就能够给予世界一个合理秩序，我们就会认识到自己，认识到世界的合理性。

我后面说得更简单一点。关于上帝、道、天理、良知，其实全部都是假设，没有任何方法能够证明。我们看康德的两个批判，就是说这个道理，没有任何方法可以证明上帝的存在或不存在。同样的，也没有任何方法可以证明天道的存在或者不存在，没有任何方法证明人性善或者人性恶，讨论人性善或者人性恶是没有意义的，把性本善、性本恶作为客观属性来讨论是没有意义的。有意义的是什么？孟子试图证明人性善，但是他没有给出有力的证明，但是他仍然是对的，因为人决定自己是善的，所以他成为人。

但是，善是什么？怎么做是善？这又是一个变化的。在不同条件下生活的人，都需要通过自己而不是依靠他人、依靠自私而非理性的权势，做出选择、做出决定。如果我们有能力决定自己是善的，并且决定自己是有意义的，决定自己是应该做什么的，这样我们会比较安静。

陈引驰

"自由而无用"里，蕴藏着一个超越自己的机会

复旦大学中文系教授
复旦大学中华文明国际研究中心主任

不为无用之事，何遣有涯之生？

"我们于日用必需的东西以外，必须还有一点无用的游戏与享乐，生活才觉得有意思。"在日复一日或喧嚣或孤独的忙碌中，人似乎唯独缺少一种满足感。人有时候需要从社会角色中退出来，认真思考自己究竟要的是什么，我们日复一日焦虑与忙碌，最终是为了什么。

庄子在两千多年前就参透了这些，他一生之所求不过是精神上的自由。有时候，当我们放下一些对名利、权势等"有用"之物的执念，在一些无用而美好的事情上寻找乐趣，反而更能感受生命的自由与自在。

▲ 道家思想在中国传统文化中有多重要？

中国人的哲学体系就是儒、道、佛三家。大家都知道，庄子是道家的代表。那么，道家在中国传统文化中重不重要？我们需要在比较中来观察。

在儒、道、佛三家哲学思想中，佛家思想其实是非常成功的。大家都知道，佛教来自印度，后来传入中国，成为中国传统文化中很重要的一部分，可以说是"化客为主"了。在中国人的信仰世界，佛教的信徒比道教更多。佛教最鼎盛的时代就是唐朝。在同一时期，道家思想也非常重要。因为唐朝皇帝姓李，他们认为道家是

同宗，就把道家排在首位，之后是儒家和佛家。但即便是在唐朝，佛教的寺庙也比道观多，和尚也比道士多，这一点，从统计数据上就能看出来。

虽然佛家的思想传播如此成功，但中国真正本土原创的，还是儒、道两家的思想，我们可以用比较的立场去观察儒家和道家。在过去的半个世纪里，有两种说法比较流行：

第一种是，儒道互补，相辅相成。从个人来说，儒家思想是进取的、积极的，道家思想相对是谦退的。我一直说，儒家是做加法，道家是做减法的。两者落到某一个具体的人身上，往往是这样的：文人"达则兼济天下，穷则独善其身"。这个"达"是"发达"，指能够在社会上发挥作用，而"穷"则是"不得志"的意思。对个人来讲是这样，中国历史上一些重要人物都如此，对整个文化脉络而言，也是这样，儒道互补，这个观点是有一定道理的。

另一种说法，是"道家主干说"。对于"有"和"无"的问题，这一类的抽象哲学思辨，道家比儒家厉害得多。举个例子，大家都知道黑格尔，他是非常重要的哲学家。他就曾说过：从哲学史来说，孔子是一个实际的世间智者，在他那里没有思辨的哲学，只有善良的、老练的道德教训，得不到什么特殊的东西。这个话讲得挺刻薄，但我们要知道，黑格尔是从哲学立场上讲的，所以他会认为孔子没什么了不起，老子比他了不起得多。所以，对老子，黑格尔有很多分析，孔子则是一带而过。

但是作为中国人，站在中国的立场上，哪个更重要？我不得不承认，儒家思想很重要。儒家确实是主干，没有儒家，中国文化是不能想象的。我们也同样不能想象，没有老子、庄子的中国文化会是什么样。

儒家思想对中国文化是非常重要的，与历史文化的结合也是最紧密的。说这话，我不是站在思辨哲学的立场，而是站在经验的立场。儒家思想不是孔子脑袋一拍想出来的，是在历史中生长出来的。儒家的观念已经不用学习，从小到大，你的父母、家庭、社会环境中都存在，没有人会特别告诉你，这是儒家的想法。但道家思想可能得学，比如说，别紧张、要放松、要保持距离，要有超越的眼光，佛要学，道也要学。儒家思想当然也要学，但在很大程度上，2000年间，日常生活中，孔子都在那里，他的影响实在太大了。对中国几千年的影响，儒家的确是第一的。

但道家思想就不重要吗？肯定不是。如果超出中国的范围，讲"人类共同体"，要从世界多元的传统文化的视野角度上来讲，道家思想的影响绕不过去。很简单的一个例子，大家可以统计，在翻译为外文的中国经典中，《老子》的译本远远超过《论语》。跳出中国文化，道家思想肯定要比儒家思想影响大，《老子》比《论语》影响大，其是思辨性的，讲了更抽象、更普遍的观念。

讲"儒道互补"准确，还是"道家主干"更准确？在我看来，这不是一个层面上的事，不必争。在中国文化当中，儒道互补，当然是正确的，而且不得不承认，是以儒家思想为主。

道家到底怎么思考问题的？

道家到底是怎么思考问题的？"天、地、人"是中国文化传统中的一个观察角度，从这个层面上比较儒道两家，可以凸显出道家的特点。

从"天"的角度看，道家思想中，这个"天"是对整个宇宙、自然的看法。道家的视野要比儒家的宽广很多。

儒家观察的是中国文化的"现实精神"，是"人世"。孔子说："鸟兽不可与同群，吾非斯人之徒与而谁与？"孔子一生狼狈，周游列国。别人劝他隐退，他说：我和鸟兽是无法在一起的，我是人。他关注的主要是人。打开《论语》，你就可以看到，"学而时习之，不亦说乎？有朋自远方来，不亦乐乎？人不知而不愠，不亦君子乎？"这些都是和"人"有关的，全是围绕着人间社会的。孔子认为，最重要的就是现世。

再看道家思想，打开《庄子》，第一句："北冥有鱼，其名为鲲。鲲之大，不知其几千里也；化而为鸟，其名为鹏。鹏之背，不知其几千里也；怒而飞，其翼若垂天之云。""鲲"其实是"鱼子"，以前说"鲲"是大鱼，其实是不对的。庄子的话天南海北，讲到哪儿是哪儿。庄子把鱼子说得那么大，可见鱼有多大。他还说过，古老的大树以"八千年为春，八千年为秋"。树很长寿，而人只有百年之寿。儒家的观念主要是针对人间的，而道家，比如读《庄子》，翻开书可以看到一个很大的世界，而且是一个自然的世界。

庄子的第一个角度是"天"，接下来是"地"。这里的"地"不是地理，而是人间的制度。儒家讲制度建设，注重秩序。而庄子是破坏制度的，他有一个很有名的篇章，《庄子·外篇·胠箧》，这里面就讲：每个人都会把钱放在箱子里，用锁链、绳子捆起来，很牢固。但这又有什么用？防小偷不防大盗，小偷打不开锁，大盗扛着箱子就走了。所以有时候，一种制度，可能是助纣为虐的。道家主张要打破制度，甚至极端到"无君"。文学史上"竹林七贤"之一的阮籍，曾经到一个地方去做官，他从来不理政务，到了一个地方，就把衙门的墙全部拆掉。中国原来的建筑，是外面望不到里面，你会觉得高深莫测。阮籍就把墙拆掉，大街上的人一眼就能看到大堂上的人。道家认为，把层层叠叠的建制拆掉，简单化，那是最好的。

从"人"的角度看，儒家和道家是非常不一样的。儒家很清楚，君君臣臣、父父子子，要克己复礼，"礼"就是秩序。"礼"是强调差别的。儒家所指的"人"不是个体的"人"，是从关系来讲人。哈佛大学的杜维明教授曾简明扼要地指出：儒家看人，是将人作为人际关系网络中的一个点，一提到某人，就说他是谁的儿子，谁的父亲，谁的先生。道家不是如此，道家更多地关心个人。儒家说，杀身成仁，舍生取义。而庄子强调个人，认为保全自己的生命是非常重要的。儒家的逻辑是，你要完成自己的生命，有时候就得以死成就，只有死了以后，你才是人，因为你保守了作为人的那一点区别于动物而活着的东西，比如仁，比如义。但道家不这么想，道家认为，只有活着才是个人，死了就不是人了。

在这里，我不是说儒家和道家哪一个是对的，只是希望通过对比让大家看到，两家思想背后的逻辑是不一样的。

老庄有怎样的不同？

道家思想里，老子和庄子差别也很大。把老、庄放在一起讲，是从汉代开始的，早前人们并不认为他们是一家。

老子的思想核心，基本上是把所有的世界都看成二元对立的。他说："有无相生，难易相成，长短相形，高下相盈，音声相和，前后相随。"所有都是相对而言的，不是绝对的。

老子认为，所有相反的两个方面都是"返"的，也即，都会向对方转化，没有一个能够固守在一个方向不变。老子说，柔弱能够战胜刚强，水滴石穿。他这个想法不只针对人间社会，也针对自然界，他是把两者都打通的。老子说得很清楚，"人之生也柔弱，其死也坚强。草木之生也柔脆，其死也枯槁"。刚出生的小孩很柔软，要很当心地抱着，到老了以后，人就变得很刚硬，像草木那样枯槁。

老子说："将欲歙之，必固张之。"你要它合起来，先打开。"将欲弱之，必固强之。"你要把他给削弱了，先要让他强。"将欲废之，必固举之。"你要把他打下去，先把他抬起来。"将欲取之，必固与之。"你把它夺过来，就要先给他。都是相反的。老子说，要"知雄守雌"，要厉害，就要先站到雌伏的地位上去。"知白守辱"，要清白，就要先站到阴影里。总之，人要站在事物转化的潮头上，顺势而上，不能显山露水走到前面。这就和跑马拉松一样，要夺冠，一开始要在第一梯队，但不能冲在第一个，到最后再冲刺。

为什么道家看得开？因为它有一个很高远的视野，看得很远。道家把自然和人放在一起看，对宇宙、自然、世间有一个整体的看法，再从整体出发来看人。儒家是把人和其他分开来看，儒家认为，人是万物之灵，而道家认为，人是万物之一。

当然你读了《庄子》，有些领悟，也不是说就能让你考进清华，也不一定能解决你公司实际的困难。只是，这些对你的意义和影响会有不同。哲学有时候不是用来解决问题的，而是指导你如何把问题转化了，或者说，在更大的视野当中看，事情的意义就转变了。

何为道家的无为？

今天我们常说"采取'无为'的态度，超然的态度"。庄子的"无为"，很大程度上是一种行为哲学，或者政治哲学。一句话，不是所有人都可以"无为"的。"无为"什么？比如，如果我是一个好的系主任，我应该对系里的教授"无为"，但对校长，我没资格"无为"。校长让我干什么，我不干，那怎么行？

教授也是。我对教授"无为"，教授对学校应该有所作为，要好好上课，好好写论文、做科研，不能吊儿郎当，什么都不干。这个"无为"不是什么都不做，而是顺势而为，不揠苗助长。

"有为"和"无为"是有分际的。"下与上同德则不臣"，什么叫"同德不臣"？都无为，臣子在哪里？下属在哪里？具体干活的人在哪里？都无为，那怎么行？如果上下都有为，"上与下同道则不主"。大家都有为，要你国君干什么？要领导干什么？

什么叫"黄老政治"，清净无为，基本理论就是"上无为而下有为"。上面的人无为，能够让下面的人充分作为，让他们发挥长处，尽到责任；而上面的人只负责整体掌控，不能介入具体行动。办事要按照具体情况，审时度势，上下都有为，直接就搞坏了。

道家"无为"的精神影响非常大。道家抽象地讲"无"和"有"的关系，

"有"生于"无","无"比"有"更重要,无为更关键。包括"虚""实"的关系,"神""形"的关系,哪个重要?"虚"重要,"神"重要。

什么是"虚"?老子举过一个例子,我用大白话说,就是做陶艺。最重要的不是这块土,重要的是"空",是当中的中空部分。这个器具之所以成立,有用,是因为"空"的部分,而不是因为"有"。你造一个房子,钢筋、水泥这些都很重要,但是老子回过头说,这房子是因为有门、有窗,才是人住的地方。虚实、有无,就是这样的一个结构。

人也是如此。"虚"也很重要,把人生都填满,人就没有余地了。西方人也说,真正的思想是产生在闲暇中的。天天都很紧张,把自己填满,这个可能很好,但这样的话,你永远是居于下位的,而不会是居于上位的。"虚"可能在具体工作上没用,在眼前的事情上没用,但从长远来说,是有用的。

道家所讲的"虚""无为",就是"神"。一个社会的政治也是如此,你不能所有都塞满、掌握,这是非常危险的一件事。对个人来说,也是如此。

何为"自由而无用"?"自由而无用"好像已经变成复旦大学的一个标签了。对于自由,大家争议比较少,复旦大学的校歌里也有。但自由的概念非常复杂。最重要的,特别是在学校里需要的,是精神的自由,这恐怕也是庄子所讲的意思。对庄子来讲,或者对绝大部分人来讲,个人都是很卑微的,在这个世界上有很多局限,有的人有可能达到自如的境界,可以"从心所欲不逾矩",但大部分人都是会受到限制。所以最重要的,大概是精神的自由了,这点特别重要,这是我们能够把握的。生在这个世界上,不可能完全自由,每个人都有局限,但是你不能在局限当中思考问题,在局限当中看待你周围,或者看待自己。有的时候需要抽离,要从更高的角度来看待这个世界。

无用,字面上来讲就是没什么用,学了庄子,学了文学有什么用?从实际的、世俗的角度看,可能确实没用,因为不一定能够直接帮助你做什么。庄子讲精神上的自由,我们不妨在这个前提下来看待无用。"无用"第一次出现,是在《逍遥游》,庄子和惠子两个人是辩友,惠子说:我种了一个大葫芦,这个葫芦那么大,装水装进去承受不住要破的,而如果切成两个瓣变成瓢,太大了,舀水也不能舀,所以这个葫芦就没有用。

庄子的回应很有意思,说:你这个人怎么脑子这么不行?心里面都长草了,你不通。这个葫芦不能装水,那把它绑在身上,像救生圈一样作为浮水的工具,浮游于江湖之上，这不是很好吗？

庄子讲"无用"，可以说是他的智慧，他是在更高层次上看待这个问题，不能落实在一个很具体的层面上。惠子依凭惯性的思维、封闭的思维，葫芦通常就是这个用处，不能派这个用处它就没用。庄子也承认这一点，但是它能浮游于江湖之上，不也是很好吗？"浮游于江湖之上"也是人生很重要的部分。各位工作很紧张，你觉得不需要旅游、闲暇，一年365天都工作？

庄子批判惠子，落实在后者固执于太实际、太固有的观念上，如果换一种思维方式，你心灵是开放的，可以换一个角度来处理，这个无用对你来说可能就很有用。《庄子》里讲过，小的迷惑是失去路径，大的迷惑是失去方向。人生这条路谁都没有走过，找到大的方向有时候就是要虚涵些的、高远些的盘算。所以，你怎么能轻易判断什么是有用，什么是无用呢？

刘擎

在动荡的时代，如何获得对生活的掌控感

华东师范大学"紫江学者"特聘教授

第三篇 无用之用·种德守心

世界步入"VUCA 时代"已有 20 多年，此次疫情更是强化了这个时代的特征，即易变性（volatility）、不确定性（uncertainty）、复杂性（complexity）、模糊性（ambiguity）。今天，我们看到了全球化遭遇逆流，国际经济持续低迷，世界多极化进程遇阻，"黑天鹅"和"灰犀牛"事件层出不穷，而我们所面临的机遇和挑战更是前所未有。

在风云际会的时代，每个人都可能彷徨，都可能淡忘节制与审慎的智识美德。当下的我们，如何从纷繁复杂的信息汪洋中，建立自己的判断，重建内心的秩序，重建我们与世界的关系？

刘擎教授的讲座，先从大时代的宏观格局切入，再回到人们内在的心灵世界。VUCA 时代的模糊与不确定的特质，被他形容为是经常处在一种"临时状态"，没有一个惯常的、稳定的秩序和规则。在传统社会中，人们的生活是相对简单的，生活尽在掌控之中，因为它简单、明确、触手可及。启蒙运动和科学革命，带来自然科学、心理学、社会科学的突飞猛进，人们确信能够越来越多地掌握特殊的个体在某些条件下的特定表现。

而近几十年，科技的进一步发展却不再能带给人更明确的掌控感。一方面，它

使人们的直接物理距离变得更近了，不论是物流、供应链还是互联网，都让个人和集体更容易与远方产生联系，与此同时，物理边界之外的信息、思想、观念、价值等精神观念的认同就变得更加重要。这时候，你是谁？你到底是一个什么样的人？你共情的价值是什么，和我的是不是一致？或者是能兼容的还是冲突的？这些问题就变得重要了。

另一方面，全球化带来的收益和付出的代价，在人口中不均衡分布的状况下，愈加凸显，在各个国家的内部都会形成对立，如特朗普这样的政治家，会用部分的真相去煽动部分的人，民主的困境越发显现。人们内心的疆域也在不断被改写。刘擎将其称为"生活本地性的瓦解"，通过掌握简单、明确、有限的变量，来理解自身处境，获得掌控感这件事，一去不复返，独善其身变得特别困难。

刘擎说，当一个动荡时代出现时，认识自我这件事才会成为一个显著的问题。自我不是现成的，而是生生不息地在建构过程中的，在人的记忆、经历中建构，也在与他人的关系中建构，这是一个永远开放的故事。同时它也具有复杂性。人的欲求是有多方面的，当成为更好的自我的欲求压倒了低级的、暂时的、肤浅的自我，人会有一种成长的喜悦感。最后，就是接纳自我，了解自身欲求的复杂性，知道我是我，我不是分裂的，在价值上我是能够把多样的目标协调的，这个过程就是构建心灵秩序的过程，让自己成为一个生机勃勃的生命。

如同追求幸福一样，构建心灵的秩序也是一个需要持续努力的过程。刘擎也承认，这是很难的。对于企业家而言，当世界动荡的时候，生意、投资、企业、工作，甚至爱人，都会变得很难把握，没有任何东西能够确定不变的。个人只能建立一个局部的、区域性的、有弹性的、约束风险的网络，从中对生活获得相对的掌控感，这是有利于建立心灵秩序的，对自己能够有一个相对完整的认知，在道德价值的选择当中有一个相对清晰的排序，这就需要有好的认知能力、卓越的沟通能力，以及现实感。这是以一个人的学习能力、思考能力为基础的。

刘擎教授以诗人里尔克和神学家尼布尔的名句收尾：

"所有发生过的事物，总是先于我们的判断，我们无从追赶，难以识别。"

"上帝请赐予我平静，去接受我不能改变的东西；请仅赐予我勇气，去改变可以改变的东西；请赐予我智慧，去分辨这两者。"

他寄语企业家学生，在艰难的岁月中，也要保持希望，"打不倒你的或者压不垮你的，会使你更强大。"

王雷泉
自由在于对真理的领悟和追求

复旦大学哲学学院教授
上海宗教学会副会长

人生在世,处于无尽缘起的因果网络中,人如何才能得到自由?佛学所追求的心灵自由,就是落实在上求菩提、下化众生、庄严佛土的悲智双运过程中。所以,要追求真理,才能得到自由。

有人说,现在大学的校训里基本看不到"自由"了。其实,复旦大学有个民间版校训"自由而无用"的灵魂,管院的陆雄文院长提出要学生做"自由而有用"的人。复旦官方版的校训"博学而笃志,切问而近思"里,也隐含着自由的意思,这里有儒家的三达德"智、仁、勇",智者不惑、仁者不忧、勇者不惧,这就是君子养成的三大属性。

燕京大学校训说得很好:因真理,得自由,以服务。这句话来自《圣经》,清晰明了。我也用三句话九个字来概括佛教的教义:真实理、平常心、自由分。

 观自在:通达真理,度生死苦

这里我先解释一下"观自在"。你们的EMBA课程中,有一门"戈壁领导力课程"叫"行戈壁,观自在"。不像当年玄奘法师那样孤僧独行,现在你们是一群人坐着飞机、开着皮卡去戈壁滩。当年玄奘大师基本是一个人独行,他圆寂的时候,唐高宗给他写的悼词里有这么一句话:"沙漠孤行,仗心经而解厄;化缘告绝,依心经而入灭。"说明了玄奘法师悉心求法,跟《心经》有着密切的关联。

玄奘的大弟子窥基在《唐梵翻对字音般若波罗蜜多心经序》中记载,玄奘法师在启程去印度之前，曾经到四川学习梵文，在那里遇到一位得病的法师。这个法师知道玄奘法师发愿西行取经，赞叹不已，传授给他一个经文，说：如果你在路上碰到艰难险阻，诵这个经就可保往来西天平安。这个经，就是《心经》。后来玄奘路上遇到困厄就持诵《心经》，平安到达中印度的那烂陀寺，正好遇见那位病法师也在那里。原来这个人就是观音菩萨的化身。

这件事是窥基从师父那里亲耳听来，然后记下来的，不过这个只是孤证，聊备一说。"化缘告绝，依心经而入灭"，说的是玄奘即将圆寂的时候，是诵《心经》而圆寂，所以《心经》伴随了他的一生。

《心经》的第一段："观自在菩萨，行深般若波罗蜜多时，照见五蕴皆空，度一切苦厄。"观自在菩萨，此指能观智慧的菩萨行者，所照见的宇宙人生实相，以"色受想行识"五蕴为代表，"蕴"是堆集的意思，五组基本概念，构成了我们的身心世界，这五组要素中，讲物质要素的只有一种，其余四个"受想行识"都是讲精神要素的，可见佛教重视的是心理现象、心灵的智慧。心灵的清静或者污染，造就了我们所面对的世界和生命状况本身。"受"是当下的感受；"想"是把当下的感觉经验保存在记忆里，并且重新组装，所以"想"是记忆和想象；"行"决定我们行动的意志，就是推动做好事或者做坏事的动力。"识"就是意识，能够辨清是非的、分清主客的，能够统一我们人格的，并且把此生所有的行为信息带到来世的，就叫"识"。

观自在菩萨，通常翻译成观世音菩萨，玄奘法师所处时代的皇帝是唐太宗李世民，神圣的宗教传到了集权专制的中国，不得不适应中国特色，要避讳，所以观世音就简化为观音菩萨了，玄奘法师干脆译成观自在菩萨。观自在的"观"有两层含义：第一，观照的"观"，无分别智慧状态，观照般若的"观"；第二，观行，解行并重，知行合一。所以般若不仅仅是理论，它更是实践。

按照"观照"和"观行"两层法义，观自在菩萨展开悲智双运的菩萨道修行，在智慧的观照下，彻底消除了烦恼障和所知障，心灵得到了完全的自由，没有任何的障碍和束缚，把所有以往所执着的一些现象，以及概述那些现象的概念法相统统消归于空性中，然后再依体起用，善于运用世间各种各样的法相而无不自在。

烦恼障和所知障，障碍了我们对真理的认知，让我们看不清世界的实相。世界本来是简单的，因为我们太纠结，所以把简单的真理搞得纠缠不清，就产生了障碍。来自我们情感、欲望所导致的障碍，叫烦恼障；认知中的偏见就是所知障。我们的认知是有限的，认知当中还会产生错误，而且即便你认识的道理是对的，过分的执着、矫枉过正，也会导致相反的结果。这些局限、偏见、错误，导致我们偏离了真相。

人的精神污染来自哪里？要么来自贪婪，要么来自偏见，学佛就要从贪婪和偏见中、从烦恼障和所知障中解脱出来，获得自由。所以"观自在"就是消除一切烦恼才能得到智慧，这是从智慧门的解释。

东晋时期鸠摩罗什翻译的《法华经》里，则是从"慈悲门"谈到观世音菩萨的另一个层面。观音菩萨从悲心中观照世界的众生，听到众生各种各样的求救之声，"普门示现"来救度众生。"普门"就是普遍开启方便法门。菩萨用最高的中道实相道理，能够示现各种各样的法门，同时示现各种各样的身相，救度有缘众生。所以你救度的对象是国王大臣，他就显现为政治家的形象；如果你救度的是工商业从业者，那么就会显现为商学院的教授。这是从慈悲门的解释。

《心经》侧重谈智慧门，但是观自在菩萨把悟到的真理，再与舍利子等佛弟子分享，这又是慈悲门，在行菩萨道的过程中来成就成佛的伟业。

以观自在为引子，佛教的思想和方法可以归纳为九个字：真实理、平常心、自由分。自在，是自由的状态。怎么获得自由呢？要掌握真理，不仅在理论上要掌握，还要在实践中践行。掌握并践行真理，才能真正得到身心的自由。根据自由的根基和实践途径，用三个字概括佛教的教义结构：境、行、果。

境，就是跟心相对应的认识对象，包含我们所看到的世界万事万物的现象，以及现象背后的本质。缘起性空是佛教的哲学基础，这就是佛所悟所说的真理。行，以平常心去认识真理、践行真理，高扬菩萨道的两大核心价值智慧与慈悲，即悲智双运的实践品格。果，获得相应的身心自由状态，达到超凡脱俗的人生境界。

真理之境：在清除精神污染的过程中觉悟真理

观自在菩萨在甚深的般若智慧观照下，照见构成我们生命的五大要素，它的本质是空。五蕴是现象，空性就是本质。领悟到五蕴皆空的真理后，当下就获得"度一切苦厄"的效果，解除了身心的障碍，得到自由的结果。所以这段经文也可以说是大乘佛教的总纲，包括了我们所要体悟的真理（境），所进行的悲智双运的实践（行），和"度一切苦厄"的效果（果）三者。

真理之境，对应于生命主体的能观之心。按佛教哲学的说法，境由心造，凡夫俗子的心是有分别的识，心灵是分裂的、扭曲的，坐井观天、鼠目寸光、狗眼看人低，都是指由于分别心的扭曲割裂，导致一个虚假的世界，在唯识哲学里就叫遍计所执性。可见，凡夫所见并不是真实的世界，所以《金刚经》讲"凡所有相，皆是虚妄，若见诸相非相，即见如来"，凡夫有分别的"识"，要上升到佛菩萨无分别的智慧。

缘起性空，是佛教的哲学基础。诸位千万不要误解"空"是什么都没有，"空"就是真相，是万事万物的实相。释迦牟尼毕生宣讲的思想就是缘起法，"缘"是条件，万事万物都是众多的条件依据一定的因果关系而组成，由于条件的丧失，事物走向灭亡。缘起缘灭，没有一个永恒不变的东西，大至创始主，小至个体的灵魂都是缘起的现象，没有不依赖任何条件而独成的东西。

空就是事物的本质，无以名之，姑以空来表示。这个"空"，在佛教初传中国时，最早翻译成"无"，是借用道家的哲学范畴，道家讲"天下万物有生于无"。但是，"无"有本体论意义上的实在性东西，跟"空"的本义并不相称，后来就翻译成"空"。西方人最早把它翻译成 nothing，什么都没有，导致做了虚无主义的错误理解。

"空"有两层含义，作为动词性的用法就是"放下"，不断地消除我们对现象的执着；作为名词性的用法，就是消除一切障碍之后所呈现出来的事物实相。你悟也罢，你不悟也罢，真理就在那里，不生不灭，不垢不净，不增不减。佛的伟大在于他觉悟了真理，成等正觉，为诸众生分别演说，闻法显示，让众生也能依此觉悟真理。

佛陀所悟的真理就是缘起法，也是每一个保安要问的问题。你是谁？你从哪里来？你到哪里去？我是谁，五蕴皆空已经解答了，生命是五蕴构成的一个暂时的集合体。我从哪里来呢？释迦牟尼悟到的是：我从无限久远的过去而来，在我没有成道之前，我就是六道中轮回的芸芸众生，在无数的前世中不断在人道、畜生道、天道里面流转，经过不断的修行，总算悟到了我们凡夫生命的轨迹，这个轨迹就叫流转缘起，概括成起惑、造业、受苦三个阶段。思想产生了纠结，产生了烦恼障碍，精神被污染，就是起惑；于是造下种种错误乃至罪恶的行为，就是造业；承担个体、社会、自然种种苦果，就是受苦。

再把它展开，是三世两重因果关系。过去二因：无明、行；现在五果：识、名色、六处、触、爱；现在三因：爱、取、有；未来二果：生、老死。按照物质不灭、能量守恒的规律，人死后肉体以地、水、火、风形式还归大自然，这叫物质不灭；而佛教认为精神信息也会进入到下一世。在今生今世，所有的存在是由我们的行为决定的。有盲目的"爱憎激情"，就产生了选择性的行为，叫"取"，所谓生命就是一系列取舍的选择性行为,这就导致了我们现在的生命状态,那就是"有"。这些"爱、取、有",大致决定了我们今世的存在状态和来世的去向。佛经里讲:"欲知过去因,现在受者是;欲知未来果,现在做者是。"你要知道你来世到哪里去,不需要去问阎罗王,大体自己心中有数,是继续做人,还是到天上去享福,还是来一个降维打击,到畜生道去呢,大体上自己应该心中有数的。

了解了流转缘起,那么怎么来改变我们在六道中轮回的轨迹呢?"悟已往之不谏,知来者之可追。"我们对所有世间的不公、身心的痛苦坦然接受,凡夫在三世中流转,是无可奈何地受业力的驱动,身不由己地出生,无可奈何地死去。在生死的此岸,要走向解脱的彼岸,由此展开还灭缘起,阐明解脱轮回达到理想境界的途径。佛教的教义总纲,是苦集灭道四圣谛。"苦"和"集",说明了流转缘起的因果关系;"灭"和"道",说明了还灭缘起的因果关系。这个"灭",是灭除痛苦,以及造成痛苦的原因,是断除轮回、达到涅槃的目标。过去有人攻击说佛教追求的最高境界涅槃,是消灭自己,消灭生命,那是完全的曲解。涅槃的本意是风的吹散、火的熄灭,是消除一切痛苦得到身心大自在的境界。

"道",就是学佛的方法、成佛的道路,要实现三个转变:转识成智、转染成净、转凡成圣。从凡夫俗子的状态转变到佛菩萨神圣的状态,叫"转凡成圣"。转凡成圣要通过两个途径:在知识论上要"转识成智",从有分别的识转到无分别的智,就是《心经》里面讲的"照见五蕴皆空"的智慧;在道德价值论的层面上要"转染成净",把污染的心灵转化为清净的心灵,通过这两个转变达到我们整个生命的转变。所以,"境"跟能观的心相应,首先要使我们心灵在知识论上、价值论上达到转变,这个转变是有阶段性的,不是一蹴而成的。

在大乘五十二位菩萨行的阶梯里,最高第五十二位妙觉位才是佛。从最初的凡夫十信位,经历十住、十行、十回向的三十贤人位,到十信位的初地,才进入圣者的阶段。转凡成圣的生命提升,经历了从凡夫、贤人到圣人的层层升进。那以什么标准来判断这生命价值的提升呢?依对真理认识的深浅,决定了生命上升的高度,故《金刚经》说"一切贤圣皆以无为法而有差别"。"无为法"就是终极的真理之境,所以成佛究竟目标的实现,是以对真理的体证深浅而定。

在《心经》里有关键的两句话,建立了人生的究竟目标。第一句:"真实不虚",运用毕竟空的智慧,彻底扫除认识中的障碍,扫除那些"颠倒梦想"后,才能达到对真理的完全把握,才能达到信仰上的最高目标。第二句:"究竟涅槃",就要展开菩萨道的修行，发心学佛是一个艰苦卓绝的过程，靠智慧和慈悲两大核心来统帅，展开菩萨悲智双运的实践，才能达到终极的理想。

 菩萨之行：生命的意义在真理的实践中

刚才讲菩萨有五十二个阶梯，第一个是十信位，首先要发心，树立坚定学佛的信念。菩萨所发初心，即"阿耨多罗三藐三菩提"，无上正等正觉，发心成就佛的觉悟。佛的本义是觉悟，凡夫处于痴迷的不觉状态，故学佛是为了觉悟。什么叫正觉呢？所有的宗教、所有的哲学体系都号称要追求觉悟、追求把握真理。佛教讲只有佛教所追求的真理、所达到的觉悟，才是"正觉"，这就与一切外道的"邪觉"区别开来。等正觉，就是大乘和小乘的区别，大乘菩萨不仅要自己觉悟，还要众生都跟自己一样获得平等的觉悟，这就与追求个体觉悟的小乘"偏觉"区别开来。无上正等正觉，就是佛跟菩萨的区别，菩萨在没有达到最高妙觉位时，对真理的把握还是有欠缺的，相当于初七、初八、十三、十四的月亮，所以叫"缺觉"，而佛是圆满的觉悟，所以叫无上正等正觉。

当开始发心走菩萨的道路，以成佛作为终极目标时，佛经讲初发心即等正觉。那就是说，当发心要走成佛之路的时候，你已经在终极理体上跟佛一致了。但理上的一致，要靠事上的践履来实现。发心是始，得等正觉是终；不忘初心，方得始终。佛教是以终为始，以终极目标作为我们的起点，贯穿在菩萨道的过程之中。菩萨的初心是发心成佛，要贯彻终始；菩萨的使命是上求菩提、下化众生；菩萨的实践是在悲智双运中砥砺前行。

从此岸驶向彼岸的航船需要罗盘，那么般若智慧就是把握方向的罗盘，指导我们走向涅槃的彼岸。般若是超越了一切世俗智慧的、包含了世间和出世间圆融无碍的大智慧，般若是行动上的智慧。

般若智慧可以分成三个层次：第一是文字般若，用世间共许的语言文字推广传播的佛教智慧。有了这种智慧已经很了不起，所以有人讲，"自从一读佛经后，不读人间糟粕书"。

光靠文字般若是达不到对终极真理完全把握的，把握终极真理的智慧叫实相般若，实相就是最究竟、最全面的真理。这就不仅仅是靠语言文字能够掌握了，而是要观照般若，就是行深般若波罗蜜多时，这个"行深"指的就是观照。在观照般若无分别智慧的照察下，我们才能完整地、全面地把握宇宙人生的实相。

在诸行无常的生灭世间，我们要追求寂灭为乐的出世理想，达到涅槃的宗教目标。要达到这个目标，在于对真理的把握和践行，那就是以般若为导的菩萨道六度万行。在一切学佛的方法里，最最重要的是般若智慧。

般若就是离苦得乐的超越智慧。按照玄奘法师弟子窥基的说法，实相般若就是真理，观照般若就是真慧，文字般若就是真教。就是由听闻真实的教义，进而思择修行上升到真实的智慧，由真慧而证得终极的真理。波罗蜜多，就是达到究竟圆满的终极境界。证得终极真理，我们的生命就得到自在，摆脱了轮回的控制。所以还灭缘起就是反其道而行之，用智慧来转变无明状态，达到究竟涅槃。流转缘起揭示了现实世界生灭无常的因果关系，解决了我从哪里来的问题；还灭缘起则阐明解脱轮回达到理想境界的途径，解决了我们到哪里去的问题。

佛教的缘起论，不仅揭示了每一个生命在过去、现在、未来三世中流转的轨迹，更揭示了走向还灭解脱的规律。佛教的缘起论告诉我们，每一个个体都不是孤立的，个体跟其他众生构成了命运共同体。人类命运共同体的思想内核，即共业和别业的辩证关系，个体活动和所造后果的别业，和群体生命的共业相依相成，构成了当下生活世界的共业体。佛教的慈悲观念，不仅仅是爱的情感的放大，也来自深观缘起的理性抉择。

佛教将道德上的价值论引入世界起源论，认为世间的清净污秽悉依有情的共业所成，生活世界的走向是继续这五浊恶世，还是建成清净的净土，都取决于众生自己。佛教思想对共建人类文明共同体的贡献，提供了智慧和慈悲的核心内涵，从愚痴走向智慧，走向人间净土的理想境界。

了解世界缘起性空的真理，光知道放下还不够，还要拿得起。不能只停留在追求个人的解脱，大乘菩萨的精神，是要在度尽一切众生的菩萨道实践中最终解放自己。以出世的精神做入世的事业，度众生而不被众生所度。常在河边走，就是不湿鞋，那就一定要掌握方法。真俗不二的方法论，把解脱成佛的理想目标，落实在当下的实践过程之中。这样，学佛成佛就不是一个遥不可及的目标，远大的目标，就落实在我们脚下的过程之中。

不忘初心、牢记使命，什么使命？上求菩提，成就无上正等正觉的究竟菩提；下化众生，要度尽一切众生方证菩提。不忘初心、砥砺前行，于是我们就永远在菩萨行的道路上砥砺前行，但管耕耘，不计收获。不忘初心、方得终始。菩提道上每走一步，都在实现觉悟的目标，遥远的目标就落实在我们当下的行动之中。

自由之果：在滚滚红尘中砥砺前行

我们讲了真理之境，讲了菩萨之行，最后的结果，正如《心经》所说："以无所得故，菩提萨埵，依般若波罗蜜多故，心无罣碍，无有恐怖，远离颠倒梦想，究竟涅槃。"

菩提就是觉悟的智慧，般若也是智慧，两者区别在于"般若"是因上的智慧，是行动中的智慧，而"菩提"是果上的智慧。修得多少般若，就证得多少层次的菩提，一切贤圣皆以无为法而有差别，体现在证得菩提的高下、深浅上，就有五菩提的阶段。第一个阶段是发心菩提，从生死此岸发心学佛，通过般若引导的大船达到解脱的彼岸。第二个阶段是伏心菩提，行驶在茫茫大海中，不断降伏患得患失的散乱心理。这两个阶段，都处在凡夫的层面。

经过发心菩提、伏心菩提，跨越大海的凡圣中际线，进入了第三个阶段明心菩提。明心见性，用什么去"明"？用般若智慧清除烦恼，生命就发生了质的转变，从凡夫转变到圣位。提高思想觉悟，是不断清除精神污染的过程。如果说明心菩提的觉悟相当于初七初八的月亮；那么第四个阶段出到菩提，则相当于十三十四的月亮。继续前进，"以无所得故，菩提萨埵，依般若波罗蜜多故，心无罣碍"，不断前进中的智慧，不断地积累，到最后连"我在行菩萨道"这个想法都把它消除，做好事不写雷锋日记，以心无所得故，心无罣碍，扫除一切烦恼障碍，就无有恐怖，远离颠倒梦想，达到了第五个阶段究竟涅槃。

什么叫"自由分"？分，有名分、分际之义，更有因由之义。证得彻底自由的生命是法身，由五大因素构成，叫五分法身，即戒、定、慧、解脱、解脱知见。自由不是凭空产生的，自由来自戒、定、慧的修行，来自对真理的把握和实现。所以，自由就在认识真理和践行真理的过程之中。自由就存在于牢记使命的菩萨道实践中，我们不断在纵向的上求菩提，横向的下化众生、净佛国土的菩萨道实践中，成就自己，服务大众。于是，途中即家舍，家舍即途中。家舍，是我们精神的归宿究竟涅槃；途中，是我们行菩萨道的过程。不忘初心，方得终始，遥远的目标就在我们当下的菩萨道过程之中。

"真实理、平常心、自由分"，这三句话，从南泉普愿禅师的三句名言提炼而成："所以，那边会了，却来这里行履，始得自由分"。以平常心践行真理的过程，就是获得自由的过程。大乘真俗二谛论的方法，为菩萨道实践提供理论依据。"直向那边会了"，即达到终极真理，"却来这里行履"，则开拓了面向社会现实的道德实践。佛教的空性智慧，好比把电脑彻底格式化，然后不妨装上各种应用软件，把所有病毒扫荡掉以后，世上的一切事业都是行菩萨道。建立在空性系统上，世上的衣食住行，各种语言文字、音声形象，等等，统统可以用来做佛事。在般若智慧引导下，职场就不再变成战场，它成了我们修道的道场。

活在当下，不再是苟且，当下就是诗和远方，把握真理，在生活世界中达到自由的境界。这种境界，有禅师概括为："万古长空，一朝风月"。万古长空就是永恒的真理，它就体现在当下的一朝风月中。净慧长老在湖北黄梅老祖寺天王殿所撰楹联，形象地概括了《心经》的精神：

"色即是空，无我无人无挂碍；空即是色，有山有水有楼台。"

大乘菩萨道，并不是让我们逃避这个世界。自由，就体现在滚滚红尘中砥砺前行。

袁新

疫情下的艺术
——认清苦难，超越升华

复旦大学哲学学院党委书记、副教授

疫病的高致病性和致死性使得它不仅仅是人类身体的一种疾患，它还有隐喻的性质，会导致人类精神的疾患。疫病有一个复杂的政治结构、道德层次、社会象征和人性的逻辑。怎样把哲学的认知、深刻的思想用感性的方式表达出来，这就是艺术要完成的使命，让人们认清苦难并从中得到升华，最后达到对生活的超越，从而赋予勇气和力量。

○ 以生命至上原则，科学地看待疫病及其隐喻

新冠病毒感染了一部分人群，但是从精神上，可以说是疫病传播到了每一个人。网络上的各种意见、争论、追责，大家或多或少都看到过。疾病并没有给人们带来平静思考问题的力量，而是让我们产生了更多烦燥心理，这样一种影响投射到网络上就形成了互怼、撕裂，让人更加难受。什么能让我们认识到疾病对人体的危害和对社会的影响，同时又能让我们感觉到一种力量，让我们的心灵感到些许安宁，让我们不那么烦躁？我想只有艺术了。艺术是能够思考的，同时它又是感性的，能让我们感受到一种力量，感受到生命的价值和意义，我们基于这样一种考虑谈疫情时刻的艺术。疾病带来死亡，这是一种苦难，艺术要做的就是超越苦难。在疫情时期，艺术的力量能让我们感受到对生命的认知，以及思考生命的价值和意义。

疫病有其隐喻性质。疫病和其他疾病的不同之处在于它有最高等级、易感性和致死性，这让它和战争、饥荒一起，被认为其是对人类文明发展具有重大影响，甚至具有决定性作用的历史性力量。美国著名哲学家、女性主义思想家苏珊·桑塔格在其所著的《疾病的隐喻》中，反思了诸如肺结核、癌症等疾病在社会的演绎中一步步从"仅仅是身体的一种疾病"隐喻化成为政治结构和道德层次的意象，揭示了人们在看待世界时的隐喻性思维方式。而疫病比肺结核、癌症更厉害，它使所有人都置身被感染的风险中。目前新冠病毒正在大规模地威胁着人的生命和健康，加之其对社会心理的影响，对疫病的治疗，往往已经超出了病理学、医学的范围，它还需要心理学、伦理学、政治学、社会学以及哲学的介入。

哲学考虑总体性反思，需要比较长的时间才能做出比较冷静、全面的思考。我们会在某些时刻看到来自某些人的反思，这样的反思是不够的，最后的答案需要所有反思的组合或者加总，才能对新冠病毒给人类造成的影响以及对整个社会造成的后果，有一个比较清醒的认识。对于疫情基本的思考，我们要记住：新冠病毒引起的疫病，必须从科学的角度去认识它，不能泛政治化。对于公共卫生事件而言，疾病的处理涉及社会管理能力和生活方式。疫情期间，我们都知道要少出门、戴口罩。美国当地有些人抗议说：没有自由了。确实有很多人因为禁足了失去了工作。尽管是身体上的疾病，但它一定会带来非常复杂的社会性问题。这其中可能涉及伦理问题、政治问题、道德问题、经济问题，甚至涉及心理问题，长期禁足、隔离，使有些人精神上受不了，崩溃了。

苏珊·桑塔格写到过看待疾病最真诚的方式，同时也是患者对待疾病最健康的方式：生命至上原则。首先保命，生存最重要，尽可能消除和抵制隐喻性的思考。我们之所以说哪个国家做得好，哪个国家做得不好，这背后有一个最终标准，就是生命至上的原则，这实际上是跟整个人类"生存是第一"的原则高度相关。当我们在评价各国的防疫工作时，可以从经济指标出发，也可以从尊严、正义、伦理的角度考量；但从现代伦理学角度上来讲，最根本的，或者对于人的生存而言最至高无上的标准，就是生命第一原则，也是根本性原则。可能为了救人、为了阻断病毒传染，被要求禁足、隔离，有些人会觉得自由受到了限制，把他送进酒店隔离了他还要跑出来，但是这涉及整个人类的生存，涉及整个国家民族的存在，有些考量就需要退到第二位的标准。所以，要在不同层面和层次来理解关于隐喻，以及思考作为隐喻，它的边界在哪里。

法国哲学家加缪在《鼠疫》中写道："能够战胜瘟疫的，只有人类的正直诚实。"有些人后来借用这句话来抨击信息遮蔽或掩盖事实，这种是比较粗糙的考虑。加缪这里讲的真正的正直和诚实，并非信息的畅通或者透明性，更重要的是考虑到这是一个身体的疾患，在生命是至上的原则下，我们无法考虑更多的问题，要尽可能消除和抵制隐喻性思考，用人类正直和诚实战胜瘟疫，要求我们回到对瘟疫本源性理解和直接性经验上。

对待疫情的三种态度

民众面对这种影响到国家、民族、人类的大型公共卫生事件时，会出现三种层面的态度，我们对一个事情的判断，要在这三种态度里面进行甄别，否则混乱的讨论只会加剧撕裂，达不到对问题产生真正的共识和分析。

第一，民众的态度。

无法要求民众有非常复杂的知识结构以及对信息的完全充分掌握。民众所产生的看法是基于其个人生活的经历甚至道听途说，没有更多复杂的研究，对很多事情的判断都是基于常识的判断，以情绪的表达宣泄为主，这不能解决问题，也不反映事实真相，更不可能代替理性的分析和具有可操作性的实际对策。

第二，知识分子的态度。

知识分子的态度比一般民众的态度要理性，而且自有一套基本理论的支撑，也有基本的价值立场，还有基本判断的标准，所以会比一般民众对事物的看法要深刻，更有穿透力和说服力。但其局限性仍是很清楚的。他们对事实本身的对错，以及信息真假的分辨，可能就其对事物整体的判断而言，存在考虑不周的可能。他们不在场，但是他们根据自己的理论、立场和逻辑给出一个结论。真正的知识分子会表明自己的判断或结论是在什么样的逻辑前提假设下得出的，如果说这个分析前提有变化的话，结论也要审慎地去修正。

第三，专业主义的态度。

公共卫生事件首先是一个医学科学的问题，我们必须要把科学的、医学的态度放在前面，而不是轻信谣言。专家、科学家的话里有很多专业术语，会比较枯燥，但就可信度来讲，你必须要听这些专业人士的。他们会就具体问题具体分析，然后提出具有可操作性的相关政策，这才是真正能解决问题的。

然而目前的困境在于，民众认为自己是专家，而专家把自己变成了民众，而反思要么交给了任务明确的主流媒体，要么交给了来历不明的公众号，造成了更为严重的观点撕裂和对立，让人们感觉到长夜漫漫、苦海无边，这是最不好的情绪。

艺术为何：疏解苦闷、抚慰人心

要解除那些烦躁、不确定性给我们带来的郁闷和惶恐，艺术是一个最好的思考工具，甚至不是一种工具，而是疏解对人类的、人性的或者生活方式的关照。

在这次疫情当中，《圣母颂》等一些古典乐让身处恐惧的人们获得心灵上的安慰，你会感受到生命的希望和光辉，这就是艺术的魅力。艺术是疏解人性和生活中负面因素的一个关照，给予人类安慰和力量。人类和其他动物有一个最大的不同是人类除了有自然的存在，还有精神的存在，需要沟通，需要被理解、认可。如果说自然存在是我们的身体和世界的关系，精神存在就是我们的心灵和世界的关系。这种关系大概可以分为四类：

第一，哲学的关系。

哲学关系就是我们和自然的存在达到一种认知、一种接触，从哲学的角度来讲，主要是用人类的智慧和人类的思想与世界建立一种关系。

第二，科学的关系。

现在我们的科学涵盖了数学、物理学、生命科学、医学、气象学、生物学等，这些也是我们的心灵和世界的关系，以及人的精神存在和世界的一个关系。这个关系会影响到我们的生活，有了科学知识，掌握了自然的一些事实，然后用人类的知识进行创造性生产。

第三，伦理和宗教的关系。

这是价值和信仰的关系。伦理和宗教更多的是跟我们的心灵世界有关系。伦理主要去处理个体和其他人怎么相处，和其他人怎么相爱。宗教关系主要就是信仰。就是生活在这个世界上我们相信什么、不相信什么。

第四，艺术。

艺术就是情感，情感是非常复杂的，因为动物可能也有类似情感的东西，比如宠物猫和宠物狗与主人之间的感情。但这种种情感是没有形式的。艺术要把这种情感上升为形式从而表达出来、书写出来，形成音乐、绘画、电影、戏剧、舞蹈等。

阿多诺的那句"奥斯维辛之后，写诗是野蛮的"常常被人引用，似乎直指在苦难之后，谈论艺术是野蛮的行为。事实上，阿多诺的判断是有时代背景的，正是当时一个追求审美艺术的德国，干出了灭绝人性的事情，而且在大屠杀时，依然带有一种病态的"理性"，带有一种"文明"的伪装，非常荒谬。所以阿多诺认为，在这样一个背景之下，过去所有的诗歌、所有的艺术，到了奥斯维辛集中营之后，都要打上一个问号。纳粹军官们都在听那样的音乐，朗诵那样的诗歌，在歌颂生活的美好，就等于用凶手的刀在受害者的墓碑上刻下了残忍的纪念。在这种情况之下，仍然可以写诗吗？那样的诗歌不再是文明的象征，而是野蛮的打手。所以，阿多诺说"写诗是野蛮的"。

与阿多诺同时代的另外一个德语诗人保罗·策兰写下一首非常著名的诗歌《死亡赋格》，直接描述大屠杀的痛苦经验。阿多诺看了这首诗后就改变了他了想法，因为那样的诗歌表达的是一种灾难，表达的是这种灾难里真正让人类痛苦的东西。

我们的精神存在就是要追求真善美，但如果精神存在只停留在大脑里面还不够，那只是我们主观的愿望。人类对真善美的追求，对事物的认识，构成了哲学、科学、宗教伦理和艺术，再把这些东西通过创造性和生产性呈现出来，这个时候，这种生产就完全改变了我们生活的世界。

艺术何为：带着世界赋予我们的裂痕去生活

苦难一开始是呈现在我们身体上的感受，要把这种自然的感受上升为一种人类的情感，把这种自然的感受精神化（把它赋予价值），那么这种疼痛不再是疼痛，它呈现为痛苦。疼痛是肉体上的，但是痛苦就变成了精神上的。我们只有真正进入到一整套艺术世界的创作过程当中，才能真正地去完成自然感受向人类情感的转化。

从自然情感的精神化、形式化，到文学作品的产生是非常复杂的过程。创作者需要真正进入生活、世界和人性等复杂的层面。艺术既然是精神和世界关系的一个最重要的表达，那么这个创作者的精神最终要实现的是对生活意义和价值的追寻。罗曼·罗兰曾说："世界上只有一种真正的英雄主义，那就是认清生活的真相以后依旧热爱生活。"真正的艺术创作，就是要让我们认清生活的苦难，然后达到对生活的超越。怎样把一种哲学的认知，深刻的思想用感性的方式表达出来并且表达得好，这就是艺术要完成的使命。

艺术的意义在于描绘人生的悲剧，或者是民族甚至是全人类的悲剧，然后从这种苦难里真正得到升华，认清生活的真相，达到最后的超越，从而给予人们生活的勇气和力量。比如，德国哲学家泰奥多·阿多诺的著作《棱镜》、犹太裔德语诗人保罗·策兰的《死亡赋格》、法国作家阿尔贝·加缪的小说《鼠疫》、奥地利作曲家阿诺尔德·勋伯格的《华沙幸存者》、西班牙画家毕加索的画作《格尔尼卡》，都是此类艺术作品。

其中，加缪的小说《鼠疫》，跟我们新冠病毒的影响颇具相关性。加缪曾说："真正的生活是在撕裂内部出现的，生活就是撕裂本身。"这个话也可以用来反思我们当下的生活，也许可以给我们带来更多深刻的认知，我们就不会那么烦躁、焦虑、恐惧。

如果说撕裂是一个事实，我们要做的是弥补这个撕裂本身。真正的救赎并不是厮杀后获得胜利，而是在苦难之中，找到生命的力量和心的安宁。要深刻地洞察阳光后面的黑暗与阴影，黑暗和阴影并不能笼罩一切，你还要深深地热爱光明。"活着，带着世界赋予我们的裂痕去生活，去用残损的手掌抚平彼此的创痕，固执地迎向幸福。因为没有一种命运是对人的惩罚，而只要竭尽全力就应该是幸福的，拥抱当下的光明，不寄希望于空渺的乌托邦，振奋昂扬，因为生存本身就是对荒诞最有力的反抗。"我想这是加缪给我们带来的深刻反省。

其实艺术就是记录人类的苦难。高兴的事情很容易被记住，人们最容易忘记的就是苦难，而人类能从苦难中汲取力量，也只有征服和超越苦难才能面对人类的未来。通过艺术的形式和手段把苦难升华，才能超越苦难，从而实现人生的意义和价值，追求最终的幸福。

金针度人

王德峰
阳明心学何以成为当下中国人的精神出路？

复旦大学哲学学院教授

在现代化道路上跋涉许久的中国人，已经开始回归古人的思想，学习如何依靠古典哲学安顿内心了。一个明显的表征是，国学复苏。许多研究国学的人文学者成了明星。这意味着，我们这个民族终于意识到，自然科学不能解决一切问题。

作为中国哲学的最高成果，心学谈论的是什么问题？在王阳明那里，"心"的内涵究竟是什么？阳明心学如何能够解决当代人的困惑？

中国哲学：中国人精神世界的出路

思想从来都是旧的，只有思潮和观点是新的。智慧不是现代人自己生长出来的，而是对古典思想的传承。公元前5世纪，世界上有四个伟大的民族，为人类打开了四种思想和智慧的境界：一个是中华民族，为人类提供了孔子和老子的思想和智慧；一个是古希腊，为人类提供了苏格拉底和柏拉图的思想和智慧；差不多同时，古代印度为人类提供了释迦牟尼的思想和智慧；古代以色列也在这段时间涌现出了犹太教最初的一批先知人物，他们共同打开了东方犹太思想的境界。人类的思想和智慧就是这四种境界。

这个时代被称作"轴心时代"。轴心时代以后的历史告诉我们，某一种文明在它的历史展开过程中，每逢遇到危机，找不到出路的时候，总是不得不重返古代智慧，重回轴心时代，被某种古代智慧重新点燃火焰。

我们身处其中的当代文明已经高度复杂和精致化了，充满种种知识和技巧。这种复杂的文明，离"智慧"最为遥远。但当我们面临命运的抉择时，知识帮不了我们，我们要有对命运的领会和对真理的感悟。所以，我建议各位读一点中国古代的人文经典。

儒家的核心观念"仁"，不是一种认知的境界，而是生命情感的本真

什么是"心学"？

孟子所讲的"心"，指的是超越心理层面的人心。"恻隐之心，仁之端也；羞恶之心，义之端也；辞让之心，礼之端也；是非之心，智之端也。"孔子学说的核心观念是"仁"，但孔子没有进一步阐发"仁"的根据在哪里。是孟子阐发了，他认为，仁就根源于我们的心，人心是善端，所以孟子说，人性本善。

但另一位古代思想家荀子则说"人性本恶"。性善论与性恶论，争论了几千年。不要以为他们的争论是没完没了的，这两种观点其实不在一个层面上。荀子说的"人性"是人的动物性、自然性，用英文说是"human nature"。而孟子讲的不是自然性，而是"human essence"，是人之本质。这个本质，是包含人的社会性的。

人心和动物的"心"（自然意识）是有差别的，人心有无限的一面，也有有限的一面。人对周遭事物形成经验和知识，这是人心有限的一面。人心无限的一面在于，我们还有超出现实的一面。比如，人存在的时间是有限的，但人对未来的规划却是无限的，人并不是只生活在当下。动物有了安全、食物和健康，就会很开心。但人不一样，即便拥有这三样东西，照样是烦恼不断。

人是有"无限心的"，正由于这一点，人才始终面对如何安顿这无限心的问题。这就是中国哲学要解决的主要问题。中国哲学的主题就是"人生"。西方哲学的主题是"知识"。西方哲学认为，解决人生问题是以知识和理性为前提的。中国哲学不是这样，它认为，知识问题的解决是以人生问题的解决为前提的。

中国的心学，萌芽于孔子，开端于孟子，迷失于魏晋，重起于禅宗。由于禅宗的兴起，孟子的心学得到了继承。禅宗是佛学的中国化，在禅宗的发展中，最重要的一位祖师是慧能。慧能的学说，就是佛教中的心学。禅宗为宋明新儒学的展开做了准备。禅宗修行的大纲，可用 16 个字来表达：教外别传、不立文字、直指人心、见性成佛。

我们或可把王阳明称为儒家中的慧能。通过禅宗的启发，他把孟子的心学境界又往上提了一层，他要解决的根本问题，就是这个"心"如何会偏离人性本来的真理。

今天的中国人为什么要去探究这个"心"的问题？举一个例子，我有一段时间经常收看上海广播电视台的一档节目《法制天地》，节目展示的不少案例，竟是父母和子女对簿公堂。这些儿女难道不知道孝之理吗？一定知道，但光知道这个理有用吗？没用。这不是一个头脑认知的问题，而是心的问题。心是生命情感的居所。仁不是一个理性的概念，而是生命情感的真相。人的社会实践如果偏离了本真的生命情感，这个社会就失道了。

我们学习儒家的学问，这是最根本的一条。没有这一条，我们不可能懂儒家，不可能懂阳明心学。

天理与良知

整个阳明心学的体系可以概括为三句话，心即理，知行合一，致良知。

先说心即理。王阳明主张，天理不是高高在上的僵死的教条，而是人心中的良知。良知就是天理，天理不必到心外去求，是我们本心具备的。心外的理，不是理，这也就是王阳明所说的"心外无理"。很多时候，我们所用的知识因其偏离生命情感本有的条理，就不是本真的东西。这是阳明心学的基本立场。

接下来看第二个命题，知行合一。我们通常理解的"知行合一"是把"知"理解为认知，把"行"理解为实践，这是认识与实践的关系。有人主张先知后行，有人主张先行后知。王阳明认为，所有这些观点都错了。"知"和"行"本来就是分不开的，是同一件事的两个方面。这个"知"也不是知识，而是良知，良知不学而能的，是人人具备的。

那么，什么是真的"知"？它不是在概念层面上的知识，而是发自本真的生命情感的向往。比如，一男子看到一美丽女子，虽觉其好，却同时认为可望而不可即，终于无动于衷，这就不是真爱。如果是真爱，一定会追求。追求就是行动，是要与理想状态融为一体。真知便是良知，是本真的生命情感，一旦呈现，行动就该开始了。

再来讲讲"致良知"，这里的"致"是动词。良知不能空谈，而是在做事当中实现。王阳明晚年最强调"事上磨炼"，即在做事情当中提升自己的生命情感境界，让本真的生命情感在做事中得到实现。没有行动，不去做事，就是空渺的。

很多时候，一件事情没有做成，我们就会反思和总结。在这个过程中，我们往往将失败归结为知识不够，或是经验不足。其实这是无意义的。因为，我们做任何事情都不可能等到知识和经验完全齐备了才去做，这是永远不可能的。而且，就算总结出来些什么，我们也不可能在下次做事时完全按照同一套方式行事。我们应该想的是，在开始做一件事的时候，是否诚心诚意，这才是做事情的关键。

一旦下了诚意之功夫，我们做任何事情都不会有恐惧。恐惧来自我们对得失的思虑。若无得失之虑，我们就能在心中自己建立一套标准，即看所做之事能否是良知的呈现。如果能，便照着去做就是了。

在中国哲学中，儒、释、道三家都给我们启发和智慧。王阳明也曾经入道、入佛，然后又回归儒家。道家和佛家都能启发他，但他最终还是选择了儒家，因为儒家让中国人站在大地上，这大地就是亲情。"亲亲而仁民，仁民而爱物。"这就是由对亲人的关怀扩展至对天下的关怀。在这样的天下关怀中，我们的人生才充满意义。这就是中国人。

郑召利

运用工具理性的力量，而不要被它所吞没

复旦大学哲学学院教授

2019年，一部讲述中国企业家曹德旺在美国俄亥俄州投资兴建福耀玻璃厂的纪录片《美国工厂》火了。我看完挺有感慨，联想到的就是"工具理性"这个话题。

对"工具理性"的追求，是商业经营活动中非常成功的事实，效率也成为人们尊崇的重要价值原则。然而，工具理性有它自身的界限，一旦过度或向社会其他领域绵延形成霸权，事情就会走向其反面，人类面临的困境是：如何在运用这种理性力量的同时而不被它所吞没。这就是我今天要讲的主题。

○ 对"工具理性"的肯定与反思

"工具理性"在商学院是被推崇的。既然是商业活动，商业活动的实质不外乎就是两个字："营利"。一个企业要能营利，首先要提供比较好的产品和服务，有比较好的团队，降低成本、提高效率，同时能够有效传播营销，这是商业成功的一些必然的要素。

然而翻开西方马克思主义者的著作，"工具理性"一直和盘剥工人相连，遭到口诛笔伐。马克思说，资本自从来到人间，从头到脚都流着血和肮脏的东西。我们讲到资本主义的时候，想到的就是"唯利是图"。

在德国社会学家马克斯·韦伯那里，资本主义被定义成一种独特的精神。创造财富不是为了自己消费，还有一种宗教意义上的救赎。这种精神首先要战胜传统主义，即劳动者和资本家倾向于享受悠闲的生活状态，满足现状的心态。资本主义精

神是要不断创造新的价值的，具有创新性。

资本主义对人类的发展推动作用无疑是巨大的。马克思曾说，资本主义在不到100年的发展过程当中，它所创造的生产力比以往一切时代创造的生产力总和还要大，这是资本主义创造的奇迹。马克斯·韦伯认为，新教伦理推动了西方现代资本主义的诞生和发展，然而以营利赚钱、资本增值为目的的商业活动越来越趋向功利主义，这种无法摆脱的强大经济秩序是"工具理性"。当资本主义切断了宗教的根基，成了巨大的钢铁牢笼，这是"工具理性"发展必然的结果。

"工具理性"与"价值理性"

马克斯·韦伯认为，理性分为两种，一是"工具理性"，一是"价值理性"。

"工具理性"是指能够以数学形式进行量化和预测后果以实现目的的行为。它以合理地选择达到目的所采用的最有效的手段、工具，以及合理地权衡确立行为的目的为特征。它的关键词就是"效率"。

"价值理性"指的是在采取行为或选择时，不以成败得失和功效为取舍准则，而只关注如何履行某种道德上、宗教上、政治上的义务责任，服从道德良心的感召。它的关键词就是"意义"。其关注的不一定是取得某一个成功，还有来自宗教、政治、良心的感召等更神圣的追求，用中国人的话就是"不以成败论英雄"。

有一个企业家说："不要要求我们每一个企业家都要永远成功，他的成功是分阶段的。只要他在哪个阶段上创新了某一种商业模式，为社会创造了巨大财富，他就是伟大的。"这就是在说不要以单一标准来衡量企业家的成功。什么时候在中国不以成败论英雄了，企业家的生命状态和价值就有了完全的体现。

在我们的生活中，经常会遇到这样的问题：以什么作为你主导的原则。讲到"工具理性"，一定是为了特定的目标，经过计算、取舍、设计，想方设法找到达到目的的最佳手段。

在资本主义社会的经营行为当中，"工具理性"就体现为整个体系都事先安排好。在这个体系当中，只要照着组织机构和管理要求来做，就能达到最佳目的，而且效率最高、最有效。为了防止读者迷路，美国哈佛大学图书馆事先在地上设计好两排脚印，一边去、另一边回。这个脚印的设计就是"工具理性"的特征，你只要照着做就可以了，不需要你发挥更多的主观能动性。

"工具理性"的基本特征包括：把世界理解为工具；关心的是实用的目的；分

离事实与价值，所关心的是如何去做，而不是应该做什么和为什么要做。

这种"工具理性"，会形成一个巨大的牢笼。久而久之，人对意义、对价值的感受会逐渐减弱。马克斯·韦伯认为，现代资本主义发展就是从"价值理性"逐渐向"工具理性"过渡的过程，"工具理性"成为整个社会主导原则，虽然取得了很大的成功，但也暴露了很多问题。

在现代社会当中，"工具理性"有一个典型案例叫"麦当劳化"，或者叫"社会的'麦当劳化'"。1996年，美国社会学家乔治·里茨尔写了《社会的麦当劳化——对变化中的当代社会生活特征的研究》。他分析了麦当劳成功的秘诀，也提出了对社会麦当劳化的担忧和警惕。

○ 社会的"麦当劳化"的隐忧

麦当劳的经营模式，可以说是在全球化背景下美国工业快速发展的一个成功标识，是全球化发展过程当中的一面旗帜。里茨尔把麦当劳的成功秘诀概括为四方面：效率，可计算性，可预测性，非人化科技的控制。

效率原则以最少投入、最大产出达到直接目的。麦当劳餐点的配置、生产过程、时间控制等，都是非常科学、严格的，尽最大可能减少消耗。对于消费者也非常有效率，可以节省时间。

可计算性不仅体现在面包肉饼的厚度、烹饪的温度，甚至是餐台的高度也有要求，据测量为92厘米，是消费者最方便掏出自己钱包的高度。

可预测性，麦当劳的餐点、服务、口味，在全球各个店都毫无二致，能够给人一种恒定感、安全感。使用共同的管理模式、共同的原料甚至共同的价格，没有多少惊喜，却满足了人们可预测性的心理体验。

一切都是精确设计的，导致了非人化科技的控制。服务人员职业微笑需要露出几颗牙齿，以什么样的角度来服务等，都有严格的规定。这一切看起来那么温馨，实际上对于每个从业人员来讲，都是非人性化的设计。

麦当劳企业所遵循的这四条原则，在全球化过程中成了成功的范式。对理性、效率、可控制性的追求，是西方文明发展的基础，也是商业活动当中的重要内容。但里茨尔通过麦当劳的成功秘诀，看到了"工具理性"原则的越界隐患。这些在生产过程中最有效率、最成功的做法，一旦成为社会其他领域的价值原则时，社会就会发生异变，这就是"社会的麦当劳化"。比如对自然资源的滥用、去人性化的服务、对人创造力的抹杀等，是另外一层的无效率化。

效率、利润和所谓的成功，难道就是我们生活的全部吗？我们生活的多样性、生命的多样性，不能因为在这么一个异变的追求当中完全枯萎，如果那样的话社会真是"病"了。因此对于"工具理性"的批判，一直是西方马克思主义社会批判理论的一个重要主题，他们认为，对于"工具理性"的追求，会形成理性的万能，形成理性统治世界、宰制自然的情况，导致"工具理性"的霸权。

对于工具理性的批判，很多思想家都表现出一种悲观失望的态度。作为"工具理性"形式的科学、技术、商业、现代法律体系、行政管理等，与价值理性及信仰价值承诺之间，处于一种无法消解的紧张对立之中。但是有一个人不这么看，他就是哈贝马斯。

哈贝马斯提出，当代社会最大的问题是生活世界殖民化。在系统领域当中用于国家行政的权力，和在经济生活当中用于调节人们行为的金钱，不恰当地越界侵入到人们的生活世界，人们的生活世界由此物质化、金钱化、官僚化、异化，这是病理性社会的根源。

他认为，在生活世界当中有一种能够和"工具理性"相抗衡的力量，称为"交往理性"。通过人与人之间平等的交流，通过一些民主的程序，通过正常的途径，引导人性多样性的发展，形成一种跟"工具理性"相抗衡的力量。

现实生活中，"工具理性"越来越强大，哈贝马斯所设想的"交往理性"还是显得非常弱。物质文明要抓，精神文明也要抓，在资本与技术统治的社会，我们要做的最重要的事就是，生发出一种平衡的力量，让工具理性不要过度，不要过界。

赵立行
商业道德和传统道德有什么区别

复旦大学法学院教授

拿到这个演讲的题目,我苦思冥想,回忆起很多我曾经接触的和商业有关的知识,最后发现要从一个很悲观的结论开始:商业领域好像不是一个容易滋生和培育道德的地方!

∞ 商业和不道德像一对孪生子,古今中外莫不如此

从反向的角度来考虑商业与道德之间的关系,似乎更顺理成章,可以找到很多成语来概括:利令智昏、见钱眼开、唯利是图、见利忘义、无利不起早、无奸不成商……成语是劳动人民长期智慧的结晶,没有得到普遍认同的经验不会成为成语。

商业本来应该和诚信连在一起,没有诚信就没有健康的商业。但现实是,商业反而和欺骗"称兄道弟、如胶似漆"。所以我们就会出现一个疑惑,这种现象是中国独有的吗?

孟德斯鸠在《论法的精神》中,对于中国商人的描写很有意思:

> 中国人的生活完全以礼为指南,他们却是地球上最会骗人的民族,特别表现在他们从事贸易的时候,虽然贸易会很自然地激起人们信实的感情,但是却未激起中国人的信实。向他们买东西的人要自己带秤。每个商人有三种秤,一种是买进用的重秤,一种是卖出用的轻秤,一种是准确的秤,这是和那些对他有戒备的人们交易时用的。

他接着又总结道:

> 中国人的贪利之心是不可想象的，但法律并没想去加以限制，一切用暴行获得的东西都是被禁止的，一切用术数或者狡诈取得的东西都是许可的。

这说明中国人对欺骗本身，并不觉得应该去规制，反而觉得欺骗是一个人能力的表现。这是来自18世纪哲学家的评论。

孟德斯鸠不是经济学家，而且没有到过中国，却得出这样一个结论，引人唏嘘。看看今天的日常生活，我们很自然地也会联想到一些东西。比如菜场放公平秤，你在国外看到过公平秤吗？这仍然反映了人们怀疑商贩的诚实。

这都说明，今天中国的商界仍然充斥着不信任感。但如果我们从孟德斯鸠往前看，你会发现不分中西，几乎所有的时代对于商人的看法都是一致的。

柏拉图曾经想建一个理想城邦，提出很多条件。有一条是：

> 这个城邦一定不能离大海太近，离大海太近就会使城市充满商人和小贩，培育出易变和多疑的灵魂习惯，从而使得社会变得不信任和不友好，也对全人类不信任和不友好。

他的逻辑很跳跃，有大海就会有商人，有商人就会出现易变、多疑，然后影响全人类，好像商业和商人是天然的社会毒瘤。

西塞罗也说：

> 我们必须认为那些从批发商那里买来又直接卖给零售商而从中牟利的人也是卑贱的，因为他们如果不漫天撒谎，就不可能赚到钱。说实话，世界上没有什么比说假话更丑恶、更可耻的了。

他的逻辑是，要赚钱就要说谎，说谎就很可耻。

到了中世纪商人有没有变好一点呢？人们这样描绘中世纪商人：

> 他们蔑视法律，除非法律刚好对他们有利。他们酗酒成性，唯一使他们称赞的只是那些无所顾忌、能拉开嗓门讲下流故事、引诱他们狂笑滥饮的人。这批人用他们赚来的钱大摆庸俗的宴会，宴会上喝得酩酊大醉。

似乎商人不管赚多少钱，永远是低俗、粗俗的。

在神学家眼中，商人是什么形象呢？神学家说：

> 商人在上帝眼中很难成为一个使他高兴的人。

上帝不高兴，性质很严重，意味着只能下地狱，上不了天堂。

因此，商业和不道德好像一对孪生子，无法分开，商业和道德似乎没什么关系。古今中外莫不如此。

∞ 商业本质决定了它不适用于利他主义的道德

事实真的是这样吗？如果商业天生就是不道德的，为什么人类社会从农业文明、工业文明走向了商业文明？如果商业是道德的，为什么我们一直有"无商不奸"的印象？

其实这里隐含着一个问题："什么是道德？"

如果我们对于商人的评价，是用传统的道德的标准，那么商人永远只能躲在阴暗的角落里生存。因为我们是按照利他主义倾向来设定道德的。追求"付出不求回报、行善莫问功德"。如果行善为了求回报，那就很难说这个人追求善本身，因为其目标是回报，行善只是工具和手段。按照西方的话语体系，"美德本身就是对美德最重要的报答，恶德本身就是对恶德最重要的惩罚"。如果放到佛教的语境来讲，做事要"罪福并舍，空有兼忘"，只有抛却任何的功利，才能达到道德的境界。

如果按照这样的标准来要求商人的话，商人当然是不道德的。打一个不恰当的比喻，商人本来是一只猴子，你非要用人的标准评价他，他永远不可能达标。商业的性质决定它有太多的烟火气，其本身就是为了追求利润，商业的本意就是为了多赚钱，在利益面前没有道德不道德，只有合用不合用。在商业的本质面前，任何利他主义道德都是苍白无力的，甚至是对立的。

如果祭起利他主义的大旗，再成功的商人也会变得丑陋不堪。这就是为什么对商人评价很低的原因。利他主义的道德倾向，同商业利己主义道德倾向完全是背道而驰的。这样就会出现一个现象：商人一方面为社会做着巨大贡献，另一方面要顶着奸商的恶名。进入现代社会，商业和市场经济支撑了中国大部分经济领域，商人还应该顶着恶名吗？

从世界历史上看也是如此，犹太人对欧洲商业的发展做出非常巨大的贡献，但是犹太人的命运很悲惨。中世纪时，欧洲很多君主只要是自己国家经济不活跃，就开始发告示吸引犹太人，许诺很多优惠政策，犹太人纷纷来做生意。等犹太人赚到钱之后，这些国家的君主马上宣布说他们不道德，把犹太人驱逐，然后把他们的钱留下来。而且当社会出现问题的时候，他们往往将犹太人当作替罪羊。就像黑死病爆发的时候，欧洲各地大量屠杀犹太人，说他们是瘟疫的罪魁祸首。

在这种情况下商人该怎么办？商人无法通过赚钱本身证明自己的价值，只能通过其他方式来洗白自己辛苦赚来的"昧心钱"。在中国传统社会中，商人赚到钱之后，往往回家盖个大房子，或者大量购置土地，变成一个乡绅，拼命供自己的孩子读书，指望自己孩子成为文人或走上仕途，在家乡搞点慈善事业，做个大善人。中国目前的成功商人"最露脸"的时候，也是在慈善捐助的时候。这些行为其实都是想把自己所谓的"不义之财"用到社会道德所容许和赞许的事业之中，想用自己"不光彩地"挣下的家业，给后代铺就一条通向光明的道路。

在利他主义和集体主义道德下，商人对社会的贡献和社会对商人的评价严重背离，这种背离的纠正，只是人类社会在步入近代的过程中才逐步实现的。从文艺复兴开始，人们转变了思想。人文主义者阿尔贝蒂大胆说出一句话："神也和人一样鄙视穷光蛋！"马克斯·韦伯则告诉人们，"商人的天职就是赚钱"，商人只有赚钱，才能感受到上帝的恩宠，才能感受到自己是被上帝选中的人。古典经济学家开始以正面的形象去界定经济人，逐步为商人正名。社会肯定个人的私欲是和人的尊严相关的，开始把私欲正当化。商人不是为了公益而来，是为了私利而来的。基于这些，才构建了近代的制度、法律等等。

∞ "商业道德"是"道德"与"不道德"之间的灰色地带

但是问题又来了，近代以前几千年的时间里都一直在抑制商业，抑制私欲，难道错了吗？

这需要历史地去理解。过去的社会中，有个容易分辨的商人阶层，所以只要想办法将商人隔离就可以了。而近代社会以来，人人皆商，所以我们所面临的任务是要在人人皆商的环境下确立某种秩序，既让商业为社会服务，同时又让商业不危害社会。到底我们应该通过什么途径去实现？

无非两条道路：自发的社会规范，以及法律的社会规范。

前一种途径是假设，我们进入了商业社会，即使公权力不以法律的手段加以干涉，人与人在交往过程当中，自然会形成道德平衡，不需要约束，"看不见的手"会自动发挥作用。后一种途径则认为，必须要设定轨道，没有轨道的话，一旦将人类社会长期防范和压制的私欲解放出来，也等于放出了一头猛兽，私欲的负面影响会像洪水猛兽一样冲垮社会秩序。

道路1：自发的社会规范

自发形成社会规范是完全可能的。因为商业是在交互行为中完成的，所以只有利己是无法运作的，只有利己，就等于扼杀了利己，那就会陷入所谓的"囚徒困境"。囚徒困境模型的构建意在揭示，每个人如果都是绝对利己的，那么永远达不成合作；即使达成合作，也达不到最佳结果。体现在商业交往中，就表现为因为不相信对方，造成交易成本极高，合作很难进行，聪明的人类会因为自己的聪明而作茧自缚。

商业运营中需要寻求合作，因此利己中一定会有利他的思维，没有利他思维，商业不可能进行。但是这种利他和我们一般道德当中的利他是不一样的。在商业经营中，"利己是动力，利他是方法。"没有永远的敌人，没有永远的朋友，只有永远的利益。在社会宣传中，过分强调利己不会形成商业合作，过分强调利他就会吓跑商人。无论是片面强调利己还是利他，都会在商业领域形成逻辑悖论，而将商业置于死地。

那么商业中的道德有什么特征呢？商业道德是互惠型的，回报型的。这个正好跟我们讲的传统道德完全相反，传统的道德是不求回报的。诚信经营、童叟无欺，在传统道德里都是应该做的，在商业道德中却是需要被强调的。商业道德处于"道德"与"不道德"之间的灰暗地带。今天影响许多企业的，就是这种道德形态的双重性。人们进入公司的时候，会将他们道德的外衣脱下来挂在衣帽钩上，进入商场就把道德的面具撕掉了。撕裂现代社会的重要因素，就是商业道德和做人道德的纠缠。如果哪个国家可以在灰暗地带构建自己的道德和法律，就可以说它开始进入比较成熟的商业社会，否则的话，就是"夹生的"商业社会。

虽然商业的进行需要合作，但是具体到每个人，在没有外在惩罚机制的前提下，谁与谁可以合作，谁与谁可以短期合作，谁与谁可以长期合作？这是个大问题。为了避免囚徒困境，每个商人都要依靠自己的力量识别和分辨能够与之合作的可靠伙伴，这样不但成本巨大，而且极不稳定。美国的学者埃里克·A.波斯纳提出过著名的"信号传递理论"。

他认为，在非法律机制下，人的行为有信号传递功能，我们每天的所作所为都是在发出信号，寻找同类。比如要开公司，就需要先买个好车、穿一身名牌，这样的信号是让人相信你是有实力的，可以合作。随着社会的发展，当所有的人都可以不费力地传达这些信号的时候，就会出现信号效用递减，信号就失灵，于是需要抬高成本进行升级，这不是一个社会最正常的状态。

同时，道德属于自律范畴，缺乏惩罚机制。当一个人不道德却得不到惩罚的时候，道德也会失灵。马基雅维利曾对君主说过："当遵守信义反而对自己不利的时候，或者原来使自己做出承诺的理由现在不复存在的时候，一位英明的统治者绝不能够也不应当遵守信义。""如果一个人在一切事情上都想发誓以善良自持，那么，他跻身许多不善良的人当中定会遭到毁灭。"

我们如果把这些语境中的君主换成商人,也是成立的。当你生活在一群不讲信义的人当中,你坚持以道德自持,一定会毁灭。这就是自发的道德天然的缺陷。

因此,纯粹依赖道德治理商业环境,就会出现问题:当遵守道德达不到商业利己的结果,而不道德反而能够达成的时候,就会出现道德的效益递减。以至于没有人再受道德约束。如果任由这种风气蔓延下去,整个社会就会进入道德下降通道。就会进入"互害型社会",或称"同归于尽型社会"。

道路2:法律的社会规范

怎么办?这就需要第二条道路,就是进行道德规制,或者叫"道德的法律化"。西方近代整个进程就是确立了个人私欲的正当性,把一些商业自发的道德法律化。尽管法律所维护的原则基本上是商业交易中的道德,其基本主张和商业自发的道德雷同,但是法律的好处是,其具有清晰性、明确性,不像自发的社会规范那样暧昧和不稳定,更重要的是,法律具有可惩罚性,可以预先让大家了解各自行为的底线,事后逼迫那些破坏道德的商业行为重新回归道德的轨道。

法律的确立和制定是实现法治的起点,但法治中的法律必须是良法,不能是恶法。但什么是良法呢?良法必须以道德为基础,与道德要求保持一致。要令人们自愿地遵从法律,这离不开一种道德文化的支持。从商业的角度而言,法律必须符合商业本质所维持的道德,而不是传统意义上的利他的集体主义的道德。

应该说,正是商业道德和符合商业社会的法律相互配合,才真正能够保证商业环境的健康、便利和稳定。如果道德失灵,一切都交给法律去应对的话,法律也会处于崩溃的边缘。

∞ 道德也好,法律也罢,都需要时间的累积

让我们带着上述理论回到现实,重新审视我们当下的社会。改革开放以来,我们培育了市场经济,法律逐步健全,但为什么中国的营商环境仍然不尽如人意呢?

其实道德也好、法律也罢,在任何一个文化中都需要时间的积累和沉淀。但是中国四十年飞速的发展,没有给道德和法律沉淀的时间。我们从农业社会快速进入工业社会、商业社会,发展为GDP全球第二的大国。我们刚熟悉了"熟人社会",很快进入了"生人社会",刚进入"生人社会"又进入"无人社会",甚至连政策都无法适应市场变化。同时,目前的中国又处于传统与现代、国内与国外各种思潮同

场竞技的时代，是利己主义和集体主义同时并存的时代，这导致我们的道德和法律始终找不到坚实的落脚点。我们可以很快地建立法律制度，但是我们很难立刻确立起法治精神。在前所未有的发展速度面前，政策表现出某种程度的不确定性，其实不是政策不好，是市场发展太快。一个政策还没有推行完成，市场已经发生了变化。这种现象传导到法律和道德层面，就会导致人们既不能很好地坚守道德，也不能很好地遵守法律。

市场不良的道德状态，以及不良的执法环境具有巨大的惯性。现在我们希望用最严的法律来消除多年来道德上的欠账，希望用严厉的法治重新塑造道德。这不失为一条路径，但法律不是万能的，而且法律无法承受不能承受之重。法律是最后的一道防线，在它前面应该稳稳地站着道德，道德能够维持大部分的秩序，只是将个别的破坏秩序的行为交给法律去处理。但是，如果道德失灵，一切都交给法律去应对的时候，法律就会处于崩溃的边缘。法律是为道德"补台"的，不能让法律退无可退；道德是为法律提供滋养的，不能仅靠法律来驯化道德。当一个社会道德失灵和失去自我约束的时候，就算有再完善的法律和再完备的执法队伍也无济于事。

中国的社会性质和国情决定了我们特别注重宣传崇高的道德，也注重创建最严的法律。但是，只要我们承认我们已经进入了商业社会，那么就要承认，只有基于普通人性，基于我们已经到来的商业社会的本质，才能构建出更加符合基于私欲正当性的道德和法律，这才是商业得以健康发展的土壤。因此，如何坚持社会主义核心价值观，培育符合市场经济发展所要求的道德，同时又要构建独特的法律体系，让这三者达成平衡，是摆在当下中国的一道难题，考验着我们的智慧。

今天报告的目的，就是想和大家一起从历史和现实的角度理解和解释商业环境下道德和法治的原理，厘清一下中国目前商业环境所面临的道德和法律处境，希望大家共同努力，营造商业环境中道德和法律的正面效应，从而让道德回归其位，让法律卸下负担，迎来真正理想的营商环境。

罗怀臻
海派文化如何永立时代潮头

中国戏剧家协会副主席
中国文联全委会委员
中宣部文化名家暨"四个一批"人才
上海戏剧学院兼职教授

今天与大家分享，从上海歌舞团创作演出、我担任编剧的舞剧《永不消逝的电波》和《朱鹮》说起，希望大家通过这两部作品来更新文化观念，看到文化未来将成为商界的重要生长资源。

《永不消逝的电波》首演以来，3年已经演出了300多场，早于《永不消逝的电波》3年上演的《朱鹮》也已经演出了300多场，这在中国舞蹈界、中国的舞台艺术界，甚至于在全世界的舞台艺术界，都是极罕见的。

近年，舞台艺术有两部爆款，中国舞剧《永不消逝的电波》和美国百老汇音乐剧《汉密尔顿》，在豆瓣评分上这两部作品都达到了9.6分。但《汉密尔顿》的盛况已经开始衰竭。这部作品问世于2015年年底，当时美国社会状况跟今天已经有了很大的不同。那个时候美国总统是奥巴马，汉密尔顿是美国建国时期的重要领导人，美国第一任财政部部长、银行行长，他是一个白人，但是在《汉密尔顿》中，由一个黑人来扮演汉密尔顿，其中很多美国开国领袖都是由有色人种扮演的，剧中采用的音乐素材也主要是来自非洲的民间说唱艺术，在首演时引起观赏热潮。2016—2018年间，这部音乐剧需要提前半年预约才能看到，而且预约也只是预约摇号的资格，还不见得能摇上，那时买一张《汉密尔顿》的观摩票比拍"沪牌"还要难，黑市票价超过票面价值的几倍。然而之后这部作品的营业状况出现了下降。从特朗普时期到拜登上台，一系列事件显示了美国国内的种族问题并没有得到解决，不是像《汉密尔顿》所欢呼的那样，美国已经消弭了人种之间的界限，黑人在美国取得了和白人一样的社会地位。《汉密尔顿》就是一个神话，一个不真实的作品。当一部作品失去了社会心理的支撑时，其收视情况就会出现拐点。

《永不消逝的电波》也曾经出现过在北京5场演出2分钟内戏票售罄的盛况。我作为这部剧的编剧也没有任何特权，剧团不会给我留座，也不会给我赠票，甚至也不会接受我的预约，我要请朋友们看戏，也只能动员他们上网抢票。在疫情肆虐的时候，国家文旅部提供了一批舞台艺术优秀作品在线上和大家分享，收视率最高的就是《汉密尔顿》和《永不消逝的电波》。《汉密尔顿》的收视情况出现了拐点，而《永不消逝的电波》仍然还在峰值上。上海歌舞团现在已经组建了四个组别的演员"风""雅""颂""韵"，分成两支队伍，一支队伍在上海驻场演出，另一支队伍在全国巡回演出，仍然是一票难求。

我不厌其烦地为自己的作品做广告，显然不是在进行票房的号召和宣传，为什么《永不消逝的电波》《朱鹮》这两部作品会诞生在上海？为什么它们可以在新时代引起这样的观赏热潮？成功的道理在哪里？是不是可以复制？这种现象是偶然的吗？有一次我在两部剧的主演朱洁静的朋友圈里留言说："一切都是有备而来，一切又都是一不留神。"没有无缘无故的成功，其中包含着一个城市、一种文化、一个时代、一个院团、一批主创人员和演员长期努力的因素，但不是我们每次的努力，都必然会迎来我们所期待的那个结果，其中有时代的原因，有这个城市的原因，也有很多不可以再复制的、再来一遍的原因。各种机遇同时具备了，所以成功了。我想和大家分享的就是今天这个话题。

海派的前世：携带着商业的基因

"海派"这个词最初起源于绘画，那时候还没有上海城市的概念。当时在上海、广州等沿海城市的一批文人画家受到了西方绘画理念和技法的影响，结合本地域、本民族的文化传统，在材料、技法上都有了创新和改变。以往画家的绘画都是独一无二的创作，但是这些画家开始复制，既复制名画，也复制自己的画，把这些复制的画放在市场上销售，一时间引起了传统画家的鄙薄。创作是独一无二的，怎么可以复制呢？复制不就成了商业化的东西了？那时候就会讨论这个问题。海派画家吸收国外的一些绘画艺术的发展，结合了本国的绘画艺术传统，创新发展，然后把它们推向了市场，这个"海上画派"，从一开始就有强烈的商业意识，而这个商业意识，恰恰是中国文人、画家在传统观念中所不以为然的。

上海著名画家程十发先生曾说"海派无派",海派尊重每一个传统,也敬重每一个经典,但是不是为了传统而传统,为了经典而经典,而是要在经典上完成自己的创作,独树一格。不是共同的宗法一派,而是尊重自己的内心,真的做到了百花齐放。

绘画艺术中的这种个人化、商业化意识和强烈的创新精神,后来逐渐被放大为一种文化态度、艺术精神和作品的品质,扩大到文学界、戏剧界,甚至于延伸到建筑界,延伸到我们的日常生活和平素的行为、做派中。有时候我们遇见一个挺有个性、很出格、很有自由创造精神的人,也会说这个人很"海派",这个观念往往是上海本地人谈论得多,但它恰恰是沿海地区,特别是后来上海吸引外地人的独特之处。所以"海派"不仅仅是一个地域的概念,它也不仅仅指上海,因为有"海上画派"的时候,上海这个地名还没有出现。"海派"就是一种艺术精神。

在京剧领域,"麒麟童"周信芳所代表的"海派京剧",和京派代表人物梅兰芳并列代表为南北京剧的两位大师。"麒派"不仅仅是一个声腔流派,也不仅仅是一种表演风格,而是一种创新精神。它的特点是什么呢?以我的感受来说,是生活化、商业化,在承认经典的前提下追随经典、打破经典、再造经典、成为经典。梅兰芳先生年轻的时候也是一个创新者、改革家,追求着各种变化。但是后来的梅兰芳留给人的印象就是"妙像端庄",笑不露齿、正襟危坐,表现的是中国古代女性的端正、典雅、温和、善良。周信芳先生留下的那些艺术形象,左顾右盼、提心吊胆、横眉竖目、惶惶不安。跟梅兰芳先生的《贵妃醉酒》《霸王别姬》《天女散花》相比,周信芳先生的《徐策跑城》《四进士》《乌龙院》,表现的是另一种气质。

所以我说,也许京派代表的是经典,是以不变应万变;而海派就代表革新,以万变应不变。如果哪一天也把海派当作经典、当作规范、当作不可变异的标准了,那么海派就僵化了。

20世纪初,关于海派文化,发生了两组文化和社会事件。第一组是1917年,在上海发生了两件事情:第一件是,按照西方的镜框式舞台兴造新式的剧场:"新舞台",率先演出的就是海派京剧,第一位演出的就是京剧名家潘月樵,紧接着是夏氏三兄弟,后来周信芳、梅兰芳都登上了这个舞台演出。以前都是在戏园子里唱戏,在厅堂上唱戏,在广场上唱戏,但进入这样一个密闭的"新舞台"空间,营造出一种生活的幻觉,仿佛透过一个窗口,我们窥破了生活中发生的事情。从唱戏时代进入演戏时代,这样的演出方式,要获得商业的成功,就得开始讲究剧情,讲究和社会的共鸣呼应，也开始讲究一出戏的长度，配置了乐队，有了布景，有了灯光。

1917年还发生了另外一件大事，一种新的"文明戏"登陆上海滩，这种演出形式在新式剧场如鱼得水。后来，京戏和"文明戏"之外的这种表演形式，被复旦大学教授洪深先生命名为"话剧"。

这两件事，就是海派文化精神的表现，把我们以往习见的表演形式进行时代的转化，让中国戏曲由乡村进入城市，由广场进入剧场，由戏台走上了舞台。就像当时的"海上画派"一样，它完成了一次转化，一次升级，形成了一种新的风范。

1921年，也有两大重要的事件发生，第一是中国共产党在上海创建，共产党诞生前夕，"五四"新文化运动要向传统文化道别，创建一种新型的文化。"五四运动"对于传统文化的决绝犹如如摧枯拉朽。与此同时，在苏州桃花坞，一些文人和商人对传统艺术表示忧虑，面对汹涌的新文化大潮，他们感到他们钟爱的传统艺术——昆曲陷入了从未有过的困境，新型剧场、新型戏剧纷纷诞生，而以往所谓的"雅部"昆曲，却渐渐失去了它的表演环境、观众群体和演出市场，所以这些人焦虑不安。他们出资办昆剧传习所，2021年也正是昆剧传习所创办100周年。

2021年7月，上海艺术研究所在上海大世界一个空间里安放了44把空椅子，每个椅子上有一个抱枕，写着当时从苏州昆剧传习所毕业的每一位"传"字辈学生的名字。当我走进这个空间，看到这44把空椅子时，不禁流泪，这些人正在逆时代而动，他们的文化土壤已经松动了，他们的艺术环境已经不存在了，却仍然悲壮地承担了传承中国古典昆剧的使命。100年来，"传"字辈的演员几乎没有真正辉煌过，尤其没有以他们师承的那一门艺术应有形态而辉煌过，他们都是在为京剧、为地方戏，甚至为话剧教学担任老师。纵使一部轰动一时的昆剧《十五贯》，某种意义上也是向现代剧场的妥协，它也开始用镜框式舞台所擅长的话剧化的舞台、京剧化的程式，来创作昆剧的剧目，这是与当年兴办昆剧传习所对44位学生所期待的使命是不尽相同的。

但是100年后的今天，我们在纪念中国共产党成立100周年的同时，纪念已经故去的44位"传"字辈的艺术家时，突然之间有了一种殊途同归的感觉。电视剧《觉醒年代》中，陈独秀有一次对他的长子陈延年说：后来人会误解我陈独秀，认为我不尊重传统文化，其实我比谁都喜欢传统文化，我只是对传统文化中的一小部分，孔子学说中的一小部分，"三纲"不能接受。君为臣纲、父为子纲、夫为妻纲，这是让全中国人都当奴隶，一个奴隶制的国家是没有民主、不尊重科学、没有前途的，所以我要跟它斗争。但是当我的理想实现以后，也许我会回过头来继续享受传统文化，但现在不行。这段台词（大意），某种意义上也表现了"五四运动"时期，包括中国共产党建党早期对于传统文化的姿态。

上海是最能够接受新事物的地方，这种接纳不仅仅是出于猎奇，而是给予新的事物以一种新的传播方式。京剧来到上海，就都市化、剧场化、市场化了。因为海派京剧追求市场效果，所以一度它被叫作"恶性海派"，就像海派文学中的"鸳鸯蝴蝶派"一样，追求市场化。那时候京剧表演中出现了机关布景，出现了犹如今天电视连续剧一样充满悬念、让人欲罢不能的连台本戏，这都是商业化的结果。

以浙江嵊州马塘村一带流行的说唱形式为基础发展而来的越剧，18 世纪末开始进入上海全男班形式的越剧在上海一直没有形成气候，直到女子越剧出现，才偶然打开了局面。她们一进入新型剧场，就开始捕捉时代、社会的热点，编演新戏，有恋爱自由、婚姻自主主题，也有家国情怀主题。因为她们直接受新文化的影响，直接以上海这个都市的市场为演出土壤，所以女子越剧一进入上海，就带有新文化的气质，这就是"海派"艺术的再加工能力。

海派的今生：寻找着出圈的密码

到了新时期，海派艺术、海派文化也有了新的发展。习近平总书记最近在文艺工作座谈会上，把"创造性转化、创新性发展"的"两创"文艺思想，和"二为方向、双百方针"，即"为人民服务，为社会主义服务""百花齐放，百家争鸣"并列。以我一个创作者的角度理解，这就是方向、方针和方法。"两创"的文艺思想也许就是转型的概念，我们的创新创造不再停留于一板一眼、一招一式，而是要实现整体性的转化，这种转化是一个整体性的变化。习总书记的"两创"思想，我觉得在内涵意义上，跟"海派"文化精神是相通的。

海派文化近几十年的发展，有一个"三江汇流"的过程，中国古代文化传统、西方现代文明传统、中国革命文艺传统，这三个传统，在 1949 年中华人民共和国成立之后迄今的 70 余年间，至少经历了 4 个不同的时期。

新中国

1949—1966 年，一个新型的社会制度、生活方式开始建立，新中国有一种热情，一方面它没有切断和传统文化的关系，另外一方面它又能够接受比如法国的革命文化，苏联的革命文艺，欧洲的批判现实主义的文学，包括以文艺复兴为标志的现代文明资源。那时的作品有大型音乐史诗《东方红》，有耳熟能详的小提琴协奏曲《梁祝》，一听到这些，我们就会想到那个时代，被那种质朴的、热情的、革命的理想主义创作精神所感染。但这个时期更为强调的是一种中国革命文艺的传播，源自新文化运动，经过延安时期，特别是毛泽东同志在延安文艺座谈会上的讲话，变成了一种文艺风气，着重于文艺的宣教功能。

新时期

"文革"结束到八九十年代，我们迎来了文学、艺术的新时期。复旦大学学生卢新华创作了小说《伤痕》，上海工人剧作家宗福先创作了话剧《于无声处》。这个时期前10年的作品比较强调解构、颠覆和反叛，后10年的作品比较强调融合、反思和重塑，这个时期成为中国文艺繁荣的时节，诞生了一批优秀的作品，谢晋导演的《牧马人》《芙蓉镇》《天云山传奇》，张艺谋导演的《红高粱》，陈凯歌导演的《霸王别姬》，何训田作曲、朱哲琴主唱的《阿姐鼓》，等等。新时期是重新解构传统的时期，这时候我们敞开国门，敞开胸襟，拥抱世界文明，拥抱世界的现代文化。

新世纪

2000年以后进入新世纪，听见了新世纪的钟声。也不知道是哪一阵风，哪一天早晨的太阳，忽然之间，让这些八九十年代的风云人物显出了老态，几乎是整体性地在我们关注的视野中模糊了。2001年5月18日，为了人类文明和文化的多样化发展，联合国教科文组织公布了第一批"人类口头和非物质遗产代表作"，中国的昆曲名列其中。当这个消息传来的时候，昆曲还处于极度的萧条状态，演出现场经常是门可罗雀，台上的演员比台下的观众多，台下寥寥数人也是白头发的比黑头发的多。

被列入联合国亟待抢救的非物质文化遗产名录意味着什么？国际化、都市化、现代化带来的是人类文明的同质化，尤其是物质文明发展相对滞后的第三世界的国家，被第一世界、第二世界的物质文明"倾销"之后，也有形无形地接受了这些国家的价值观、审美观、人生观。我们的趣味、价值观都变成了欧美式的，突然发现，我们不知道自己是谁了，需要重新寻找身份。

为什么到了新世纪，就想到了"身份"的问题呢？经历了20世纪八九十年代的现代化，中国的国力增强了，过去我们视为新奇的东西，已经变成日常生活的一部分。这时大家开始回过头来寻找身份。修家谱、修宗祠的人多了，孩子的名字已经不叫什么莎、什么娜了，学钢琴、学小提琴的人不再那么趋之若鹜，大家发现，学昆曲、学琵琶、学古琴也是不错的，文化风气发生了变化。

新时代

"十八大"以后，我们迎来了第四个以"新"为标志的时期。在新时代，出现了一个在任何时代都未出现的"三江汇流"现象，中国古代文化传统、西方现代文明传统和中国革命文艺传统在这个特殊的时期汇流了。

2021年，为什么收视率最高的电视剧是《觉醒年代》？中央台各个频道恐怕已经不下10次重播了，我完整地追剧也有4次了。但是大家想想，不说早20年，早几年，电视剧会这么拍吗？包括舞台剧《永不消逝的电波》，如果不是风云际会，天时地利人和，在这几年里会这么风靡？以这两部作品为例，三种文化是不是都融汇在其间？早年我们做不到。三个传统在前三个不同的时期就有不同的侧重，新中国时期强调中国革命文艺传统，新时期强调西方现代文明传统，新世纪强调中华古代文化传统，可是今天，就这么自然地渗透在了一起，这就是我们的文化风气。不仅是文化人自身，任何一位管理者、任何一位商人，如果无视这样的现状，可能就找不到当下的话语地位。

拿《觉醒年代》来说，剧中胡适找了一个小脚女人当太太，李大钊找了一个比他大六七岁的大姐姐做老婆，以前的作品为什么不去表现这些？过去的作品中会强调人性、强调个性，觉得这样太传统，不进步，所以能回避就回避了。剧中陈独秀跟小姨子私奔了，过去如果塑造男一号人物，会因为他的正面形象而避讳，今天的作品中却是很真实地展现出来。陈独秀的两个儿子，跟他父亲老是没完没了地计较，陈独秀面对两个原配生的儿子的确心有愧疚，英雄气短。这就是我们的价值取向。我们不会因为表现寻求救国之道的这批先行的精英，而掩饰他们的背景，我们还是会用传统文化的尺度衡量他们，有现代人的文明意识，也有面对传统文化的纠结，同时，丝毫不隐藏我们的价值取向，那就是，这批人最值得我们赞颂的是，他们是有家国情怀、有革命情怀的理想主义者，但是不会因为我们赞颂这样的人物形象，而影响了作品跟我们的亲和感。

《永不消逝的电波》也是如此。过去的作品中，女英雄手持双枪英勇杀敌，子弹怎么打怎么有，而且打出各种身段，好像在做游戏，她好像不知道每一颗子弹打死的都是个鲜活的生命。《永不消逝的电波》里也有一个女主角开枪打死人的情节，编导处理这段戏的时候，是女主角久久打不出去那一枪。上海的一个女工，一个平民女子,第一次亲手用枪打死人,是非常艰难的,哪怕她身上带着重要的机密,身家性命受到了威胁,她也是不可能那么轻易地把一个人打死。这一枪打出去以后,她就失态了、失常了,这就是正常的人性。以往"高大全"的人物塑造套路中,不会演绎出《永不消逝的电波》里面那样的男一号,当他的战友牺牲了,他的事业受挫了,他回到家里,把头埋在妻子的怀抱里哭泣,以前的作品中不会出现这样的表现形式。就是在这不知不觉的变化当中,一个作品走近了我们。他们卸下了红色题材的"高大全"的面具,放下了"特殊材料制成的人"的身段,还原为我们日常生活中都可能碰到的人,才能唤起我们的同理心,我们才会把自己放进戏里去。这样的创作理念,我觉得也只有在现在这个时期才可能成为文艺的健康风气。

 海派精神是不断追求卓越和突破自我

20世纪末,上海的舞台艺术创作至少向中国当代戏剧奉献了三部杰作。

一部是京剧《曹操与杨修》。在传统的京戏里融入了现代人文意识,反思了中国封建时代知识分子和统治者彼此人格的对峙和不兼容、不相容。所以这部作品在当时引起了一片观赏的热潮。《曹操与杨修》对弗洛伊德的精神分析、西方的意识流表现方法都有所体现,这个也许在今天是个习以为常的事情,可在20世纪80年代末,它就是一次探索、一次融合、一次跨界,进而实现了当时的"出圈",不仅是戏迷欣赏它,一个时代的文化人都关注它。它的创作理念,也惠及同时期的电影电视。

一部是淮剧《金龙与蜉蝣》。这个戏的创作显示了外来乡土文化进入上海以后怎么和这个城市继续取得融合的思考。1993年这部剧在北京演出,北京有家报纸的标题是"不看上海《金龙与蜉蝣》,不知道1993文化新潮流",说明它已经不单单是戏曲的概念了,而是成为一种文化现象。这个作品在当时被评价为是"传统文化找到了和现代人群的关系,民族戏曲找到了和世界戏剧的关系",把这两者都打通了,越是在淮剧剧种方言的非流行区域,看它的文化个性就越显得鲜明。

还有一部是话剧《商鞅》。这出话剧最近还在演出,已经演了几代人。我们说,话剧是作用于人心灵的,是能表现一个时代的心情的。这部话剧,就表达了中国坚定地进行改革的信心。走进这个剧场,就会被它感染得热血沸腾。

《曹操与杨修》《金龙与蜉蝣》《商鞅》,都把当时的剧场艺术做到了极致,让表演艺术在镜框式舞台的空间里发挥得淋漓尽致,让剧场艺术震撼人心,过滤人的灵魂。

进入新世纪，上海仍然有作为。尤其在2016年，上海市委在当年的十一号文件中提出了用五年时间在文学、影视、舞台艺术、美术、群众文艺、网络文艺六大门类创作一批精品佳作，向党的100周年献礼。我有幸参与了"百部精品"工程的创作和运作。在参与的过程中，我感受到了这个城市仍然在推崇着一种追求卓越的精神。

海派文化的背后，其实是一种价值观，一种审美标准，也是一种文化品质。上海城市文化的起评分应该是"优秀"。不断吸收外地优秀的人才、优秀的作品来到上海，夯实上海的文化土壤，上海就是在这样的起点上追求卓越、推崇卓越。上海不接受平庸，上海也不赞美优秀，上海只为卓越鼓掌。哪一天上海开始为优秀鼓掌，开始接受平庸、容忍平庸了，开始"去掉一个最高分"或者"保留一个最低分"了，那么"海派精神"也就从根本上丧失了。我是1987年被上海以"特殊人才"名义从苏北引进的资深"新上海人"，是被"海派艺术"的卓越性吸引来到上海的，来到上海，我觉得我创作的天然使命就是，仰望和追求卓越。

在刚刚过去的五年中，上海文艺界运用着"三江汇流"的艺术评价理念，以习近平总书记"创造性转化，创新性发展"的理论为引导，在努力创作着属于新时代、新海派的代表作。在践行"两创"文艺思想方面，上海至少有三部作品，将对行业、对上海城市和中国当代文艺产生深远影响，时间会给出证明。上海歌舞团的舞剧《永不消逝的电波》已经得到了公众的承认，上海杂技团的杂技剧《战上海》正在向它的顶峰迈进。《战上海》以上海特有的海派文化精神，完成已经在全国杂技界探索了近20年的杂技剧的代表之作。

另外一部作品目前还影响不大，受到的重视还不够，对它的价值也还认识不足，但是它已经对全国评弹界、曲艺界产生了较为深刻的影响，它就是上海评弹团的评弹剧《医圣》。从书场进入剧场，是评弹艺术迈出的历史性一步。"评弹剧"这个概念，是评弹从书场进入剧场，开始承载较为厚重的意识形态内容，开始表达较为完整的故事而进行创作后，才产生出来的，但是评弹的本体丝毫没有变动，评弹仍是评弹，这就很了不起了。

我列举的这三部舞台艺术作品，乃是上海近年诸多优秀的舞台剧中体现"两创"文艺思想最准确、最充分的创作。舞台艺术如此，电影、电视、绘画、书法、网络文艺，当然也是如此。传统对我们固然重要，它是我们的背景、我们的资源、我们的基因，但是最重要的是，创造属于这个时代的艺术。十年、二十年以后，如何检验曾经的时代,曾经的作家、艺术家,甚至曾经的文化艺术的组织者或管理者,就看他们留下来的作品。

当然,艺术探索之路有时候很艰辛。比如《朱鹮》2016年参加"第十一届中国艺术节",演出以后赢得一片赞誉,都认为这部戏必得大奖无疑,结果却名落孙山。这对剧团、对演员都是一个很大的冲击。当时没得奖的主要说辞是,因为《朱鹮》这部舞剧的舞种不够纯粹,究竟是民族舞、古典舞,还是现代舞、芭蕾舞?这些舞种似乎在剧中都有,是一部舞种跨界的作品,虽然看上去没有痕迹,挺自然,但是从某种行业的习惯视角看,认为它的舞种不够纯粹。那么,剧团要不要为此做出改变呢?上海歌舞团没有做这种倒退的选择。3年后还是这个团,还是这两位主演,在上海举办的"第十二届中国艺术节"上,上海歌舞团的《永不消逝的电波》如愿以偿地获得了大奖。这说明,理论曾一度滞后于实践,实践积累的成果又纠正了理论,推动了理论的向前发展。其实,《永不消逝的电波》的跨界要远超过《朱鹮》,甚至还融合了街舞、国标舞,但凡出现过的舞种,只要需要统统拿来用,还不仅是舞蹈的跨界,作品更融入了多媒体技术、现代影视技术、话剧的表现艺术,几乎把我们视觉艺术所可能用的东西都用在了舞台上,却没有丝毫违和感,通过跨界融合实现了它的"出圈"。现在来欣赏这部舞剧的不再是舞剧的专家、舞剧的舞迷,无论从事什么行业的人,都在主动关注这部作品。

作为一位当事人,我觉得这五年是上海"海派文化""红色文化""江南文化"发展的高峰期。无论电影、电视、舞台艺术、美术、文学、群众文艺、网络艺术,各个门类都取得了丰硕的成果。这张成绩单拿出来是漂亮的,是对得起这座城市、对得起这个时代的。也许圈外人不太关注上海这五年的文艺创作,但是这些列举出来的作品是看得见的。

我的海派观

就我个人来说,我对"海派文化"的理解是建立在以下三个理念之上的:

卓越意识:也就是践行守正创新的意识。上海只为卓越鼓掌,海派文化发展的过程,就是不断承认传统、不安于传统、再造传统、成为传统的过程。

现代意识:讲好新时代的中国故事。同一个故事,不同时代的讲法不同。新时代的中国故事,就是要把古代的故事讲给现代人听,把革命的故事讲给年轻人听,把中国的故事讲给全世界听,把现在的故事讲给未来人听。

讲好故事就是要寻找到故事的共情点，就像《觉醒年代》《永不消逝的电波》的叙述方法。中国文化走出去，是要把中国人的思想、哲学、文化传统和价值观，以及中国人的生活方式拿出去跟外国人交流。

我最近创作了一部AI题材的舞剧，我也想为我个人的未来、为我们自己的未来创作。我们创造了人工智能，开发了人工智能的自主意识，人工智能机器人未来会不会和自然人一样存在？机器人一旦介入人的情感会怎么样？我想关注人和自己创造的文明之间的关系，献给我的未来。如果我们都对未来的时代不去想象，就辜负了我们这个时代，不仅是文艺界，科技界、商界的参与者都是在积累文明，无论精神的还是物质的，这些文明都会影响未来。

转型意识：我们需要思考一种多样态的表演模式和全新的观演关系。2020年疫情刚刚过去不到半年的时候，上海召开了一次科技与文艺界人士的对话，我和同台的张文宏医生有过一个小小的争论，我说，疫情可能倒逼我们思考一个问题，密闭的公众空间是不是以后我们聚集交流的唯一选择？人类是不是会进入一个新穴居时代？原始人在洞穴里面，新穴居时代我们都在公寓里面，但是我们在交流信息，信息不会阻拦我们，就像今天，线下的人寥寥无几，线上的人数以千计。我当时说，就算疫情过去了，也很难再现当年的剧场繁华，除非不可替代，非到现场看不可，一般的观赏消费就不一定去剧场了。情况的确如此，剧场里一般的公益性、惠民性演出整体消退了，剩下来的是经典的、原创的、火爆的演出。张文宏医生说，我不同意罗教授的观点，你这是变相在批评我们，你对我们医学科学毫无信心，我就要让你们回到过去，否则我们就是失职。他讲的这番话让我非常敬佩，现在有几个人会把行业的兴衰看作自己的责任？像我，中国戏剧衰落了，我是责任人吗？张文宏说他是责任人，他让我放心。一方面，我很感慨、很感动，也很敬佩他，另一方面，我也感到医生与作家，不同门类的人，思考的角度还是有所不同的。

我想到的是，剧场艺术已经无形中被疫情改变了，单一的剧场艺术正在向21世纪多样态、多形态的剧场表演空间转移。有实体的，也有虚拟的，有大剧院式的，也有小剧场式的，有密闭空间里，也有广场上的，有客观观赏的，也有身临其境、沉浸式参与式的……所以，我们也会由狭义的剧场时代进入广义的演艺时代。

"海派文化"永远在变化中，没有固定的内涵和外延，它是一个名词，更是一个动词。它是一种精神，一种创作姿态。"海派文化"推动我们不断去创新，去建立标准，打破标准，重建标准。

高蒙河
文物不再是藏藏藏，考古不再是挖挖挖

复旦大学文物与博物馆学系教授
良渚博物院策展人

考古，过去一直被认为是一个象牙塔里的冷门绝学。但是百年来，中国考古走过了从考古专业到考古行业，从考古事业到考古产业的变迁之路。一方面，是持续践行进行科学研究的初衷，务实求真，复原历史，揭示人类社会历史发展规律；另一方面是不断开拓进取，延展出保护、利用、传承的全新领域。而今的考古，不但向世人全面真实地展示了古代中国和现代中国，还进入到将考古成果和考古资源活化利用，助力现代经济社会发展的新时代。

考古延伸了历史的轴线

经常有人问：有了历史学复原的历史，还要考古学研究做什么？其实，人类早期的历史，根据在非洲发现的世界最早的猿人化石推断，大概已有300万年；中国大概也有了200万年人类起源和活动的考古发现。而有文字记载的中国历史，即便从先秦时期的文献算起，再到司马迁《史记》为代表的二十四史，它们所记录的历史长度只有两三千年。根据纸本文献的研究范围，历史学主要是有了文献记载以后的人类历史，学界称为历史时期的历史；而考古学所承担的没有文字记载以前的史前时期历史，则有200万—300万年之长，因此，大量填补了历史学文献记载的空白。

1921年，河南渑池县仰韶村及北京周口店的考古调查发掘，标志着田野考古在中国的肇始。这100年来，考古学对重建历史、复原历史起到什么样的作用呢？用"考古学之父"柴尔德的话来说，如同望远镜扩大了天文学家的视野、显微镜扩大了生物学家的视野一样，考古学扩大了历史学的研究范围和内容。

司马迁《史记》上也提到了一些三皇五帝以前的时代，在学术界，过去通常称其为神话时代或者传说时代。100年来，考古学者们"上穷碧落下黄泉，动手动脚找东西"，通过大量的发掘和研究成果，一点一点地把这些历史实证了，对复原远古历史做出了突出贡献。比如，发现了陕西蓝田、云南元谋、北京周口店和山顶洞等100多处旧石器时代遗存，证明了中国是人类进化、特别是东亚地区的人类生命起源的摇篮，把中国有人类活动的历史上溯到200万年以前，重建起司马迁等史学家都鲜有记载的远古历史。换言之，所有这些考古成果，无不延伸了历史的轴线，并为我们编写中国古史，奠定了非常坚实的学术基础。

考古增强了历史的信度

自人类诞生伊始，历经两三百万年的发展至今，共发生过三次推动历史发展的，具有里程碑意义的"革命性事件"。第一次是约一万年前的"农业革命"，人类开始定居下来，学会了农作物种植和动物饲养，开始烧制陶器，并创新出"磨刀不误砍柴工"的磨制石器，人类社会的发展从此进入了"快车道"。第二次是时隔约五千年后的"城市革命"，诞生了世界四大古代文明中心，两河流域、尼罗河流域、印度河流域和中国黄河长江流域，而且这四大文明中心都分布在北纬30度线上。为什么人类社会发展到了五千年前，在同一时间不同空间出现了城市，出现了文明，出现了国家？这是一个到现在还在研讨的世界性课题。第三次是又时隔了约五千年，到了二三百年前，离我们最近的"工业革命"，它的进步意义和历史价值我们在今天已无须赘言。

我们常说"中华文明史，上下五千年"，但是中国的文明史到底有没有五千年？过去国外的汉学界是持不肯定态度的。他们认为，以安阳殷墟甲骨文、金文为代表的中华文明史，最多只有大约3500年，比西方晚得多。但100年来，我们通过浙江良渚遗址为代表的一系列的考古发现和研究，彻底推翻了西方的传统误识。

良渚遗址1936年发现于浙江杭州的良渚，经过80多年的考古发掘，证明了它是距今约5000年前的一个考古学文化——良渚文化的中心，是一处拥有100多平方公里范围、300多处遗址点的规模巨大的古城，是目前所知比夏王朝还早一千年的中国最早的良渚王国的首都，2019年被列入世界遗产名录，中华五千年文明的历史终于得到了世界的承认。

良渚古城是目前所知中国最早有规划的都城，它有三重城的规划格局。最核心的宫殿区有30万平方米，内城有约300万平方米，外城有800万平方米我们把良渚古城称作五千年前的"中华第一城"。其中，宫殿区曾有非常高的雕梁画栋的大型宫殿，虽然现在已经变成了一个大土堆，但海拔还有15米高，可见当年是非常高大宏伟的。如果联系到五千年后中国封建王朝最后的北京紫禁城有著名的太和殿、保和殿、中和殿三大殿，这三大殿的源头应该就与良渚古城的大型宫殿建筑不无关系。如果我们把良渚古城三重城的规划设计，再回溯对比于唐代长安城、宋代开封府，也无不延续和继承这样的格局。它们都是五千年里的中国的超级国家工程，呈现了中国古代都城建设的规划思想，体现了中华文明延绵不绝的传承特征。

考古活化了历史的场景

记得20世纪80年代前后，我入大学初学考古专业时，《中国大百科全书·考古学卷》给考古学的定义是"用实物资料来研究人类历史的一门科学"。读书期间，主要是学习用科学的方法来发掘，然后把发掘出来的遗存写成考古报告，也就可以毕业了。换言之，当时的考古学，我后来归纳就是四个字："发现"和"研究"。和历史学的研究目标一样，心无旁骛，就是学习怎么复原历史。

那时候，考古学还是一级学科历史学下面的二级学科，二级学科主要是搞研究。但是到了2011年前后，考古学升为一级学科，这意味着考古学不仅要继续搞好科学研究，还要跟现实社会相结合，参与经济社会的文化建设。20世纪80年代以后，改革开放大发展，各地基本建设动工动土得多了，古迹、文物暴露出来在所难免，那么就需要保护。20世纪80年代初期颁布的《中华人民共和国文物保护法》，就把"保护"放在了非常重要的突出地位，著名的项目如三峡水利工程和南水北调工程的文物抢救。到了新世纪，原有的以研究历史为目标的考古学增加了很多新的学科内容，比如文化遗产保护、博物馆展示传播等。我也开始在国内倡导公众考古学，意在让更多的非专业人士和社会大众了解考古，并参与到文化遗产的保护、利用和传承中来。2010年以后，在文物保护的基础上，考古学成果的利用，也提上了日程。考古成果不能都堆放在库房里面不给老百姓看，所以就出现了很多跟考古成果相关的保护、展示、利用、传承的工作。这10年来，党和国家领导人越来越重视文物的活化利用，比如习总书记就不止一次参观浙江的良渚博物院，指出良渚是实证中华五千年文明史的圣地。他还亲自指导良渚古城遗址申遗工作，并提出了向世人展示全面真实的古代中国和现代中国的方针。考古成果这些年还越来越多地参与到中国国家形象的展示传播中来，在2019年上海第二届进博会上，我们团队在中国馆做了一个"美丽中国·良渚古城遗址"展区，习总书记在开幕式后巡馆时和其他国家领导人莅临展区，古老的五千年中华文明通过现代展会，得到了充分弘扬。

近几年，曾经冷门的考古迈开了文旅融合时代发展的新步伐，考古成果的展示、传播也从博物馆逐步走向了空间更大的各类考古遗址公园，国家近两年又新提出要建立国家文化公园和国家公园，这都为考古成果和文化遗产的保护利用提供了更大的舞台。现在，围绕考古进行的旅游活动、研学产品基本上都是"上线即秒杀"。一个垂直性、链环性的考古产业正在萌芽。考古、发现、研究、保护、利用，成果不断被写进教科书。

这几年，面向公众的考古活动宣传也开始多样化起来，除了图书、报刊等传媒渠道，影视方面，也从早期的纪录片传播，转向了更为大众喜闻乐见的综艺节目的形式。纪录片毕竟是小众的文化产品，而综艺节目却有着广大的群众基础。所以，像前几年央视推出《国家宝藏》和2011年推出的《中国国宝大会》《中国考古大会》，以及浙江卫视推出的《万里走单骑——遗产里的中国》等，我们也都参与了节目的策划，我在有的节目还忝列出镜点评嘉宾，目的都是为了让更多的人，特别是年轻人了解文化遗产，喜欢文化遗产，共享文化遗产。《万里走单骑——遗产里的中国》总顾问、故宫博物院前院长单霁翔曾经说，在他当院长前，年轻人中只有30%的人对故宫有兴趣；后来他们努力推广故宫的历史文化内涵和世界遗产价值以及故宫文创，推出纪录片《我在故宫修文物》，创新综艺片《上新了，故宫》等，现在喜欢故宫的年轻人已经达到了60%—70%。

如何让年轻人爱上古代文化遗产？如何向世人展示全面真实的古代中国和现代中国？过去我们强调"内容为王"，但是现在我们也更加关注形式创新，创意为重，考古成果的展示、利用、传承，文创产品的策划和创意，必须跟现代社会、跟每个人的生活、跟消费者的需求结合起来，像考古盲盒、考古雪糕、考古咖啡，等等，已在考古博物馆、考古公园和考古遗产地得到了广泛推广和普及，在文旅融合中发挥着越来越大的作用。目前很多大型户外的考古文创、沉浸式的节目如大型演艺秀，也开始陆续登场。相关的还有考古文化地产开发，即在考古遗址核心保护区周边做好考古文化地产，周边再拓展商业文化地产，也成为一种新形式，打造中国原创的考古"迪士尼"主题乐园，也已经不再只是概念上和图纸上的美丽愿景。

回顾100年来的中国考古之行，到今天已经发展出两条路并行之道：一是怎样通过科学、务实、求真的研究，复原古代中国；二是如何把考古成果转变成文化资源，甚至变成有商业价值的考古资源，让更多的人喜欢考古，让考古成果助力我们奔向美好幸福生活。而今，曾经是象牙塔里的冷门考古学，迎来了新的时代机遇，考古学一定会从一个纯粹的学术研究领域，发展出新的文化业态。我相信在我有生之年能看到一个全新的考古产业，在我们大家的共同努力下得以实现。

最后，我们用习总书记的讲话来结束今天的交流：让收藏在博物馆里的文物、陈列在广阔大地上的遗产、书写在古籍里的文字都活起来。

● 鉴往知来

骆玉明

生命之所以美，是因为我们曾经反抗过那无法反抗的命运

复旦大学中文系教授
《辞海》中国古典文学分科主编

《风尘碌碌·〈红楼梦〉中看人世无常》，非常让人感慨的一个题目。去年网上流传着一张照片。美国的旅行者一号飞到了太阳系的边缘，马上就要飞出太阳系，不能再向地球传递信息了。它传了一张照片，回头跟地球告别。照片里面就是一道星河，然后地球就是这道星河当中的一个小点，真的就是所谓"恒河一粒沙"的感觉。

我们有时讲人生犹如微尘，你看照片里地球才是一颗微尘，这个世界的宏大是人所无法描述的，甚至是没有话可以说的。而自古以来人类一切光荣与梦想，一切阴谋，一切雄才大略，一切爱与恨，一切悲欢都是发生在这一颗微尘之上的。

这里，就要面对一个人生的根本性矛盾。人的情感，人的欲望，人对世界这种贪执的兴趣，是一个无限的东西；但是人的生命，人所拥有的时间，人能够获得的东西，其实是非常有限的。这就造成了一个人生的困境，这种人生的困境自古以来被文学作品不断地表现着。在中国文学里，这种人生无常的意识，比西方文学更强烈一些。这里有一个重要原因，那就是，中国文化是宗教色彩不太强烈的文化，不是说中国文化里没有宗教，而是说宗教对于中国人的精神生活力量没有像在西方那么大。在这样一种文化中，中国人面对的一个很大的问题就是，怎样来确认生命的意义。

宗教有一个重要功能是，给人带来安全感。一个有宗教信仰的人，对人生的意义是不存在疑问的；如果没有宗教信仰，生命的意义怎么来确认？在中国文化系统

里，儒家思想带有近似宗教的意味，或者说近似宗教的功能，从孔子开始，明确地提出一个核心的概念，就是"仁"。"仁"可以理解为一些具体的道德，比如说"仁者爱人""己所不欲，勿施于人"；"仁"还有一种抽象的解释，它不是具体的道德，它是指道德的完成，追求"仁"，就变成了以儒家学说为核心的中国文化对于生命意义的解释。

但是儒家思想这种对于生命意义的解释，在人们精神生活中的力量，无法像其他宗教信仰那样强。儒家文化成为国家意识形态后，它变成一个限制性的工具。一种思想学说作为一个精神性的资源并提供关于生命价值和人生意义解说的时候，它就成了一种超越型的思想；但当它同时成为国家意识形态的时候，那么它必然会被卷入到具体的权力和利益的冲突当中去。政治是一个"脏"的东西，政治里面包含非常复杂的利益冲突。所以儒家的学说一旦成为意识形态以后，又被卷入到这种政治的利益冲突当中，使得它作为一个精神之源的力量受到非常大的削弱。

女性是男权社会为代表的肮脏的政治文化的反面

《红楼梦》里，宝玉有句非常有名的话："女儿是水做的骨肉，我一见女儿就觉得清爽；男人是泥做的，我一看见男人就觉得浊臭逼人。"这里面有一种很明显的性别歧视，其实这句话是《红楼梦》里很关键的一句话，这里所说的"男人"不是一个简单的性别指向，"男人"在《红楼梦》的时代，承担着社会主体的政治和文化。在宝玉或者说曹雪芹看来，"男人"所代表的文化是一个朽烂的东西，它不具备崇高性，不能够给人一种精神支持，无法定义人生，给人生以一种崇高和美好的阐释。

生命是需要纯洁和高尚的。女性是什么呢？《红楼梦》是一部赞美女性的文学作品，所谓"赞美女性"，我想可以从两重意义上来说：第一，它是对中国历来的文化中，对女性的轻视、对男尊女卑的反驳；第二，它表达了女性所代表的生命在没有受到外来力量侵蚀的情况下，具有的一种美好。

中国历史中有两部伟大的著作是有相似性的，一部是司马迁的《史记》，另一部就是《红楼梦》。这两部著作都是作者把自己全部的心血贯注其中。司马迁是不愿那些英雄豪杰在历史中被埋没掉；曹雪芹则是不愿自己生命中所见过的那些女孩，她们的聪明，她们的美好，她们的智慧，她们的闪亮，她们生命的光彩被埋没掉，所以他写了《红楼梦》。

生命之所以美,是因为我们曾经反抗过那无法反抗的命运

在《红楼梦》里面,如果要选一个中心的话题,实际上是人和命运抗争的过程。我写过一篇文章讲探春,探春的一生告诉我们:人必须要反抗自己的命运。我们是生活在命运之中的,有各种各样的力量在支配我们,但是你如果不去反抗你的命运,你就不能成为自己。

然而,如果命运是可以反抗的,那么命运也就不叫作"命运"了,甚至一个人反抗命运的方式都是由"命运"决定的。就比如探春,她生活在那样的一种条件下,才会形成她那样的性格。

大观园里,林黛玉住的是潇湘馆,带着一种哀愁的诗意;宝钗住的是蘅芜苑;而探春住的秋爽斋,就是非常的大气、非常的明朗。三开间的一组房子,全部打通。一个小女孩住的地方,她要把它弄成一个大厅堂,对着正门放一个大桌子,墙上挂着是颜真卿的字,米芾的画。当然你可以认为是贾府里的收藏,但是必然是探春特别喜欢,会把它要来。

探春的一切,她的摆设,她的住处,她喜好的东西都带着贵小姐的那种高贵和显示气派的东西,她比贾府所有的小姐们都讲究气派,为什么?因为她是姨娘生的,她怕别人看不起她。她把自己的排场搞得那么大的时候,她的内心是悲哀的。她是一个妾生的。她的母亲赵姨娘是特别猥琐的一个女人,整天地提醒她:我才是你的妈,你应该给我带来很多好处。探春说过很豪气的一句话,她说:我但凡是个男人,早就不待在这了,我一定出去干一番事业。但是我是个女孩,我不能离开这个地方。

这样的一个女孩,充满智慧,性格豪爽,有判断力,做事很果断。在抄检大观园的时候,探春心怀不满,她叫丫头们都拿着镞,站在两旁把大门打开来,像要打仗似的,那阵式,有一点像诸葛亮的空城计,坐在城楼观风景的味道。王善保家的笑嘻嘻走过去摸摸她的衣服,她"唰"一巴掌甩过去,打得那个女人一下子不知如何是好,她很强调自己珍贵的身份。但是她终究也是无可奈何,最后嫁到很远的地方去。

其实你读《红楼梦》,或者更多的小说,你会发现,做事情成功或者失败,真的没有那么重要,失败又怎么样?"我做过我自己了",这才是人活得有意思的地方。生命是我们无法把握的,但我们仍然尽力去把握它,去寻求我们想要的东西。生命之所以是美的,是因为我们曾经反抗过,我们努力去做过。

尤三姐：放荡、刚烈和自由

《红楼梦》里有些人物的写法，可能一般人不太容易读得懂。尤三姐是《红楼梦》里面写得很特别的人物。

《红楼梦》是对女性的一部伟大的赞美诗。它赞美了林黛玉、薛宝钗、史湘云这些人，更了不起的是，它还赞美了像晴雯、鸳鸯、平儿、芳官这些奴婢，这些奴婢在曹雪芹的笔下写得那么生气蓬勃。而所谓生气蓬勃的，归根结底是什么？是她们有尊严，她们虽然被命运剥夺了尊严，但是她们仍然记得有尊严，她们是热爱自由的，她们是勇于反抗的。因为写了这些奴婢，曹雪芹才更值得我们钦佩。

但是比这个还要了不起的是，他还写了尤三姐。尤三姐是一个堕落的女人。二尤特别之处在于，这两个人物不是妓女，但是她们身上有妓女的影子，曹雪芹把自己对妓女的理解，写到了这两个人物身上去。

尤二姐和尤三姐从表面的身份上看，是宁国府贾大爷贾珍的小姨子。贾珍对自己的小姨子怎么那么轻薄，随意玩弄呢？仔细看才明白，《红楼梦》把社会的各种阶层的关系转移到家庭以后是一个什么样的情况。

在《红楼梦》里，如果男主人的前妻去世了，如果前妻有儿子，续弦的妻子一定比之前的妻子家境身份要低。最典型的例子就是荣国府的贾赦，邢夫人是续弦，邢家是一点势力都没有的。在荣国府里面，贾赦的儿子贾琏不是邢夫人生的。一个大家族，如果前妻有儿子留下，并且这个儿子已经要成年了，那么这个家庭的权力和财富的继承方向，是顺着前妻和她儿子的方向往下继承的，续弦也不能改变这个继承结构。

所以大富大贵的人家是不会把女儿嫁给别人做续弦的。尤氏是贾珍的续弦，贾珍的儿子贾蓉不是尤氏生的。尤氏事事都顺着贾珍，贾珍跟秦可卿、跟儿媳妇搞那些事，尤氏只当作不知道，连焦大都知道，尤氏会不知道吗？因为知道了如何是好呢，不是彼此难看吗？

那么尤二姐跟尤三姐又是怎样的状况呢？她们是尤氏的继母带到尤家来的"拖油瓶"，也就是说，尤二姐和尤三姐不姓尤，她们姐俩的地位比尤氏还要低。所以贾珍和二尤的关系，表面上看是姐夫和小姨子，其实是贵族豪门跟平民的关系。

二姐和三姐以及她的娘，是靠贾珍资助她们生活的。贾珍本来是个好色之徒，二姐和三姐用书里的描写来说"所谓天下绝世"，就不是一般的美女，那贾珍哪有不去沾的道理。

中国古代的妓女，我们恐怕不能用现在的"性工作者"这样的眼光去看待，中国古代的妓女有她的特殊性，她们常常比一般家庭妇女有更多的艺术素养，艺术是她们提供服务的一个内容；她们是社会的边缘人，身上有更多的自由不羁和放荡，不受拘束和敏慧，也在灯红酒绿、纸醉金迷中更多地看到人的虚伪、人的肮脏。了解了这些，回过头再来理解曹雪芹写尤二姐，特别写尤三姐的时候，他想内涵着表现什么。

本来，尤家两姐妹跟贾珍之间，都有一些"不干净"的关系，贾蓉也夹在里面，后来贾琏又加进来，变成了三个男人和两个女人的一种混乱的关系。但是比较起来，贾珍与三姐的关系，总不是很顺。后来贾琏娶了尤二姐，本来是觉得她漂亮所以喜欢，后来几乎是爱上尤二姐了，把自己多年攒下来的私房钱全部交给她管起来。为什么？因为尤二姐的性格里，所有的特点都是王熙凤的反面，美丽、软弱、温和、温顺。这个故事情节在《西游记》里也有，牛魔王喜欢玉面小狐狸，她所有的性格特点都是铁扇公主的反面。

二姐嫁给了贾琏以后，贾琏另外买了一套房子跟二姐住着。贾珍还去看她，实际上是去看三姐，他对二姐已经不太有兴趣了，又去勾搭三姐。三姐跟贾珍本来也有一点不干不净，逢场作戏。小说里描写，贾珍到了二姐的住处，二姐和尤老娘见了面先后走了，就剩贾珍和三姐两个人。小说里面写他们是"百般轻薄、无所不为"，然后小丫鬟都看不下去了，小丫鬟也走了。

这个时候贾琏回来了，面对这个场面二姐就很难过。二姐本来跟贾珍是不干净的，她非常担心贾琏对这件事起疑心。贾琏夸她漂亮，她说：我这种品行不好的，还是不漂亮的好。意思就是想让贾琏知道，这个事情令她很难受。贾琏就想出了一个办法：闯到贾珍跟三姐在一起的屋子里，贾珍吃了一惊，很尴尬，然后贾琏显出一幅特别豁达洒脱的样子，说：咱们兄弟有什么话不能说呢？然后举起酒来就要和尤三姐喝酒，说：敬你小叔子一杯，意思是，你去嫁给贾珍得了。可能所有人都觉得这个事情好，尤老娘当然觉得好，两个女儿都有了着落，虽然是做妾，但是嫁的是荣国府的老大、老二；二姐当然觉得好，这样一来，贾珍以后就不来了，她就可以跟贾琏好好过日子了。贾珍也觉得好，既然这么偷偷摸摸弄得很尴尬，那么娶回去不是更好吗？

没有一个人想到尤三姐觉得好不好。中国人的很自然的想法：一个堕落的女人还讲究什么呢？堕落的女人是没有尊严的，何况你们刚刚还在一起鬼混。但是《红楼梦》里接下来怎么写的呢？尤三姐跳起来站在炕上，用手指着骂，骂贾珍、骂贾琏，不仅是骂，还戏弄他们，喝了酒以后她比日常更迷人，而且又做出一种很放荡、撩人的样子，弄得贾政跟贾琏碰也不敢碰，走也不愿走。《红楼梦》里就说了这样一句话，说："倒是她嫖了男人，而不是男人嫖了她。"这一句话很惊心动魄，就是说，男人和女人之间可以做"性游戏"，但是这个"性游戏"不一定是由男人来决定的。一个堕落的女人仍然是有尊严的，仍然是刚烈的，因为她是自由的。我乐意跟你玩，就玩了；不乐意跟你玩，你就给我滚到一边去。

以自己的意志活过了，无所谓失败，这就是无常中的美好

《红楼梦》的这种写法现在看起来都是很让人吃惊的。很少有人真正能够理解曹雪芹这样写的意图，所以之后会产生出那么多的问题。"程本"120回，不仅加了后面10回，还改了前面的80回，改得最多的就是尤三姐，变成虽然她有时候也跟贾珍开玩笑，但是她从来没有那么堕落过。而且贾珍来看二姐的时候，尤老娘根本就没有离开，当然也就没有什么"百般轻薄"。

"程本"试图把尤三姐写成一个贞洁的女人，因为后面有三姐刚烈的故事，三姐觉得是柳湘莲误会了她。其实，柳湘莲没有误会她，只是没有真正了解她。在"程本"的作者看来，一个女人如果要刚烈她必须是贞洁的，堕落的女人没有尊严，不能刚烈。这是"程本"的见解，也是很多研究者的意见。复旦的李大潜先生在20世纪60年代写过一篇文章，他也说"程本"改尤三姐是改得好的，使尤三姐的形象得到了一种统一。台湾的白先勇也是这个观点。他觉得，尤三姐都和贾珍混到那副样子了，还有什么立场去骂人呢？一个堕落的女人有什么资格刚烈呢？我有时候想，曹雪芹写完《红楼梦》以后，说自己"一把辛酸泪"，写完了他为什么还要哭？因为他觉得：我写出来你们未必读得懂。

我们再把尤三姐的话题，转到刚刚探讨探春一样的角度，就是人和命运的关系。尤三姐这样闹得贾琏那边一塌糊涂，贾珍虽然不舍得，最后也没有办法，只能同意让她去嫁人。尤三姐说要嫁人可以，一定要是我心里有意的，只能嫁给我爱的人，否则不管他多么有钱、多么漂亮，都不行。

尤三姐怎么会爱柳湘莲呢？柳湘莲是一个破落的世家子弟，有一点江湖游侠的气质，长得很帅，会武术，打薛蟠打得像猪狗一样的，还会演戏，经常登台表演。5年之前尤三姐看过柳湘莲演的戏。这是一个影子，这不是一个真实的人物。一个

洒脱的世家子弟，那么帅、会唱戏，那是尤三姐在她堕落的命运当中给自己虚构的一个影子，她爱的人不是一个真实的人，这个人从来没有跟她交往过。

柳湘莲听了贾琏的话，听说是"天下绝世"，就答应了，他把祖传的鸳鸯宝剑中的雌剑作为订婚礼物给了贾琏，但回过头想想总是感觉不对，这女家怎么赶着要订婚？然后就问贾宝玉，宝玉说：你要的是一个天下绝世，这是个天下绝世就够了吗，你还问别的干吗？这话意思就是，她不干净。

柳湘莲并没有误会尤三姐，只是不能够了解尤三姐是一个什么样的人，柳湘莲到贾琏那里去要回订婚的礼物，三姐从后房走出来，说："我把剑还给你。"这就是尤三姐对柳湘莲一生说过的仅有的一句话，然后拔剑自杀了。

虽然是一个堕落的女人，但是她脑子里还有对生命的梦想。这样的女人必然是这样结束的，她只能这样结束。这个梦想是不可能实现的。但这个故事美就美在，她这样生活过了，她这样用自己的样子在这个世界上活过了，尽管她最后是失败了。

什么叫失败？有人不失败吗？所以其实不在乎什么失败不失败，我们以自己的样子、以自己的愿望、以自己的意志活过了，我们不在乎什么失败不失败，这就是无常当中的美好。

王氏姑侄主理贾府：社会等级差别转化到家族内部后的缩影

下面我们从整部作品的大框架角度讨论一下。

如果把《红楼梦》比作牡丹花，其中最核心的部分是贾宝玉、林黛玉、薛宝钗这三个人婚姻和恋爱的故事。然后向外扩大一层，是贾宝玉的小家庭，生父母贾政和王夫人，然后是赵姨娘，赵姨娘生的儿子是贾环，生的女儿是探春。这是一个小家庭，再往外面放大一层就是荣国府，荣国府上面最高的长辈是老太君，就是宝玉的祖母。老太太的丈夫贾代善是贾府的第二代，再往外面扩展就是整个贾府，因为贾府有两个府邸，一个是宁国府，一个荣国府。贾家在小说里的身份是开国国公，其实就相当于我们的十大元帅。《红楼梦》里提到了八个开国国公。

宁国府和荣国府再往下扩大一层，就是所谓贾史王薛四大家族。史家就是贾母的娘家。史家在小说里面不活跃，但是也没有完全败落，老太太的两个侄子是侯爵。贾母有三个侄子，就是说，她哥哥有三个儿子，老大就是史湘云的父亲，但是老大很早就死了，所以史湘云是在老二家长大的，二叔、二婶对史湘云不好，所以老太太经常把史湘云叫到贾府来。薛家就是薛宝钗他们那一家,她的母亲薛姨妈是王夫人的妹妹。王家是什么情况呢?王熙凤曾经说过贾琏:"把我们王家的地缝扫一扫,够你们贾家过一辈子的了。"这话就算是夸张,打个1折,"把我们王家的地缝扫一扫,就够你们过一年了",那也是很豪气了。所以王熙凤在贾家是很强势的。

贾府在前一代还处在一个鼎盛状态,贾珍的爷爷贾代化做的官是京营节度使,相当于京城地区的军事长官。这个职位,对于中央权力来说至关紧要。康熙的几个儿子争夺皇位,最后为什么最后雍正成功了?因为隆科多帮他,掌握了京城的军队,就是在夺权的过程中获得的最大的保障。

"京营节度使"这个职务表明,贾府的上一代,也就是在《红楼梦》故事开始前,还处在一个全盛阶段。但是到了故事开始的时候已经衰退了,《红楼梦》故事的起笔,就是从贾府走向衰退开始的。为什么衰退呢?整个宁国府和荣国府所有的男性没有一个精明强干的,他们没有力量支撑这样一个世袭高阶权贵的家族。这样一个世袭贵族,除了有祖先留下来的地位和荣耀外,还要参与这个国家政治权力的运作,没有能干的人,就无法在这个权力场当中纵横直入。但是四大家族所谓"一荣俱荣、一损俱损",是什么意思呢?就是说,这些家族是互相支撑的。当时谁处于全盛?就是王家。

王家的核心人物是王子腾,这个人很特别,他没有出场,却总是不断地被提及,他是《红楼梦》的故事当中作用最大的人物,所有人物的命运都跟他有关。王子腾作为王家的代表,是四大家族中处于上升阶段的政治人物,他一出场,官职就是京营节度使,很快就被委任为九省提督,九省提督就是九个省的军事长官,后来又从地方上调回京做内阁大学士,也就是宰相,但是死在半路上。薛姨妈和王夫人都是王子腾的妹妹。

林黛玉进了贾府以后,开始很开心,老外婆非常心疼她。后来不开心了,为什么?薛宝钗住进来了。我们知道,薛宝钗比她会做人,林姑娘是一个很任性的人,喜欢谁就喜欢谁,不喜欢谁就不喜欢谁,贵族府邸的那些仆人都是势利眼,值得喜欢的人很少,所以她讨嫌别人,别人也讨嫌她,不敢得罪她,但是不喜欢她。

还有一个很重要的原因是,薛姨妈带着薛宝钗住在贾府里面,她们是王家的人。贾府的那些仆人妈妈们,谁敢不拍王家的马屁?林黛玉一看就知道这样的情形,就有一种被冷落的感觉。大观园里后来来了一个女孩,邢岫烟,邢岫烟是邢夫人的侄女,薛宝钗是王夫人的侄女,这两个人身份一模一样,大夫人的侄女和二夫人的侄女地位应该一样吧？可是你看，她们在贾府里的境遇区别多大，薛宝钗人人都喜欢，老太太掏钱给她过生日。邢岫烟借住在迎春的屋子里面，借了迎春的那些化妆品用一用，那些仆人嘀嘀咕咕，说三道四。雪天聚会，人人都穿了皮草披风，而邢岫烟只有家常旧衣服，她没有雪地里专门穿的那种大衣。这就是《红楼梦》把社会的等级差别转化到家族内部以后，所呈现出来的面貌。

以前我们经常说，《红楼梦》具有政治性，《红楼梦》真正的政治性是体现在这些地方，比如贾珍跟二尤的关系，邢家和王家的关系，然后再扩展到整个社会的各个阶层，上到皇宫，下到乡村的老太太，这样的一个社会途径。

《红楼梦》的结构中，有两条线索，一条线索是家族内部的日常生活，通过写家族内部的日常生活体现人物的性格，或者说人和其命运的关系；另一条线索就是从这个家族延展开去的贾雨村、刘姥姥这些人物和他们背后的社会。

我刚刚其实已经说到了一些社会的这种不同的身份和等级在这个家族内部的反映。写贾府的时候，一开始是通过林黛玉进贾府来写的，林黛玉先见了老外婆，在这里她见了两个舅妈邢夫人和王夫人；见了王熙凤，见了贾府的"三春"，元春在皇宫里；然后就去拜见舅舅。

到这里，描写就变得很奇怪：林黛玉坐了车出了荣国府的大门，在街上转了一圈，转到另外一个门才进到贾赦院子里面去。也就是说，贾赦是把荣国府隔出一个院落出来，在那里单独居住的。然后再回过头来拜见二舅贾政，贾政和王夫人就住在荣国府的主建筑荣禧堂边上。老大贾赦是长子，继承了荣国公爵位，但是他不是主持这个家族的人。这个家族的内外事务，男性的管理者是贾政，女性的管理者不是邢夫人，而是王夫人。也就是说，荣国府的管理权，是掌握在老二这个家庭手里面的。王夫人还有一个帮手是王熙凤，说起来王熙凤是长房的人，因为她是贾赦的儿媳妇、贾琏的妻子，但他们住在贾政旁边，帮助贾政夫妇俩管事，这是很奇怪的。

以前的大家族的规则就是，上一代的男主人去世后，长子变成大家长。但贾府不是这样的，贾府最受敬重的人是老太太，管事的人是家里的老二。其中原因就是，贾府处在一个低落状态，导致贾府必须依赖于外力，也就是依赖于王家。王熙凤之所以得到王夫人的信赖，不是因为她是贾赦的儿媳妇，而是因为她是王家的人。王熙凤是王夫人的侄女。这样一个很曲折的表现，其实政治性很强的。你可以在《红楼梦》里看到这种真实的社会权力关系，写得非常深入。

刘姥姥的攀附与巧姐的跌落：风尘碌碌，人世无常

王熙凤是《红楼梦》里面写得特别生动的一个人物，她在小说里占的篇幅和出场的次数仅次于贾宝玉，而且贾宝玉出场有时候是一些很琐碎的日常，而王熙凤出场往往有非常紧张的情节出现。

《红楼梦》里面所有的人物当中，手头人命案最多、害死人最多的是王熙凤。这样的一个人，你觉得她肯定很坏，但是对王熙凤一点也不喜欢的人，我还没遇到过。这个人非常地生机勃勃，极其漂亮、极其聪明，又极其贪婪，尽管身体病恹恹的，但是不能说一个病恹恹的人就没有生命力。虽然有时候是心狠手辣的人，但是王熙凤是能够体会别人的人，就是她能够理解一个人在某一种场景下所做出来的反应是什么原因，这其实也是一种理解力和同情心。

王熙凤在《红楼梦》原来设计的故事里是死在牢狱里面的，这里牵涉到另外一个人物的故事，我觉得跟今天的话题说起来特别的契合，就是刘姥姥的故事。

刘姥姥家跟荣国府到底是什么关系？刘姥姥是一个寡妇，住在女婿那里，女婿叫王狗儿，王狗儿的儿子叫王板儿，你一听这名字就知道，乡野粗人。狗儿的爷爷做过京城里面的小官。这个小京官跟王夫人的父亲（就是王子腾的父亲）连过宗。连宗就是本来根本就没有关系，但是大家同姓，500年前是一家，我们现在就还作为一家人来往，这就叫连宗，贾雨村就是跟贾府连宗的。

为什么要连宗？从小京官这面来说当然是攀附一个高官。从王家来说，这就跟买股票一样，不知道你这个股票将来是一个垃圾股还是一个潜力股，买了你再说。什么样的大官不是从小的做起来的？说不定哪一天谁爬上去了呢！贾雨村后来不就是做到大司马，大司马相当于国防部长。

但是很不幸，刚刚连宗不久，原来在上面的继续往上走，原来在下面继续往下落，距离一下子就拉开了。王家到了狗儿这个时候，冬天连过冬的东西都置办不起来，狗儿喝了酒就在家骂老婆。一个男人在外面混得不好，通常就做两件事情，一个是喝酒，一个是骂老婆。刘姥姥就教育他，就说你像什么男人？在家里这么恶声恶气地骂女人。刘姥姥说了两句非常有意思的话："有多大的饭碗吃多大的饭。"命里只有这些东西，你不要贪得无厌；"长安城里遍地的银子，没人去捡罢了。"不是我们不能努力，人既要认命，也要找机会，找到了机会就有了过日子的方法。

于是刘姥姥两进贾府，这两段写得非常精彩，就是个穷人觍着脸硬去攀亲戚，希望得到一点资助。中间出现的就是王熙凤。王熙凤在《红楼梦》里面，对于喜

的人，她会对他好，比如说对贾宝玉很好，对林黛玉也挺好的，王熙凤特别心疼探春，为什么？因为探春的性格跟她一样，但是探春的命不如她。我刚才说的，就是王熙凤这个人还有很多可爱的地方，这些都是她可爱的地方。她对下人是很凶的，但是对刘姥姥，有意无意之间做了很多好事。第一次就是她在刘姥姥面前哭穷，意思其实是，你第一次来求我，我也不能不给你点什么，但你要知道"大有大的难处"。刘姥姥听到这里就觉得很失望，觉得得不到好处了，结果王熙凤冒了一句：你要是不嫌弃的话，太太给了二十两银子给丫头们做衣服。这话的意思是：我们也没有钱，这是丫头做衣服的钱，第一次我就给你，以后你就别想了。

穷人跟富人是不一样的，穷人的穷和富人的穷完全是两回事情，二十两银子对于刘姥姥这个家庭来说是一年的总收入，所以小说里描写得很动人："刘姥姥浑身都痒起来。"我看到这个地方，真的觉得《红楼梦》里用词用得特别漂亮。刘姥姥第二次进大观园就更厉害了，第二次因为老太太要找一个人说说闲话，就把刘姥姥介绍给老太太。刘姥姥陪着老太太在大观园里转了一大圈，最后又得了很多好处，刘姥姥家就靠着她这样去打秋风，日子就过下来了。

这个故事往后面发展，最有意思的是什么？贾府彻底败落后，王熙凤的女儿巧姐被卖到妓院去，刘姥姥风尘仆仆地把她救出来，带回去嫁给了板儿。世事是不断变化的，这个变化不在我们掌控之中。原来狗儿他家拼命要攀，攀不上，一下掉下来了。但是没想到，这个王家一下子掉得还要狠，这样就门当户对了。后来刘姥姥家日子过成了小地主，巧姐板儿配成夫妻，不是门当户对了吗？

我今天选的很多例子，都在讲人如何在他的命运中挣扎，就是说，人不能逃脱失败，但是这种试图改变、塑造自己命运的努力，正是活过的意义。

高晞

全球化不会因病毒而止步

复旦大学历史系教授

历史上的疫情是怎样影响经济变革的？疾病是如何与人类文明共生共存、相伴同行的？

🦋 疫病的全球化前，警惕人类的傲慢

"传染病"这个词，最早在公元前 4 世纪左右的古希腊时期就已出现了。"epidemic"一词就是从希腊语演化而来。西方医学之父希波克拉底的《希波克拉底文集》中有两个章节是讲流行病的，他把流行病定义为"短时间内在人群中传播的疾病"，有些病例会发热，持续不退，也有的会突然转好，之后又恶化甚至导致死亡。听起来似乎有和新冠病毒相近的地方，也有好像恢复但突然走向终结的危险状态。另外他也指出，不同疾病和季节存在关联性。

在甲骨文当中，已经有"疫"字出现。中国古人已经对不同季节的流行病有非常清晰的认识，如在春天容易头晕头痛，夏天易得皮肤病，秋天易发疟疾和冬季易发上呼吸道感染等，可见早期的人类对疾病的很多理论以及观察方法都是相通的，对疾病的某些特性都有所认识，只不过东西方的发展不同，到今天有了中医和西医的区别。到清末民初，西方医学的术语和概念进入中国，才有流行病和传染病这样的术语出现。

"Pandemic"这个词最早出现在 1666 年一位英国医生的著作中。20 世纪期间，被世界卫生组织称为"Pandemic"的大流行病有 3 次。最早的一次是 1918—1919 年

的西班牙流感，当时确诊人数将近5亿，死亡人数比较难以统计，约在1.7万—5000万。第二次是1957—1968年两次暴发的亚洲流感，史学家和公共卫生学家认为这次流感和西班牙流感在病毒上有延续性。第三次是2009年的H1N1，在西方达到了流行高潮，但是在中国没有造成很大影响。中国在抗H1N1的时候发挥了很好的作用，也使得我们对这次新冠疫情的暴发放松了警惕，以为可以像对付H1N1或者2003年的SARS一样比较有把握。事实上，在2009年H1N1暴发以后，世界卫生组织根据科学家和公共卫生学家的研究及他们排列的卫生流行病模型，推测接下来会有一次大的流行病暴发。2009年开始，世界卫生组织就宣布要启动大瘟疫警示，但直到2019年大瘟疫一直没有暴发。因此很多媒体包括西方的科学家就开始批评世界卫生组织，说这样一个预警其实不存在，而是和经济利益融合在一起，为疫苗公司输送了子弹。在我看来，这可能是科学家、媒体包括公共知识分子的某种傲慢，以为科学已经发达到对任何疾病都可以阻挡、战无不胜，这是一个巨大的教训。

与黑死病斗争的数百年证明，疾病本身就是全球性的

一场让欧洲人闻之色变的黑死病开始传播，持续近300年。此起彼伏的疫情暴发，使欧洲大陆丧失了三分之一的人口，有些地区甚至更多。对于它的消亡，史学家有各种各样的说法，有一种说法认为是：有两种不同的老鼠，褐鼠会传播黑死病，而灰鼠不会，当传播黑死病的褐鼠全部死掉后，留下来的是不传播黑死病的灰鼠，所以黑死病就在欧洲消亡了。今天所谓群体免疫的概念，就是从这个例子得出来的，这是一种说法。第二种说法认为：疫情的消亡得益于当时的地区隔离制度，使疫情没有向更多的地区扩散；还有人认为是得益于封城制度，即阻止航运船只进入，当时所有从疫区过来的船只必须在阳光明媚的公海上停留40天，40天内没有病人出现，商船才能够进入到这个国家，这样就把疾病挡在了外面。黑死病暴发以后，欧洲才开始出现焚烧尸体的做法，并对整个地区的房屋进行消毒。可见今天所有对付疫病的措施，都可以在历史上找到依据。

黑死病消失了300年以后，1877年，鼠疫在中国又一次出现，首先在云南暴发，到了1894年香港再次暴发，当时的香港总督呼吁全世界一起来协助解决问题，后来法国和日本的两位科学家在患者身上找到了鼠疫杆菌。1900年和1910年，在旧金山和哈尔滨都有过鼠疫的暴发。

就鼠疫作为一个例子来看，疾病本身就是全球性的，而不在于是否与交通有关系。有一本研究 1900 年旧金山鼠疫的著作，名为《鼠疫的全球影响》，在当时就已经考虑到疾病的全球性问题。疾病存在无国界传播和跨文明传播的特性，哪怕是今天，我们用任何封闭、阻断的方式，其实从一开始就无法阻止疾病的传播，这种传播跟国家、民族、文明都没有关系，它是和文明同生同长，和人类如影相伴的。

我们现在所知道的冠状病毒，1965 年最早在英国出现。英国病毒学家 David Tyrrell 于 1965 年在《柳叶刀》上发表了一篇论文，讲述了他们发现的一个特殊的呼吸道感染的病例。此后十年间，Tyrrell 带着他的病毒研究团队一直从事相关的病毒研究，1975 年 5 月，在国际病毒学杂志上介绍了他新的研究成果，讲述了这种主要暴发在温带地区、多发于冬季和春季的流行病，并第一次把这种表面呈冠状形态的病毒命名为"冠状病毒"。

这份资料出来，很快引起了科学家的关注。中国工程院院士、复旦大学上海医学院教授闻玉梅在 1999 年编过一本教科书《现代医学微生物学》，里面就已经记载了冠状病毒。所以到 2003 年 SARS 出现的时候，中国的科学家已经比较清晰地知道冠状病毒的属性和特征。至 2005 年，病毒学家已经在全世界发现了五种新的人类冠状病毒，可见冠状病毒伴随人类已经有将近半个世纪的历史。

污名化：病毒在他处

特朗普把新冠病毒称为"中国病毒"，遭到了很多人的批评。其实在人类历史上，这已经不新鲜，病毒不在自己国家而在其他国家，这是一个惯常的方法，即所谓"污名化"。

15 世纪末，哥伦布发现新大陆，他带去了殖民者，也把欧洲的天花、黄热病、麻风病、鼠疫等带到了新大陆，在墨西哥暴发的一次天花，几乎杀死了 90% 的美洲人。我们可能以为新大陆被所谓的旧世界征服，是因为枪炮武器还有文明，其实是因为旧大陆带过去的这些疾病把当地人都毁灭了。

哥伦布从美洲回来不久，在欧洲暴发了一场大瘟疫：梅毒。上到国王、贵族下到平民百姓都被传染了。通常不道德的生活方式才会感染梅毒，因为这种强烈的道德性，谁也不愿意说梅毒是自己国家的。在"梅毒"这个单词出现以前，它在欧洲被叫作"法国疮"，因为第一次开始暴发是法国跟意大利打仗期间，在法国人中首先出现。法国人当然不愿意，说是意大利人传给我们的，是"那不勒斯病"。这个病在波兰叫"西班牙疮"，在西班牙又叫"波兰疮"，全部是用外国的名字，都是把污名划到其他国家去。

1918年暴发的西班牙流感，其实最初是在美国的一个兵营暴发的，跟西班牙没有任何关系。为什么会被冠以"西班牙流感"？因为当时美国军营想把这个事隐瞒下来，传到欧洲之后同样也是被隐瞒。最后只有西班牙保留了完整的疫情报告，所以一直称其为"西班牙流感"。到了1993年，法国最著名的巴斯德研究所一专家指出，这个病不是从美国开始的，而是从中国开始的，在波士顿发生了突变再传到了欧洲、传到了全世界。他给出的依据是在中国死亡人数最少，这是因为中国已经暴发过流感，在全世界流行了一圈再传到中国，中国人已经有抵抗力了，所以这个疾病应该最早是从中国开始。2006年两位香港的学者研究了这场流感中国人死亡率低的问题，认为是中药在治疗和预防当中发生了作用。2014年又有历史学家说，是华工把这个疾病带到了欧洲，因为当时有9.6万的华工在英法边境流动。2018年，一个生物学家研究发现，中国的工人是通过其他途径进入到欧洲的，他们不可能是这场流感最初的宿主。围绕这场流感的起源争论了整整100年，所以我们可以看到，疾病的污名化可以延续很长时间。对新冠病毒到底是起源于哪里，可能要花很长时间去了解。但也要有信心，通过实践、通过科学最终可以检验出这个疾病到底是怎么一回事。

疫情会让经济发展和全球化从此止步吗？

对于黑死病的研究大多围绕疫情在文化、思想和文学上的影响，很少有人讨论过黑死病对欧洲经济格局的影响。强调个人的价值是西方文艺复兴和欧洲人文主义兴起的一个原因，而疫病恰恰是打碎宗教信仰的一个过程。中世纪欧洲人觉得生命是上帝给的，生病是上帝对人的惩罚。然而疫病面前，人人平等，先是信仰的人死了，后来主教也死了，所谓神对人的惩罚这样的认识也就破产了。

在中世纪的时候，欧洲主要的生产模式一直是庄园主经济。黑死病肆虐，穷人、农民相继死亡，土地无人耕种，之后庄园主也死了，留下来的是大量无人继承的庄园、教堂、土地。活下来的人占据了这些财产，他们发现如果按照原有的方式招工人，因人口大量减少导致工资变得很高，于是就想办法通过发展科技寻找可减少劳动力需求的生产方式，从而推动了科技发展。

英国学者做过一个统计，1359年之前英国工农的工资曾有一个阶段性的暴发，之后则下降了。因为技术改变了劳动力市场。同时还出现了另外一种生活状态，活下来的一小部分人突然继承了大批的财产，使得享乐主义兴起，手工业、奢侈品、超前服务的模式就出现了，都成为资本主义萌芽的因素。

再看一个和房地产相关的例子。1854年的时候伦敦暴发了一次霍乱，其中一条街一个月当中死亡人数达到660人。有人说是空气中弥漫着毒气导致了这种疾病，而一个严谨的律师做了调查，他把死亡人数分布最多的地方画成一个圈，发现这里共用一个供水系统，他要求伦敦政府把这个地区的水泵关掉，之后这个疾病慢慢就控制住了。

但之后有研究发现，哪怕疫情结束以后，这个地区的房地产走势和外面的比较起来价格始终上不去。

这次新冠疫情暴发，《经济学家》说全球化要终结了。航班停航，城市封闭，全球化要终止了，甚至世界智库的首席执行官也说"我们所知道的全球化在走向终结"。但在G20领导人会议上也有人提出，我们要呼吁世界科学家的共同体。

《未来简史》的作者就提出，为了战胜病毒，我们需要在全球范围内共享信息，这是人类对待病毒最大的优势。回过头来看，如何从学术上理解疾病的全球化？前面几个例子已经比较清楚了，疾病本身就有自我流转的可能性，涉及科学家国际间的合作，和经济也有一定关系。如果是全球范围的合作，谁来投资做这样一件事情？

从19世纪开始，已经形成了全球科学家的共同体，共同研究疾病。洛克菲勒就资助过很多的疾病研究，20世纪初期，在矿工中发现了一种钩虫病，洛克菲勒便拿出一笔基金，宣布全世界的科学家都可以去洛克菲勒基金会申请钩虫病研究经费，所以在20世纪30—40年代，世界的科学杂志当中突然出现很多钩虫病的相关论文，这就是得益于这笔最早的全球基金的支持。世界科学家的合作，并不是说只靠呼吁一下就可以完成，而是需要资金投入。

刚才提到的，因为新冠疫情暴发，会导致全球化的终结，可能吗？我觉得是不可能的。因为对于疫病的研究，必须要由全世界科学家共同合作才能完成。我们现在看到的，最近所有关于疫病的研究都已经通过视频传递，就像今天，通过视频就可以跟大家沟通，这是在因防止病毒传播儿进行隔离的过程都可以进行的。尤其从疫病的全球化来看，只有通过世界科学家的通力合作，才能应对疾病。如同法国当代哲学家南希说的："作为瘟疫，冠状病毒从各个方面来看都是全球化的产物，它是一位活跃、好斗且高效的自由交易者，能够清晰地呈现出全球化的特征和趋势。"

姜鹏

王安石和司马光，到底谁更懂经济

复旦大学历史系副教授

第三篇　无用之用·鉴往知来

　　王安石是中国历史上的特殊人物。他的特殊，并不完全是因为他曾在宋神宗时期推动了变法，还因为在20世纪的中国，他重新成为一种历史文化资源。梁启超写《王荆公传》为"王安石变法"辩护，列宁称他为"十一世纪中国伟大的改革家"。在史学领域，王安石成为一个含义颇为复杂的人物。

　　王安石变法的核心目的，就是富国和强兵。在推行变法的过程中，王安石以及他的同僚、支持者们面对的，是中央政府利益与社会利益的矛盾。而推行变法的官员们则同时需要面对国家、百姓两方面的利益。整个变法的过程是怎样的？人们应该如何看待这次变法？这些问题的答案，都对我们看待当前的社会现实富有启示。

🌈 王安石变法，国富不等于民富

　　富国、强兵，是王安石变法的主要目的。正是因为他的方案，契合了宋神宗以武力收回燕云十六州的心愿，才得到了这位不到20岁的青年皇帝的大力支持。在当时，收回燕云十六州，不仅是一位帝王开疆拓土的雄心，也关乎北宋的国防问题。这就是王安石变法的基本背景。

"王安石变法"主要包括13条举措，其中6条和理财有关，2条兼具理财和强兵的功能，另有2条直接与强兵有关，剩下2条则与选拔人才有关。

先来谈谈理财。变法措施中，争议最大的当属"青苗法"。每年农历的2月到5月，正是青黄不接的时候，农民要播种，又要交税，手头就会很紧张。这个时候，他们会向一些富农借贷，并支付高额利息。王安石的思路就是，让政府来满足农民的借贷需要，从中收取利息，半年20%。这个利息虽然看上去挺高，但实际要比富农向贫农放贷的利息要求低。王安石此举就是把富农从借贷市场中挤压出去，让国家获得这个市场的利益。

还有一个"市易法"，就是商人可以抵押田宅或金帛，向国家借钱。王安石有这样一个提法，国家之所以财用不足，就是缺少理财的人才；如果善于理财，国家是不会缺钱、缺军费的。

但到了执行层面，这种政策设计的问题就暴露出来了。司马光是很早发现变法弊端所在的官员之一，也是变法的反对者。他指出，首先，"青苗法"一出，看上去是降低了借贷利率，实际上可能诱发过度消费。第二点，之前富人和穷人之间如果发生了借贷纠纷，可以找官府解决问题。但现在，官府自己放贷，老百姓找谁呢？这时候，情况就变成：官府又当球员，又当裁判。第三点，因为官员之间的政绩竞争，他们会想方设法让民间多借贷，这就可能造成强行摊派。比如，当时福建的一个小小的贫困县，借贷比率居然高达70%。

司马光早就看到王安石变法措施中的理想主义成分。在整个变法实施过程中，官员的政绩将以怎样的形式体现？为了政绩，推行摊派式的政策，为平民百姓带来的是利益还是负担？这是一个关键问题。

王安石变法的确是让国家收入增长了。"青苗法"实施一年后，政府得到了300万贯的收入；"市易法"使得政府得到150万贯收入，"免役法"使得政府年收入800万贯，三项叠加，政府收入较前一年增长20%。但是百姓不堪重负，"饥寒流离"，社会舆论纷纷指向王安石变法。

"反对派"司马光真的不懂经济吗？

在宋史里，司马光是一直和王安石对着干的人物。他们之间发生过几次直接冲突。史学界很多人认为司马光根本不懂经济。但其实并不是这样。

司马光有一篇文章叫《论财利疏》，就是谈谈他的财政改革方案的。其中比较核心的一条就是，所有财政官员都要专业化。司马光不是不懂财政，只是他比王安石看到更多的东西。在王安石看来，国家财力不足，是因为没有善于理财的人才。而司马光则认为："善理财者，不过头会箕敛，以尽民财，民皆为盗，非国之福。"他的意思就是，善于理财的官员不过是搜刮民脂民膏，百姓穷了就会干坏事，对国家发展不利。王安石不同意，他说，善于理财的话，不用加重税赋，国家政府也会有很大财富。司马光认为，天地之间的财富是一个定数，要百姓富足，官府就必须让利。

很多人认为司马光不懂经济，也是从这里来的。理由是，政府应该想办法增加财富，把整个蛋糕做大。但蛋糕做得再大，国家富有和百姓富有之间，就一定是正向关系吗？

这种政府与百姓之间零和博弈的观点，在今天看来可能是不懂经济。但在农业社会，经济增长主要靠劳动力投入和土地开发。在人口没有巨大变动、土地总数不变的情况下，社会财富是不可能有很快增长的。

北宋政府的思路，是把大量财富集中到政府手中，集中力量办大事。什么大事呢？就是收复燕云十六州。司马光的出发点则是："此谓国不以利为利，以义为利也。"也就是说，政府可以起到财富再分配和协调的功能，但政府本身不应该再以敛财为目标，这是儒家的基本理念。

以史为鉴，要先读懂史书

为什么必须反对王安石这样的政治家？他有一句名言：天变不足畏，祖宗不足法，流俗之言不足恤。什么可以约束人？人难道不应该存一些敬畏之心吗？

20世纪以来，王安石在历史上的形象就一直很好。而在此之前，他是不如司马光的，是一个极为负面的形象。这是为什么呢？这就牵涉到如何对待史书的问题了。

历史学的目的在于追求真实，这是 20 世纪史学最大的"神话"。历史学传递的是观念和它的价值尺度。

我们谈王安石也是一样。20世纪，从梁启超在 1905 年写《王荆公传》开始，王安石身价一路飙升。梁启超写书，强调变法本身的合理性，只是在执行过程中出现了种种扭曲，才导致失败。看上去，他是在为王安石辩护，其实是在为他自己辩护，为"戊戌变法"辩护。

十月革命一声炮响，为我们送来了马克思主义。列宁这样评价王安石："王安石是中国十一世纪伟大的改革家"。于是，王安石成为20世纪史学界必须捧上去的人物。20世纪70年代，"批孔"的时候，作为法家的代表，王安石被捧出来了。改革开放以后，他又成了改革的代表。所以，我们有时候开玩笑说，很多历史"右派"都平反了，只有司马光还没平反，谁让他和王安石对着干呢。

我们可以看到，在后来的宋史研究领域，王安石大受追捧，与他本身没多大关系，其实是与20世纪的思想潮流紧密联系在一起的。

读历史，不能因为很多著名历史学家都下过定论，就觉得王安石很了不起，而认为司马光不懂经济。事实并不一定是这样的。历史人物在历史上究竟是怎样的，很大程度上取决于这个时代的人的解读视角，而不是取决于历史人物本身。

张国伟

百年复旦校史，
是独家记忆，
也是中华民族奋斗史

文史作家
资深媒体人

《相辉：一个人的复旦叙事》一书，是我近年来研究复旦大学校史史料后写的文章的集结。为什么取名"相辉"呢？因为复旦大学有两个伟大的校长：一个是复旦大学创办人马相伯先生，另外一个是校长任期最长、为复旦大学做出杰出贡献的李登辉先生。两个人的名字中，一个有"相"，一个有"辉"，相映成辉。因此，"相辉"一词，也可以说是百年复旦校史的代名词。

至于"亲近复旦"，有多重视角。而且每个人的视角都不同。在我看来，主要有两个方面，一个是宏观的、大历史的视角；另一个是具体的、人文地理的视角。

百年复旦校史与百年中华民族奋斗史，高度重合

从大历史的视角来看，可以把复旦大学校史归纳到中华民族追求伟大复兴的奋斗史中。

复旦大学成立于 1905 年。巧的是，孙中山领导的中国同盟会也在这一年成立。同盟会有一个口号："驱除鞑虏，恢复中华。"复旦大学的名字，实际上也与"恢复中华"契合。当年震旦学院被教会劫夺后，马相伯等人在吴淞创办新校，于右任提议以"复旦"命名。"复"就是恢复、复兴的意思，"旦"就是指震旦。"震旦"又是古印度人对于古中国的称呼，因此，"震旦"就是指中国的意思。所以，"复旦"之意，又有振兴中华之意。从本质上来说，"复旦"和同盟会口号"恢复中华"是一致的。

1919 年 5 月 4 日，五四运动在北京爆发，复旦大学是上海最先响应的高校之

一。5月6日，复旦大学的国文教员邵力子（他也是《国民日报·觉悟》副刊的主编）号召全体师生走出校门，声援北京的爱国运动。因此，在五四运动中，上海最早走向街头的是复旦大学的学生。

1920年，陈望道翻译了《共产党宣言》。就在这一年，陈望道来到复旦大学任教，历史又一次出现了巧合。

1931年"九一八"事变后，为了反对国民党的"不抵抗"政策，复旦又冲在前列。当年上海高校学生组成请愿团到南京请愿。请愿团总指挥叫陈传纲，他当年是复旦新闻系学生，后来参加了地下党，1958年以后到复旦，担任过副校长和党委副书记。

1932年"一·二八"事变，复旦组成了自己的学生义勇军，奔赴抗日前线。学生军在复旦有很悠久的历史，早在1920年，复旦就开始了"兵操"（就是我们现在所说的军训），复旦是最早在高校当中开展军训的学校。复旦兵操最早的一个操练者叫萨镇冰，是中国海军元老。"一·二八"事变后，朝鲜义士尹奉吉趁日军在虹口公园（今天的鲁迅公园）举行庆祝活动时，用炸弹将日本大将白川义则等人炸死了。这就是著名的虹口公园爆炸案，现在在鲁迅公园，还有一个尹奉吉义士纪念碑。我这里要问的是，大家知道尹奉吉用的炸弹是谁造的？这个也与复旦有关，制造炸弹的，是当年复旦大学理学院院长、化学系主任、军训委员会主任委员林继庸教授。

1949年5月，复旦大学回到了人民手中。大家知道复旦大学当年的学生地下党员有多少？有199人。这是一个了不起的数字，要知道，当年复旦大学学生才一两千人。

回溯上述历史，我们可以知道，复旦一直是站在民族解放和斗争事业的前列。一部复旦百年校史，是和百年来中华民族追求独立、自由和幸福的奋斗史重合的。

复旦与交大，本是一家人

多年来，复旦大学和上海交通大学一直是"相爱相杀"，有合作也有竞争。但从校史的角度来说，实际上两家原来是一家人。

上海交通大学的前身是南洋公学，创办者盛宣怀是洋务运动的倡导者，他认为，中国衰落的重要原因之一是教育落后，要振兴中华，必须"作育人才"。于是，他在1896年创办了南洋公学。1898年，盛宣怀又在徐家汇购地120亩，确立了今天交大的校基。1902年11月，南洋公学发生"墨水瓶事件"。有个南洋公学老师讲课水平比较差，某同学就在讲台上放了一个空墨水瓶，讽刺他"腹中无墨水"。老师看到勃然大怒，问这个是谁放的？学生都说不知道，这个老师就发火了，说你们如果不互相揭发的话，全部开除。事态发展到最后，引发了学生退学潮。

南洋公学有一个著名的老师是蔡元培先生，他和马相伯关系很好。南洋公学退学风潮后，蔡元培找到马相伯，说我这些退学学生怎么办呢？都没书读了。于是，马相伯于1903年在徐家汇开办一所学校——震旦学院。震旦学院创立之初，很大一部分学生都来自南洋公学。后来，震旦学院领导权被教会劫夺，马相伯愤然出走，于1905年到吴淞办了复旦公学。可见，复旦校史和交大的前身南洋公学的校史是连在一起的，复旦和交大，本来是一家人。

复旦有许多杰出校友都来自南洋公学或与交大有关。国民党元老邵力子、数学家胡敦复、中国现代戏剧的奠基人之一洪深等，都曾在南洋公学读书。洪深是著名戏剧家，"话剧"这个词就是由他倡议而"出世"的。现代的话剧过去叫新剧，复旦剧社原来的名称叫"复旦新剧社"，洪深后来提议改名为"复旦剧社"的。洪深长期担任复旦大学教授，但在交大校史中，则是称他为南洋校友的。做过复旦大学中文系主任的朱东润，也就读过南洋外院和中院，深得南洋公学唐文治校长器重。如果到复旦的燕园，还可以看到朱东润手书的"燕园"二字。还有我们的谢希德老校长，谢希德1952年回国，先被分配到交大物理系，后来院系调整，她就到复旦物理系了。华中一校长，毕业于交大物理系，后来调整到了复旦物理系。

1905年复旦公学创办时，借吴淞提督行辕作为复旦校舍。辛亥革命后，吴淞提督行辕被光复军占领，复旦一度到无锡办学。1912年，马相伯向上海都督庄蕴宽提出申请，希望借徐家汇李公祠（就是李鸿章祠堂）办学。这个李公祠，原址就在今天的复旦中学华山路校址。

当年，复旦公学与南洋公学隔路相望，作为非教会办的近代学校，在徐家汇双雄并立，远近闻名。

  复旦校名，漂亮且从未变更

以上说的是"亲近复旦"的大历史视角。下面谈谈具体的人文视角。

先说"复旦"校名。

"复旦"来自《尚书大传·虞夏传》中的《卿云歌》："卿云烂兮，糺缦缦兮；日月光华，旦复旦兮。"这是一个很漂亮的校名。

在全国以非地名命名的大学中，校名不曾变更过的大学极少。以上海高校为例，上海交大最早叫南洋公学，后来更名为交通部南洋大学、交通部工程学校等，名称多得不得了，现在定名为上海交通大学。同济大学，校名也非常好，寓意"同舟共济"，最早的校名叫"德文医学堂"。沪江大学是一所教会学校，新中国成立后脱离教会，改成上海机械学院，现在叫上海理工大学。圣约翰大学也是教会学校，1949年以后，变成了华东政法学院，现在叫华东政法大学。

光华大学，校名出典和学校身世与复旦大学有点相像，它是与圣约翰大学决裂的结果，最早的校基在现在的东华大学延安西路校区，但是这个地方20世纪30年代就被日本人炸平了。1949年后，光华大学也没有了。大夏大学，原址在华东师范大学这一块地方，大夏就是"大中华"的意思，名称也很好，后来并入华东师范大学。国立暨南大学1949后年一度停办很多年，1978年后，在广东复办新的暨南大学，实际上和上海的国立暨南大学没有什么承继关系。另外，上海曾经还办过大同大学、持志大学、劳动大学，这些不是以地名命名的大学名称，后来都没有了。唯有复旦大学，不仅保留了学校，还保留了校名。

当然，复旦大学也曾经经历过改名风波。1946年复旦从重庆回迁上海的时候，原拟先在江湾立足，主体部分迁往无锡大雷嘴地区，那地方很大，望出去就是太湖，风景很好。有人说，如果在那里建复旦大学的话，校园是可以和武汉大学媲美的。还有人建议，复旦也可迁往徐州……不管是无锡还是徐州，都属江苏管辖，那就不妨把复旦大学改名为江苏大学。这一提法，让复旦学生很伤心，章益校长也坚决反对，他说：无论如何，"复旦"两个字决不能更改。上海解放以后，各大学合并的合并、调整的调整，又有人建议，可以像南京大学一样，把复旦大学改名为上海大学。据说当时陈望道老校长说了一句话："'日月光华、旦复旦兮'，光华已经没有了，复旦还是留着吧。"因此，复旦这个美丽校名能够保存至今，我们应该深切感念章益、陈望道两位老校长。

"江湾复旦"很资深，五角场很年轻

再说说复旦的"地理"。

1917年，复旦正式改组为大学，设文、理、商三科。当时李鸿章后裔屡兴词讼，想把复旦逐出徐家汇李公祠。1918年，李登辉老校长赴南洋各地向华侨募捐，募得了15万银元，在江湾购地70亩（今邯郸校区西部）。1920年正式破土动工，

1922年江湾复旦建成。

关于"江湾复旦"一词，实际上是和战时迁址重庆的"北碚复旦"相对应的。现在，我们从20世纪30年代初的老地图中，还能依稀看到江湾复旦最初的样子。

1922年江湾复旦校园初建时，只有三幢建筑：第一宿舍、简公堂和奕住堂。第一宿舍，位于今天相辉堂原址，八一三事变时被日军炮火炸毁。简公堂，坐西朝东，我读书的时候是新闻系、哲学系办公楼，几年前因造十八号地铁被拆，今天正在复建中。奕住堂，就是现在的校史馆，位于今相辉堂对面，由华侨实业家黄奕住先生出资捐建。奕住堂最早造的时候，只有中间一个部分，到1930年又增添了两翼。最初它是行政办公楼兼图书室，据说李登辉老校长就在上面办公。所以我们现在参观校史馆的时候，到二楼可以去感受一下当年李老校长的气息。奕住堂扩建后，改名叫仙舟馆，以复旦商科教授薛仙舟先生名字命名，作为校图书馆使用。奕住堂（校史馆）是复旦现存最古老的建筑。这三幢楼，实际上是围绕河流建筑的，三幢建筑旁边，有两条河流，一条是东西向的界泓浜，还有一条是蜿蜒的走马塘，它们把三幢楼围成一个"C"字，成为复旦校园的护城河，因而有"走马塘旁立黉宫"之说。

至于"五角场"，是后起之秀。五角场的广义范围是东到军工路，西到大柏树，北到殷行路，南到走马塘，地域肯定要比复旦大学大，但是它比复旦年轻。复旦大学1922年在这里立校，五角场则要晚得多，"五角场"的名称源于五条马路，这五条路最终修筑完成，要到20世纪30年代了。但是有了五条路，这里还不叫五角场，叫"新上海"或"新中国"。著名画家赵无极小时候就住在这一带，他的故居今天还在，就在政通路五角场街道办事处内，在赵无极的回忆录里没有"五角场"三个字，只有"新上海"和"新中国"。这和国民政府时期的"大上海计划"有关，当年这一带，为了区别于租界，被称为"新上海""新中国"，但那个时候也没有"五角场"概念。五角场概念的广泛应用，是在1949年以后。因此，我们常说"江湾复旦"，却不会说"五角场复旦"，因为五角场比复旦年轻得多。

复旦门前马路，见证复旦百年沧桑

复旦门前马路，是复旦地理的重要组成部分，也是复旦百年沧桑的见证者。由于时间关系，我就简单介绍两条马路，一小一大。

小的是国福路，国福路是一条非常不起眼的马路，全长仅300余米。它以今天的邯郸路为界,原本分为南北两段,南段路名为"协仪路西二街"(一说西三街),即今天的国福路段;北段名为"同化路西四街",直达界泓浜(今"复旦本北高速"北侧,即复旦大学邯郸校区本部连通北区的一条校园道路)。所谓"协仪""同化",实际上是日本占领军打着"日中协同"旗号,行殖民之实。抗战胜利后,赶走了日本人,南北段路名沿用"大上海计划"路名命名原则,统称为"国福路"。20世纪50年代,复旦校区东扩,国福路北段融入校区,南段就成了最短的"国"字头马路之一。

国福路上,因为有了三幢别墅,使它显得与众不同。国福路51号,原是陈望道校长寓所,现在是陈望道旧居暨《共产党宣言》展示馆。这幢楼是西班牙风格的,据说原是华兴铁工厂老板所建,他后来卖了这栋楼,在其美路(今四平路)国权路口又造了工厂,就是后来新中国成立后的"上海机床附件二厂"。另有一说,说新中国成立初,这栋小楼曾做过"血防站"(血吸虫病防治站),1956年,复旦大学把它买下,供陈望道校长居住。起初陈望道校长不愿意,后来学校做他思想工作,把底楼作为语言研究室,他才答应入住。

51号北面,另有两幢小楼,61号与65号。这61号与65号的门牌,不称为"国福路61号""国福路65号",而是属于国顺路650弄(复旦大学第九宿舍)61号、65号,为什么呢?国福路51号原有开在国福路的单独小门,61号、65号没有,它们属于九舍。61号是苏步青旧居,65号原来是陈建功旧居,后来由谈家桢入住。苏步青和陈建功两位老先生都是院系调整后从浙大来的"大咖"——中国科学院学部委员、数学家。那时候,为了落实党的知识分子政策,复旦党委书记杨西光决定,另造这两幢别墅给他们两位住。所以,这三栋楼,见证了一个时代。过两天,修缮一新的61号、65号,将和51号一起,被命名为"爱国主义教育建筑群",对公众开放,大家有机会一定要去看一看。

复旦大学门前的大马路叫邯郸路。邯郸路修筑完成之初的时候叫翔殷路。从地图上看,今天的翔殷路和邯郸路是一条直线,实际上原来就是一条路。这条路建造的时候碰到很多困难。1922年江湾复旦校园落成后,在南侧建了古典牌坊式的老校门(这个门在2005年百年校庆的时候重新复原建造了),但是这个门从来不开,因为翔殷路一直没有完全修好,前面都是农田,造造停停,一直没有通到校门。复旦人出行都是走后门,后门前面有一条路,就是我们现在的政民路。

抗日战争胜利后,邯郸路曾一度改名叫魏德迈路。魏德迈,美国将军,抗战后期任中国战区参谋长,据说和蒋介石关系很好。魏德迈曾建议中国马路全部靠右行,因为蒋介石需要美国的军事援助,要进口大量的美式装备,而美国的汽车就是靠右行的。这个建议得到蒋介石的首肯,其影响一直到现在——我们现在道路就是靠右行的,可见蒋介石对魏德迈的话言听计从。魏德迈有一次访问上海,上海军民在翔殷路(今天的邯郸路段)夹道欢迎他,不久,这条路就被改成"魏德迈路"。上海解放后,就把它的名字改了,改为邯郸路。它是以1945年8月的一个重要战役"邯郸战役"命名的,当年刘伯承、邓小平领导的晋冀鲁豫解放军击退了国民党军的进攻,这是一场关键性胜利,所以,与其说邯郸路是以地理名词来命名的,不如说它是以军事和政治名词来命名的。

邯郸路上,曾经有过三所高校。一所是复旦;20世纪30年代,在复旦西侧有过一所两江女子体育学校;1949年后,在复旦东侧,也就是今天的新闻学院区域,原来是"轻专"(上海轻工业高等专科学校),现在是上海应用技术大学。

总体来说,复旦校史,是和百年中华民族的奋斗历史一致的。作为新复旦人,你们每一个人都可以讲好自己的复旦故事,或在复旦创造自己的故事。

一句话,如果讲好了复旦故事,"亲近复旦"就不是一句空话。

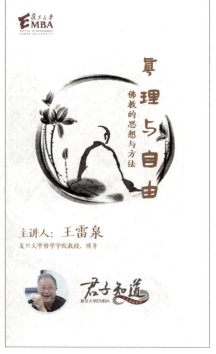

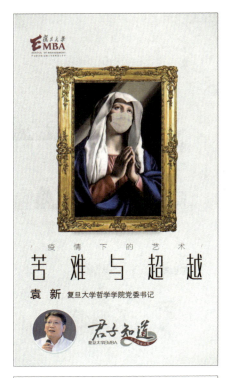

图书在版编目(CIP)数据

君子知道/复旦大学 EMBA 编. —上海:复旦大学出版社,2023.5
(人文商道讲堂精华集锦)
ISBN 978-7-309-16320-9

Ⅰ.①君… Ⅱ.①复… Ⅲ.①工商行政管理学-文集 Ⅳ.①F203.9-53

中国版本图书馆 CIP 数据核字(2022)第 128800 号

君子知道
复旦大学 EMBA　编
责任编辑/谷　雨
装帧设计/杨雪婷

复旦大学出版社有限公司出版发行
上海市国权路 579 号　邮编:200433
网址:fupnet@fudanpress.com　http://www.fudanpress.com
门市零售:86-21-65102580　团体订购:86-21-65104505
出版部电话:86-21-65642845
上海雅昌艺术印刷有限公司

开本 787×1092　1/16　印张 19.75　字数 319 千
2023 年 5 月第 1 版
2023 年 5 月第 1 版第 1 次印刷
印数 1—8 000

ISBN 978-7-309-16320-9/F·2904
定价:128.00 元

如有印装质量问题,请向复旦大学出版社有限公司出版部调换。
版权所有　侵权必究